（2022）

编 委 会

主　编　胡旭阳　陈丽君

副主编　张旭明　苗　青

编　委　孟德玖　金　奇　王国强　方　锐

　　　　徐玉婷　许春良　章荣明　杨建城

　　　　吕　江　龚俊玮　章成之　陈诗达

　　　　傅　衍　朱蕾蕊　周　佳　周含笑

　　　　贾梦夏

B

BLUE BOOK OF TALENT DEVELOPMENT
IN ZHEJIANG PROVINCE

浙江人才发展蓝皮书

（2022）

中共浙江省委人才工作领导小组办公室
浙江省人才发展研究院　编

ZHEJIANG UNIVERSITY PRESS
浙江大学出版社
·杭州·

图书在版编目（CIP）数据

浙江人才发展蓝皮书.2022 / 中共浙江省委人才工作领导小组办公室,浙江省人才发展研究院编. —杭州：浙江大学出版社，2023.1

　　ISBN　978-7-308-23587-7

　　Ⅰ.①浙… Ⅱ.①中… ②浙… Ⅲ.①人才－发展战略－白皮书－浙江－2022 Ⅳ.①C964.2

中国国家版本馆 CIP 数据核字(2023)第 048853 号

浙江人才发展蓝皮书(2022)

中共浙江省委人才工作领导小组办公室
浙 江 省 人 才 发 展 研 究 院　编

责任编辑	宁　檬
责任校对	陈逸行
封面设计	刘依群
出版发行	浙江大学出版社
	（杭州市天目山路 148 号　邮政编码 310007）
	（网址：http://www.zjupress.com）
排　　版	浙江时代出版服务有限公司
印　　刷	杭州高腾印务有限公司
开　　本	787mm×1092mm　1/16
印　　张	14.25
字　　数	300 千
版 印 次	2023 年 1 月第 1 版　2023 年 1 月第 1 次印刷
书　　号	ISBN 978-7-308-23587-7
定　　价	68.00 元

前　　言

　　2022年，浙江人才工作坚持贯彻落实习近平总书记关于人才工作的重要论述，习近平总书记在2021年9月的中央人才工作会议上，对当前和今后一个时期人才强国建设做出了明确的战略部署，提出了四个方面战略任务。一是要加快建设世界重要人才中心和创新高地。二是要深化人才发展体制机制改革。三是要加快建设国家战略人才力量。四是要全方位培养、引进、用好人才。

　　进入新时代，浙江省人才事业进入窗口期，人才需求进入升维期，人才工作进入跃迁期，人才治理进入变革期。我们要坚决贯彻落实习近平总书记重要指示精神，准确把握新时代人才工作面临的新形势、新特征，推动人才工作理念、机制、方法、能力迭代升级，大力引育人才、珍惜爱护人才、充分信任人才、放手使用人才，努力使浙江成为卓越人才辈出之地、全球人才向往之地、人才活力涌流之地、人才生态典范之地，为高质量发展建设共同富裕示范区提供强大的人才支撑和智力保障。全面落实人才强省、创新强省"首位战略"，全方位培养、引进、用好人才，着力打造战略人才力量，在高能级创新平台建设、关键核心技术攻关、产学研深度融合等方面取得重大标志性成果，推动浙江省人才工作全面进步、整体跃升，加快打造世界重要人才中心和创新高地的战略支点。

　　《浙江人才发展蓝皮书（2022）》是浙江人才工作服务高质量发展的客观记录，也是浙江全面贯彻落实人才强省、创新强省"首位战略"，加快建设高素质强大人才队伍，打造高水平创新型省份，为忠实践行"八八战略"奋力打造"重要窗口"，争创社会主义现代化先行省，高质量发展建设共同富裕示范区提供人才支撑的生动见证。全书共分为四个部分：人才理论篇重点关注人才工作新格局下的新发展理念及成果，该篇收录了浙江省人才发展研究院多名专家的理论研究文章，包括激发人才创新活力的生态系统构造、人才工作数字化转型、人才自主培养等专题；人才探索篇展示了浙江省部分地区人才工作的探索与实践,并且结合浙江省共同富裕和数字化工作重点,探讨了人才工作转型问题;人才队伍篇主要介绍了浙江省及各地市建设高素质人才队伍的思路和举措,包括技能人才培养、卓越工程师建设等;创业创新篇介绍了支撑人才创业创新发展的路径与成果。总之,2022 年浙江人才发展蓝皮书的编撰充分体现了理论与实践的结合,既有前瞻探索,又有总结提炼。

　　书稿的形成和编辑,得到了浙江省委人才工作领导小组各成员单位,有关省级、地市级人才工作相关部门以及部分高校院所、企事业单位的大力支持,在此我们深表感谢。由于文稿来源多样,本书涉及的有关统计数据、研究结论可能不尽一致,仅供读者参考,使用时请注意核对和鉴别,并欢迎广大读者对书中的疏漏和错误之处给予批评指正。我们将不断提高编辑出版水平,为关心支持浙江省人才发展事业的各界人士奉献更多的高质量成果。

目　录

人才理论篇

人才探索篇

人才队伍篇

创业创新篇

人才理论篇

激发人才创新活力的生态系统研究

一、引　言

党的十九届五中全会将"坚持创新驱动发展,全面塑造发展新优势"作为我国"十四五"发展的首要目标任务,指出坚持创新的核心地位,在实现科技自立自强的国家发展战略指引下,以"四个面向"深入实施人才强国战略,激发人才创新活力。当前,我国开启了全面建设社会主义现代化国家、向第二个百年奋斗目标进军的新征程,但同时世界百年未有之大变局加速演进,新一轮科技革命和产业变革蔚起,单边主义、保护主义抬头,欧美发达国家对中国的人才与技术实行封锁。面对风云变幻的外部环境,以科技创新催生新发展动能,以科技创新驱动经济内涵式增长和国内国际双循环,成为我国重塑竞争新优势的重要战略抉择。增强创新能力、提升创新水平的关键在于激发人才创新活力。激发人才创新活力以实现我国科技自立自强,支撑全面建设社会主义现代化国家,成为新时代我国人才工作发展的重要研究议题。

改革开放以来,在党管人才工作格局下,我国人才工作成效显著,人才资本虽实现了快速积累,但在充分激发人才创新活力上长期面临一些挑战和困境,以至于人才资源数量优势尚未完全转化为人才效能优势。这些问题集中表现在:基础创新、原始创新领域的人才创新活力激发不足,核心技术仍然受制于人;学术界、企业界沟通不畅,科技成果转化不足;智力成果参与分配程度不高,高校、科研院所自主权不足,人才评价中的"五唯"突破不够,知识产权保护尚不足,人才体制机制需进一步改革;国家级科技创新中心、区域创新高地的国际竞争力不足,创新要素富足的城市或区域对其他地区的辐射溢出效应不明显,相互依赖共生的创新共同体尚未完全建立。对于激发人才创新活力的这些深层次问题,靠单一队伍建设、单一平台搭建、单一政策助推、单一高地打造都难以解决。2009年9月11日,习近平总书记在科学家座谈会上的讲话中强调,"我国拥有数量众多的科技工作者、规模庞大的研发投入,初步具备了在一些领域同国际先进水平同台竞技的条件,关键是要改善科技创新生态,激发创新创造活力",指明了人才创新活力的激发是一个复杂的系统性生态工程。为此,我们亟须从生态系统的视角出发,回答如何全面激发人才创新活力的问题。

二、生态系统及其相关研究回顾

英国植物生态学家 Tansley(坦斯利)于 1935 年首次提出的"生态系统"概念,指在一定时空范围内,生物之间及其与环境之间,通过物质、能量、信息的交换、流动和相互作用,形成特定的营养结构和生物多样性的功能单位。应用研究的不断深入使得生态系统的概念从自然领域延伸到了社会经济领域,相继发展了组织生态系统、企业生态系统和商业生态系统、创新生态系统、人力资源生态系统及人才生态系统等不同概念。

(一)创新生态系统及其相关研究

创新生态系统的研究缘起于美国硅谷高速发展的高科技产业。硅谷的持续创新发展让人们意识到了创新生态的重要性,创新生态系统(innovation ecosystem)这一核心概念受到西方发达国家的普遍重视和采纳。以美国总统科技顾问委员会(President's Council of Advisors on Science and Technology,简称 PCAST)2004 年的研究报告《维护国家的创新生态体系》首次提出"创新生态系统"为标志,创新范式从传统线性创新范式1.0、交互耦合创新范式 2.0,迈入创新生态系统范式 3.0 阶段,实现了从"线性"跨越到"非线性",从"封闭"迈向"协同",从"独立"到"系统"的演变。创新生态系统最早被认为是商业生态系统的同义词,由占据不同生态位但彼此相连的企业组合而成,一个生态位会伴随着其他生态位的变化而发生相应变化;在 PCAST 于 2008 年发表的《创新生态中的大学与私人部门研究伙伴关系》报告中,创新生态系统被阐释为包括学术界、产业界、基金会、科学和经济组织以及各级政府的一系列行动者,分为研究、应用和开发三大群落。类似于自然生态系统,创新生态系统主要包括个体、组织、区域环境以及主体与环境间的互动和要素流动,能够有效促进科技与经济、创新与商业的紧密结合,实现价值创造与增值。创新主体不再是独立的封闭组织,而是有意识地与相关组织紧密联系、相互依赖并形成整体,实现系统协同合作和共生演化。可以说,创新生态系统研究推动了从静态结构性角度分析要素构成与资源配置的问题,转变为强调各创新行为主体之间的作用机制的动态演化分析。

伴随着全球化程度的日益加深,区域成为创新发展最重要的空间载体。美国硅谷、印度班加罗尔、以色列特拉维夫等区域创新中心的崛起,使得全球竞争态势从国家层面转向了区域层面。在对 128 号公路地区、巴登—符腾堡、莱茵—阿尔卑斯的研究中,区域创新系统受到了学界的持续关注,区域的创新能力正日益成为地区经济发展和区域经济参与者获取竞争优势的决定性因素和重要标志。黄鲁成将区域创新系统的内涵界定为在特定经济区域内,各种与创新相联系的机构和组织等主体要素、创新所需物质条件等非主体要素以及协调各要素之间关系的制度和政策网络。一个区域想要生成良好的创新生态系统,需要包括研究型大学、优越的生活生态系统、开放的市场体系等原始要素,借助于物理技术—经济范式的变革等内生动力,以及创新文化的激励机制、政府政策的引导机制、中介机构的服务机制、用户需求的导向机制等外生动力,通过区域空间的重构与构成要素的机制来共同促进。

（二）人才生态系统及其相关研究

在人才重要性日益凸显的前提下,人才生态系统作为人才管理与生态学领域相互作用的最新研究成果得到了普遍重视。人才生态系统研究的肇始可以追溯到 1921 年 Park（帕克）和 Burgess（伯吉斯）首次提出的"人类生态学"概念。随后,Deolalikar（迪欧拉里卡）等将这一概念引入企业层面,提出了基于企业战略层面的人力资源生态系统,主要研究了客体区域中各种类型的人力资源与周围的自然、社会环境共同组成的物质—能量—信息系统。中国学者将人才从人力资源范畴中独立出来,提出了"人才生态系统"的概念,并进行了初步论述。人才生态系统指人才与环境生态系统交互作用而构成的有机复合系统,是在一定时空中由多要素构成的有生机和活力的复杂生命系统,包括人才要素、自然环境要素和社会环境要素等,其目的是实现人才培养和知识、经济增值。

在人才生态系统中,环境是首要关注点。2013 年 10 月 21 日,习近平总书记在欧美同学会成立 100 周年庆祝大会上的讲话中强调,"环境好,则人才聚、事业兴;环境不好,则人才散、事业衰",足以充分说明环境对于人才和发展的重要作用。在世界各国纷纷加入人才资源争夺战的情境下,对人才的竞争本质上是对人才生态环境的竞争。人才生态环境是人才与所处的环境的互动,以及各种制约要素的相互影响和均衡,是影响人才生存、成长和发展的各种外部要素。这些因素既可以从城市、地区、国家的自然、文化、政策等宏观层面进行解读,也可以从人才所处组织内部的制度、文化、工作氛围、薪资等中微观维度进行分析。与人才生态环境相类似的概念有人才生态链和人才发展环境等。其中,人才生态链借鉴了食物链原理,主要包括生产者、消费者和分解者,是以人才知识、技能、经验、劳动成果等为纽带形成的具有工作衔接关系的人才梯队;人才发展环境则主要是指由直接和间接影响人才发展的政治、经济、社会、文化、自然等多方面发展要素组成的动态系统。现有对人才发展环境的理解,多建立在党的十八大报告有关"五位一体"总体布局的框架上,将其界定为经济、政治、文化、社会、生态环境等五个方面。

综合相关概念内涵、构成要素等方面的阐释,生态系统理论强调了生物和环境的共同体,创新生态系统和人才生态系统系列研究展示了从对构成要素和资源配置的静态分析向创新个体/人才和组织、环境间的互动分析转型,区域创新生态系统的研究将创新研究拓展到了空间维度,赋予了创新体系地理内涵,揭示了各要素集聚与互动融合、要素—环境相互作用以及空间协同的重要性,为从生态系统视角解读如何激发人才创新活力提供了基本逻辑起点。

三、国内外创新高地的生态系统特征

在新一轮科技竞争和产业革命竞争格局中,世界主要国家和地区围绕科技创新的竞争日趋激烈。人才是创新的根基,人才已取代地理区位、资源禀赋等成为决定科技创新水平、影响区域发展的最关键因素。竞争人才资源的成败以及能否最大程度发挥人才创造性和积极性,取决于能否为各类人才提供良好的成长和事业发展生态。从世界级人才枢纽与创新高地的发展来看,以人才的真实需求为根本出发点,构建包括人才发展平台、良好的生活环境、开放有效的人才政策、富有激励性的制度环境等在内的生态体系,是当前形成人才集聚强磁场效应和激发人才创新活力的必然选择。循此思路,可以推断生态系统是一个区域吸引、集聚、发展和用好人才的关键,高质量的人才集聚区本质上是生态化的。

本研究选取日本筑波、美国旧金山(硅谷)、以色列特拉维夫、深圳前海、北京中关村、上海张江等创新走廊或创新区为分析对象的主要原因是:一方面,据世界知识产权组织发布的《2021年全球创新指数报告》,东京—横滨都市圈、深圳—香港—广州、北京、首尔、圣何塞—旧金山、大阪—神户—京都都会区、波士顿—剑桥、上海、纽约和巴黎等成为各经济体或跨境地区中排名前十位,表现为更活跃的科技技术集群;从全球科技创新中心发展模式来看,可以大致分为自组织模式、政府干预模式、政府干预与市场协调发展模式,其中美国旧金山(硅谷)是典型的自组织模式,日本筑波显现出政府干预的主要特征,以色列特拉维夫的发展得益于政府干预和市场协调,上述城市的生态系统特征具有代表性;另一方面,就国内而言,北京、上海、粤港澳大湾区率先提出要打造科技创新中心,中央人才工作会议也提出支持北京、上海、粤港澳大湾区建设高水平人才高地。对国内上述三个城市或地区进行分析,对我国实现创新驱动发展,加快建设世界重要人才中心和创新高地具有一定的引领意义(见表1)。简言之,通过梳理上述国内外创新高地生态系统的主要特征,总结核心共性要素,可以为如何实现人才集聚和构建一个能够激发人才创新活力的生态系统提供参考。

表1　国内外创新高地的生态系统特征分析比较

名称	主要特征	核心共性要素
日本筑波	政府主导筹建科学城,迁移科研机构、科研人员和产业,打造科研创新平台;制定新政吸引海外高端人才;出台《产业竞争力强化法》《筑波市创业促进战略(2018—2022年)》等扶持创新创业活动;以筑波大学、产业技术综合研究院、Cyberdyne公司等为代表的产学研用合作,构建从源头创新到成果落地转化的无缝隙产业创新体系;构建国家政策性投资、地方政府银行和民间投融资于一体的创新发展投融资体系;向外辐射扩容,在东京、大阪等地设立总部或分支机构;推进筑波—东京的城际交通建设,完善城市功能	多元要素:政府、企业、高校、人才、资金、基础设施等;制度安排:成果转化、创业扶持等;开放协同:对外辐射
美国旧金山(硅谷)	集聚斯坦福大学、加州大学伯克利分校、劳伦斯伯克利国家实验室等世界一流大学和科研院所;人才高度流动且多元化(年轻化、高知化、国际化等);拥有天使投资、风险投资等多层次投融资体系,猎头公司和咨询公司等中介服务机构;美国是最早实行知识产权制度的国家之一,可实现快速申请专利,允许大学、科研机构、非营利机构和企业拥有联邦资助发明的知识产权;医疗健康、行业协会、艺术与文化活动等配套服务保障完善;尊重市场和创新规律,鼓励创新	多元要素:高校、科研院所、人才、政府、企业、中介、资金等;制度安排:知识产权保护等;开放协同:创新文化与创新策源
以色列特拉维夫	推行优质教育战略,以完善的高等教育体系和国防教育推动科技创新;以Shapira计划、吉瓦希姆青年引才计划等吸引高端人才移民和回归;以《资本投资鼓励法》《天使法》等优惠政策支持科技创新发展;构建了国家创新体系,成立了科技委员会、科技与太空部、首席科学家办公室、国家技术与创新机构等;构建了政府资金、众筹平台私人投资等在内的多层次风险投资体系;拥有成熟的成果转化模式,包括政府型、企业型、高校型和合资型等不同类型孵化器;与美国、德国、新加坡等国家建立双边科学基金会	多元要素:高校、人才、政府、企业、中介、资金等;制度安排:成果转化、人才引育等;开放协同:政府协作
深圳前海	以"深港青年梦工厂""深港基金小镇"等为合作载体吸引创新创业人才和团队;以"深港(前海)公职人员交流计划"等为抓手开展政企合作交流;打造前海深港现代服务业合作区,集聚金融业、现代物流业、信息服务业、科技及其他服务业等多领域产业;推动实现跨境人民币贷款、跨境双向发债、跨境双向资金池、跨境双向股权投资和跨境资产转让等;通过"资格认可、考试互免、合作联营、港资工程项目试点"等特殊机制,方便香港金融、法律、会计、税务等专业人才进入前海工作	多元要素:人才、政府、企业、资金等;制度安排:金融创新、人才评定等;开放协同:深港合作

续表

名称	主要特征	核心共性要素
北京中关村	企业创新体系完备,涌现出一批以京东为代表的龙头企业,以京东商城、新浪等为代表的平台企业,以搜狐、慧聪等为代表的源头企业、金融企业; 拥有强大的智力支撑体系,包括41所高校、国家及省(市)级科研院所200余所(不含解放军所属研究机构); 成立中关村国际人力资源服务联盟,包括史宾沙、罗胜咨询等猎头机构和商汤科技、寒武纪等重点企业; 打造人才特区,改革外籍人才出入境管理制度,推行"绿卡直通车"、在华永久居留积分评估等;打造海外高层次人才中关村之家、全方位人才服务体系; 推行高端领军人才高级工程师(教授级)评价改革试点,探索股权激励试点,支持新型产业组织和民营科技企业参与、承担国家重大科技项目等; 在美国旧金山(硅谷)、加拿大渥太华、英国剑桥等地设立国际创新中心;大唐电信、中国普天、安泰科技等在外地设立分支机构	多元要素:政府、高校、科研院所、中介、企业等; 制度安排:人才评价、股权激励、自主权改革等; 开放协同:国际合作与对外辐射引领
上海张江	政府出台产业扶持、返税、落户积分等优惠政策吸引人才和招商引资; 以微软实验室、JLABS@上海、IBM创新中心、红杉数字智能孵化中心等开放式创新平台吸引高成长性企业落地; 成立上海张江研究生联合培养基地,企业与高校、科研机构联合培养人才; 组建成立中国智能终端安全产业联盟,加强芯片、软件等领域产学研合作; 依托大学科技园对部分尚未成长起来的高新技术企业进行孵化培育; 与日本、德国、新加坡等国家组建联合实验室,利用访问学者、双聘制等制度创新建立合作关系; 积极支持国际学校、公办学校国际部教育教学;打造"上海国际医学中心"等国际医疗保险结算定点单位;以建造、购置等形式集中建设以人才公寓为主体的公共租赁房	多元要素:政府、企业、高校、中介、基础设施等; 制度安排:产学研协作、人才培养与发展、用人机制等; 开放协同:国际合作与开放共享

通过对表1所示的创新高地生态系统的主要特征的归纳总结,主要得出以下结论:第一,多元主体参与在推动创新高地的生态系统打造和激发人才创新活力中至关重要。在本研究选取的创新高地中,有以美国旧金山(硅谷)等为代表的"市场主导型",即一切由市场来检验,政府只是通过制定法律法规规范市场运作、完善知识产权保护制度、提高创新积极性等方式,为人才提供支持;有以日本筑波科学城等为代表的"政府主导型",即政府通过行政手段直接参与创新高地的建设,引导人才集聚;也有以以色列特拉维夫等为代表的政府引导发展和市场自主配置相结合的良性互动互促模式,在充分发挥市场力量的同时又进行直接的行政干预。此外,从深圳前海、北京中关村和上海张江等创新高地的建设发展过程中,可以窥见几个最基本的行为主体:人才、高校、科研院所、政府、企业以及具有创新黏结功能的人力资源服务或风险投资等中介机构。这些行为主体分工与协作,通过官产学研协作、搭建技术平台和信息平台、提供政策或资金资助等形式协同促进创新活动的开展。由此研判,创新高地的生态系统主要根据建设需要对政府、市场和社会等多元主体进行有机结合,重点在于如何正确处理创新主体间的关系。

第二，良好的制度安排、政策保障和服务供给是创新高地生态系统中促进多元要素耦合的重要因素。日本筑波通过政府颁布实施吸引海外高端人才的新政，集聚了更多的高端人才进入日本企业工作。美国旧金山（硅谷）凭借其完备健全的知识产权保护制度，使得市场先入者可以凭借科技创新赢得高额利润，提高了人才聚集和人才创新的积极性。以色列特拉维夫政府通过以无偿或有偿拨款的形式支持中小型企业的创新发展、提供最大的优惠条件吸引国际和本地投资机构、颁布实施"吉瓦希姆青年引才计划"等方式加强了对海内外智力资源的吸纳和利用。产学研协同创新是驱动国家社会经济发展的重要动力，而政府引导则能够显著促进这种创新的实现。上海张江构筑了相对完善的产学研人才培养与发展机制、成果转化机制；北京中关村通过建立人才特区完善各类高端人才的服务保障体系，既体现在投融资、中介服务等服务供给方面，又体现在基础设施、文娱产业等完善的居住和生活环境等方面。通过分析证实，优化区域制度环境可以促成各创新行为主体之间协同创新平台和运行机制的形成，加强区域创新系统中不同行为主体和创新要素之间的耦合。因此，构建运行有效的人才发展治理体系，厚植制度优势是激发人才创新活力的可行路径。

第三，开放协同是创新过程的关键。创新高地的生态系统发展，不仅集中在系统内部要素之间的相互作用，也强调系统与外界环境的交互，通过人才和资本流动、技术和产业扩散等方式产生物质、能量和进行信息交流，一方面，可以提升系统自身对优质创新资源要素的吸引力和集聚力；另一方面，可以产生对周边的辐射带动效应。例如，以色列特拉维夫政府积极与世界其他先进的创新型国家建立双边研究基金会，与全球先进企业建立科技研究中心，促进了学术交流与研发合作。深圳前海依托深港合作区的政策优势，以及毗邻港澳两地的区位优势，通过"前海深港青年梦工厂""前海深港创新中心""深港基金小镇"等载体，举办人才合作年会和人才沙龙等，构筑了深圳和香港的人才合作机制，拓展了深港两地的协同发展空间。此外，开放包容和鼓励创新的文化氛围，可以发挥自身的濡化作用，成为驱动人才创新的内生动力。硅谷文化强调鼓励冒险、宽容失败的价值观和"勇于创新和敢于冒险"的企业家精神；特拉维夫将城市定位于永不停息的创新之城，吸引了来自世界各地的移民和投资。因此，不论是区域空间层面还是社会文化层面的开放协同，都具有积极作用。

从国内外创新高地生态系统的共性要素来看，创新要素的集聚融合、促进要素耦合的制度环境、与外部的开放协同是当前形成人才集聚强磁场效应和激发人才创新活力的必然选择。换言之，集聚人才、激发人才创新活力不再是政府行为抑或是单一政策的问题，而是多主体协同、人才及其关联创新要素的共生演化，本质上是一个多元主体和多元要素耦合、多元制度供给以及区域生态子系统间突破地理空间的深度互动等在内的生态系统构建。

四、激发人才创新活力的生态系统模型构建

结合生态系统相关研究,在总结借鉴国内外创新高地生态系统的主要特征基础上,本研究认为,激发人才创新活力的生态系统是以人才聚合为中心的各类创新要素、要素间作用机制及其空间形态的有机统一整体。类似于自然生态系统的作用机制,人才在知识的生产、扩散、应用各环节中进行配置与链接,受到所在集群(组织)、要素间制度安排、多个生态子系统间的空间交互影响。因此,激发人才创新活力的生态系统结构主要包括要素层、制度层和空间层三个层次的内容(见图1)。

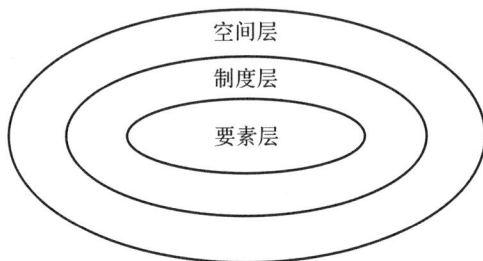

图1 激发人才创新活力的生态系统

(一)激发人才创新活力的生态系统——要素层结构

2020 年 9 月 11 日,习近平总书记在科学家座谈会上的讲话中强调:"我们有大批科学家、院士,有世界级规模的科研人员和工程师队伍,要狠抓创新体系建设,进行优化组合,克服分散、低效、重复的弊端。"为解决当前人才创新活力激发所面临的人才链与产业链匹配不足的人才供给需求不匹配,产业链与创新链衔接不顺的科技成果转化不足,创新链与资本链融合不足的金融力量偏弱等问题,应发挥我国社会主义制度集中力量办大事的优势,优化配置优势资源,充分发挥人才、企业、国家实验室、高校、中介机构等多元创新资源的作用,实现人才链、产业链、创新链、资本链的多链融合,以促进与创新活动相关的各行为主体之间实现要素新组合,实现创新广泛扩散。对此本研究提出命题1。

命题1:激发人才创新活力的生态系统中的要素层={(人才链,产业链,创新链,资本链),(多链融合)},要素层中激发人才创新活力的关键是要素集聚与融合。

具体而言,可以从多元化的人才主体、创新载体、资源支撑要素体系三个方面进行论述。

首先,人才是核心,是最重要的创新资源,是创新活动开展的基本要素之一。因此,激发人才创新活力的生态系统必须围绕人才展开。作为知识生产、技术开发和市场应用的基本单位,人才通过自身禀赋和后天努力习得的知识、技能可以为组织和社会发展

带来收益和满足,是隐性知识的主要载体,包括了从事科学发现、技术发明活动的人才,以及将科学技术转化为经济价值的科技中介人才等。

其次,创新载体是人才所在的组织,如政府、企业、高校、科研机构等。在人才价值创造中,高校和科研机构、科技中介、企业分别是研究者、扩散者、应用者集群中的关键种群,可以归属为研究集群、扩散集群、应用集群;政府发挥了科技资源要素配置的组织系统功能,可以归属为组织系统。其中,高校和科研机构等研究集群通过培养人才、发表科研论文、申请专利等为系统中其他各类主体提供智力支持;企业等应用集群使用人才的知识和技能从而产生经济效益和社会效益,助力创新扩散、技术完善和经济增长;科技中介等扩散集群在市场需求拉动下,为基础研究发现转向市场商业化提供对接桥梁,实现知识生产到知识应用的快速匹配,推动知识传播和维持;政府通过设立创新基地、提供配套基础设施和政策支持、财税激励等各种直接或间接的方式,引导系统内创新主体和创新载体的相互联系,为各类创新活动提供支持和保障。

最后,信息、技术、设施、资金构成的资源支撑要素体系,是保证人才价值创造和系统健康运转的基本条件。激发人才创新活力的生态系统需要通过这些物质流、能量流、信息流实现要素内部、要素与要素之间、要素与环境之间的物质循环、能量流动和信息传递,维持系统的稳定与高效。

(二)激发人才创新活力的生态系统——制度层结构

体制机制是人才发展规律的制度体现,通过规则、标准和模式的提供和管理行为的引导,可以满足人才创造活动的需求,为人才提供从事创造活动的空间。我国人才发展体制与人才创新活力存在一些匹配偏差或不相适应的问题,如行政化色彩较浓,市场配置人才的决定性作用发挥不足,科技成果与市场需求脱节问题较为突出,人才激励制度不够健全,高校科研院所"唯数量论"评价的情况尚未完全改善,知识产权保护制度不健全等。这些都阻碍了生态系统的建设和人才创新活力的激发。尽管政府本身不直接参与创新过程,但政府有效的机制安排、政策制定可以激发各种优势资源的流动和投入,促进创新要素之间的相互融合与互动,推动协同创新活动的持续开展和正常稳健运作。因此,科技人才队伍蕴藏着的巨大创新潜能需要通过深化科技体制改革进行有效释放,激发人才创新活力的生态系统的制度层结构,需要重点关注例如评价制度、激励机制、法治保障等体制机制,核心在于通过改革以更好地发挥创新要素的作用。对此本研究提出命题2。

命题2:激发人才创新活力的生态系统中的制度层={人才评价制度,人才激励制度,法治保障制度等},制度层中激发人才创新活力的关键在于体制改革。

坚持问题导向推动人才发展体制机制的关键领域创新,以期更好地推动创新要素的融合与互动,可以重点从评价机制、激励机制、用人单位自主权改革和知识产权保护等几个方面寻求突破,以激发人才创新活力。

首先,以"破唯"为导向改革评价制度,健全以创新价值、能力、贡献为导向的人才评价体系。坚持以用为本,以工作履历、薪酬待遇、获得投资额度等市场化指标为标准,探索人才计划的市场化评价机制改革。使人才评价嵌合用人主体、社会的实际发展需要,共同推动创新链和人才评价链的更新完善。

其次,推行智力成果参与分配的激励机制,以增加人才知识价值。技能型、创意型、专业技术型等不同类型人才的胜任力特征不同,基本工资、职位工资和绩效奖励等基础性薪酬激励与组织福利、带薪假期等高成长性薪酬激励对个体的创新活力作用激发不同。可以探索总结分类型人才适用的薪酬激励方案,提出现有企业工资正常增长机制与薪酬总量决定机制,以及高校科研院所科研工作人员协议工资制、年薪制、项目工资制、科研经费管理制度等重点领域的完善路径。

再次,实施用人单位自主权的市场化改革,增加人才知识价值的市场化激励机制,激发高校科研院所创新活力。从产权激励的视角来看,用人主体自主权层面的"三权"下放(财政资金支持形成的科研成果使用权、处置权、收益权)的落实程度,以及个体成果权属关系层面的个体成果权拥有与否,都会作用于人才的创新活力。因此,需要适当探索高校、科研院所的成果分配自主权改革、经费管理自主权改革、智力主体与智力成果的权属关系机制等。

最后,健全知识产权保护机制。保护专利是美国占据世界科技中心的重要因素,当前在我国创新活动过程中知识生产成本过高和知识复制成本过低的情况并存,使得知识产权保护规范难度较大,知识市场运行较难。鉴于此,只有不断优化保障创新的制度环境,在知识产权保护、科技成果转化等方面充分发挥制度供给的效能,降低科研人员社会承认中的成本,推动人才—资本—创新的融合,才能更好激发人才创新活力。

(三)激发人才创新活力的生态系统——空间层结构

加强创新策源能力建设是引领全国高质量发展、打造我国发展强劲活跃增长极的重大战略举措;"大科技、大开放、大合作"的协同创新共同体构建是我国实现经济增长、产业转型升级和创新能力提升的必要路径;区域人才一体化推动人才专业化分工向深度和广度拓展,是整合区域间人才资源、解决区域发展不平衡、实现人才创新规模效益的重要推力。然而,跨区域基础设施不完善、府际间行政壁垒、公共服务均等化和一体化水平不够、统一开放市场体系尚未形成等问题都给区域协同创新发展带来挑战。人才要素在空间上是相互关联的,激发人才创新活力的生态系统具有明显的空间和地理特征,因此,空间层结构包括了创新策源地;统一人才市场,地方政府协同合作等核心要件,其关键在于区域协同。对此本研究提出命题3。

命题3:激发人才创新活力的生态系统中的空间层={创新策源地,统一人才市场,地方政府协同合作}，空间层中激发人才创新活力的关键在于区域协同。

激发人才创新活力的生态系统空间层，应当沿袭"中心引领—创新策源"与"均衡协同—创新共同体"的发展思路，发挥人才创新策源地的辐射溢出效应，构建一体化发展的空间治理机制，用"以邻为伴"的合作关系取代"以邻为壑"的竞争关系。为此，应重点从以下几个方面进行思考。

首先，以创新策源地为中心引领，发挥辐射效应。从空间尺度来看，创新扩散包括从核心向周边区域的扩散，以及核心区域之间的扩散。因此，在区域层面需要充分发挥区域优势资源互补的创新策源地中心引领机制，依托强化或培育创新策源地的方式，实现产业链高端环节的集聚，促进产业链和创新链的耦合交互，合理化调配区域内创新资源。

其次，激发人才创新活力的生态系统需要实现子系统所在城市、区域空间内外要素的流动与交互。知识和技术的溢出水平受到了空间因素的影响，打破阻碍创新要素流动的体制障碍和空间障碍，实现创新要素的自由流动，可以更好地发挥创新要素的空间外溢效应。一方面，可以探索破除人才流动与政策壁垒的共享机制，以推进跨区域人才自由流动；另一方面，围绕跨区域政府合作，开展实施区域人才一体化开发、共享使用的开放型政策，以统一人才市场和跨区域政府合作为抓手，构建活力迸发的区域创新共同体。以区域协同来激发更大范围人才创新活力，对实现我国人才创新规模效益具有重要现实意义。

基于相关内容论述和研究命题，本研究提出激发人才创新活力的生态系统结构框架，如图2所示。其中，要素层的重点聚焦于如何促进创新主体、创新资源等多要素投入、集聚融合，推动人才的知识生产与扩散应用；制度层重点关注如何以人才评价机制改革、分配激励制度改革和知识产权保护等制度环境构建，发挥制度供给效能和保障合力，维护系统动态稳定运行，进而激发人才创新活力；在空间层，着重围绕如何以区域协同创新的空间治理，打造具有高辐射性和引领性的人才创新活力策源地，实现以人才为中心的区域串联共建格局。

（四）激发人才创新活力的生态系统的基本特征

首先，物种的多样性是任何生态系统可持续发展、保持弹性和韧性的关键。激发人才创新活力的生态系统所具有的多元集聚性，指的是人才、高校科研院所、企事业单位、中介机构等主体要素和资金、政策、信息等支撑要素的多样化，并在特定的空间范围内有机集聚。同时，随着云计算、物联网和区块链等ICT（Information and Communications Technology，信息通信技术）的发展，要素的集聚既可以表现在物理空间范围上，也可以表现为虚拟网络空间的集聚。

其次，创新生态系统需要实现创新能力的持续稳定，这就要求系统内的创新活动能够在受到外部干扰后实现自我恢复和自我发展。因而，激发人才创新活力的生态系统

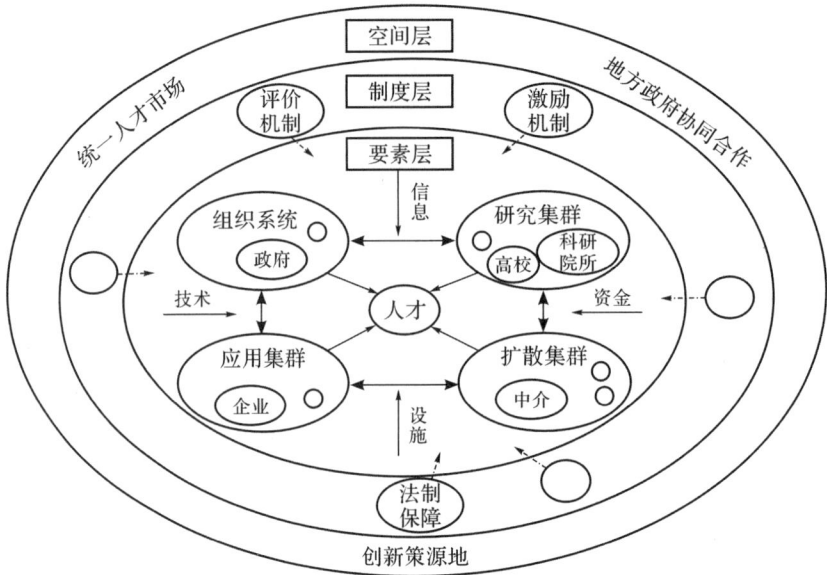

图 2　激发人才创新活力的生态系统结构框架

所具有的动态平衡性是指通过系统内创新主体和资源要素之间相互制约、持续互动，以及政府在完善体制机制、调控内外环境、制定政策等方面的作用，保证创新系统表现出较强力量的稳定状态。

最后，开放协同性意味着激发人才创新活力的生态系统不是封闭孤立的"生态圈"，而是在保持稳定发展前提下，通过创新资源在生态系统内外部的自由流动，整合创新资源并建立合作关系，保证创新活动顺利开展。

五、结　语

本研究取得的成果主要体现在以下三个方面：第一，呈现了一个更为完整的生态系统框架。相较于将生态系统简单等同于环境或割裂地探讨生态系统中的单一要素，本研究将影响人才创新活力的政府、企业、高校、科研机构、中介等多元集群，促进多元要素融合的体制机制和制度体系，区域间地理空间互动等统一纳入分析体系中，搭建了多元主体集聚、多制度供给促进要素耦合和空间治理等在内的生态系统框架，定义了激发人才创新活力的生态系统的结构与层次。第二，围绕激发人才创新活力生态系统的"要素集聚—体制改革—区域协同"的分层治理理念，将激发人才创新活力视为一项整合性工程，对制约人才创新活力的要素集聚与融合问题、制度环境问题、碎片化创新空间问题等多个源头予以溯源。第三，采用了宏观的空间纵深视角，抓住了创新策源地这一核心引擎，构建以人才创新活力策源地和人才高地为中心引领的区域空间治理机制，试图为我国人才创新活力的空间集聚优势转化为人才引领优势、创新策源优势、创新生态优势提供参考。

本研究也存在一些局限性：虽然研究构建了激发人才创新活力的生态系统框架，分析了以创新要素、制度体系和空间治理等为核心的生态系统要件，但还未深入研究其对人才创新活力激发的影响机理。未来研究可做如下尝试：第一，可以通过系统动力学建模与仿真，进一步关注多主体、多要素融合激发人才创新活力的关键要素和薄弱环节；或采用 QCA（定性比较分析）等方法，探索什么样的创新生态系统可以更好地激发人才创新活力。第二，适当考虑运用政策模拟仿真方法，分析人才发展体制机制改革对人才创新活力的影响，并通过双重差分模型等准实验评估方法检验政策效应。第三，聚焦于我国人才创新活力的空间分布状况，探索运用莫兰指数等空间数据分析技术，衡量人才创新活力的城市集聚效应，以及各个地域单元和邻近地域单元之间的空间关联性、差异性及其结构问题。

参考文献

［1］ 李朴民：《持续强化创新引领高质量发展的人才支撑》，《中国人力资源开发》，2021年第 5 期。

［2］ 习近平：《在科学家座谈会上的讲话》，北京：人民出版社，2020 年，第 4 页。

［3］ Tansley, A. G. , "The Use and Abuse of Vegetational Concepts and Tenns", *Ecology*, vol. 16, no. 3(1935), pp. 284-307.

［4］ Lindman, R. L. , "The Trophic－Dynamic Aspect of Eeology", *Ecology*, vol. 23, no. 4(1942), pp. 399-418.

［5］ Whittaker, R. H. , "Vegetation of the Siskiyou Mountains, Oregon and Califomia", *Ecological Monographs*, vol. 30, no. 4 (1999), pp. 279-332.

［6］ Hannan, M. T. and Freeman, J. H. , "The Population Ecology of Oganizations", *American Journal of Sociology*, vol. 82, no. 5(1977), pp. 267-272.

［7］ Moore, J. F. , "Preators and Prey：A New Ecology of Competition", *Harvard Business Review*, vol. 71, no. 3(1993), pp. 75-86.

［8］ Moore, J. F. , The Death of Competiton：Leadership and Strategy in the Age Business Review, New York：Harper Paperbacks.

［9］ PCAST, Sustaining the Nation's lnnovation Ecosystems, Information Technology Manufacturing and Competitiveness, Washington DC：President's Council of Avisors on Science and Technology, 2004.

[10] 颜爱民、刘媛:《人力资源生态位概念界定及因子测算》,《生态经济》(学术版),2006年第2期。

[11] 黄梅、吴国蔚:《人才生态环境综合评价体系研究》,《科技管理研究》,2009年第1期。

[12] 李其玮、顾新、赵长轶:《创新生态系统研究综述:一个层次分析框架》,《科学管理研究》,2016年第1期。

[13] Iansiti, M. and Levien, R. , "Stmtegy as Eeology", *Harvard Business Review*, vol. 82, no. 3(2004), pp. 68-81.

[14] Estrin, J. , Closing the Innovation Gap: Reigniting the Spark of Creativity in a Global Economy, New York: McGrew Hill, 2006.

[15] 刘雪芹、张贵:《创新生态系统:创新驱动的本质探源与范式转换》,《科技进步与对策》,2016年第20期。

[16] 柳卸林、丁雪辰、高雨辰:《从创新生态系统看中国如何建成世界科技强国》,《科学学与科学技术管理》,2018年第3期。

[17] Li, Y. R. , "lhe Technological Roadmap of Cisco's Business Ecosystem", *Technovation*, vol. 29, no. 5(2009), pp. 379-386.

[18] 梅亮、陈劲、刘洋:《创新生态系统. 源起、知识演进和理论框架》,《科学学研究》,2014年第12期。

[19] 曾国屏、苟尤钊、刘磊:《从"创新系统"到"创新生态系统"》,《科学学研究》,2013年第1期。

[20] Saxenian, A, Regional Advantage: Culture and Competition in Silicon Valley and Route 128, Cambridge: Harvard University Press, 1994.

[21] 胡志坚、苏靖:《区域创新系统理论的提出与发展》,《中国科技论坛》,1999年第6期。

[22] 黄鲁成:《关于区域创新系统研究内容的探讨》,《科研管理》,2000年第2期。

[23] 詹志华、王豪儒:《论区域创新生态系统生成的前提条件与动力机制》,《自然辩证法研究》,2018年第3期。

[24] 张敏、段进军:《区域创新生态系统:生成的合理性逻辑与实现路径》,《管理现代化》,2018年第1期。

[25] Park, R. E. , and Burgess, E. W. , Introduction to the Science of Sociology, Chicago Illinois: The University of Chicago Press, 1921.

[26] Deolalikar, A. B. , Hasan, R. , Khan, H. , et al. , Human Resource Development and the Asian Economic Crisis: Facts, Issues, and Policy, Washington: University of

Washington Press，1999.

[27] 沈邦仪：《关于人才生态学的几个基本概念》，《人才开发》，2003 年第 12 期。

[28] 王通讯：《关于人力资本的十个问题》，《现代人才》，2005 年第 1 期。

[29] 萧鸣政、戴锡生主编：《区域人才开发的理论与实践——港澳台大陆人才论坛暨 2008 年中华人力资源研究会年会论文集》，北京：中国劳动社会保障出版社，2008 年，第 704-709 页。

[30] 习近平：《习近平谈治国理政》第一卷，北京：外文出版社，2018 年，第 61 页。

[31] 彭剑锋：《WTO 与中国人力资源生态环境的改善与优化》，《中国人力资源开发》，2002 年第 1 期。

[32] 刘晖：《浅析共享经济背景下人力资源管理的变化及其影响》，《企业技术开发》，2017 年第 3 期。

[33] 梅伟：《构建良好的人才生态环境》，《企业科技与发展》，2012 年第 16 期。

[34] 邱赵东、商华、刘禹岑：《微观人才生态环境评分方法研究》，《中国人口·资源与环境》，2017 年第 5 期。

[35] 黄梅、吴国蔚：《人才生态链的形成机理及对人才结构优化的作用研究》，《科技管理研究》，2008 年第 11 期。

[36] 孙健、王保玲：《北京高端金融人才发展环境满意度及其影响因素分析——基于北京市 490 位高端金融人才的调查数据》，《北京社会科学》，2019 年第 7 期。

[37] 司江伟、陈晶晶：《"五位一体"人才发展环境评价指标体系研究》，《科技管理研究》，2015 年第 2 期。

[38] 柳卸林、杨博旭、肖楠：《我国区域创新能力变化的新特征、新趋势》，《中国科学院院刊》，2021 年第 1 期。

[39] 赵全军：《"为人才而竞争"：理解地方政府行为的一个新视角》，《中国行政管理》，2021 年第 4 期。

[40] 孙锐、吴江：《构建高质量发展阶段的人才发展治理体系：新需求与新思路》，《理论探讨》，2021 第 4 期。

[41] 邓丹青、杜群阳、冯李丹等：《全球科技创新中心评价指标体系探索——基于熵权 TOPSIS 的实证分析》，《科技管理研究》，2019 年第 14 期。

[42] 孙艳艳、张红、张敏：《日本筑波科学城创新生态系统构建模式研究》，《现代日本经济》，2020 年第 3 期。

[43] 费艳颖、凌莉：《美国国家创新生态系统构建特征及对我国的启示》，《科学管理研究》，2019 年第 2 期。

[44] 董洁、孟潇、张素娟等：《以色列科技创新体系对中国创新发展的启示》，《科技管理

研究》,2020 年第 24 期。

[45] 范德虎、周海川、苗润莲:《面向创新过程、提升创新效率——以中关村国家自主创新示范区为例》,《管理现代化》,2018 年第 4 期。

[46] 陈劲、吴航、刘文澜:《中关村:未来全球第一的创新集群》,《科学学研究》,2014 年第 1 期。

[47] 王喆、陈伟伟:《破除体制机制陈规旧章提速国家实验室建设进程——基于北京、合肥、上海、青岛四地的调研》,《科技管理研究》,2020 年第 13 期。

[48] 薛莉、陈钢:《政府引导对产学研协同创新的促进效应研究——基于演化博弈的数值仿真视角》,《江苏社会科学》,2021 年第 2 期。

[49] 陈强、王艳艳:《KIBS 创新集群发展的动力机制研究》,《科技管理研究》,2011 年第 19 期。

[50] 吴江、蓝志勇:《营造创新人才脱颖而出的治理新生态》,《西南交通大学学报》(社会科学版),2021 年第 4 期。

[51] 张宓之、朱学彦、梁偲等:《创新要素空间集聚模式演进机制研究——多重效应的空间较量》,《科技进步与对策》,2016 年第 14 期。

[52] 李强、余吉安:《世界主要科学中心和创新高地比较与借鉴研究》,《科学管理研究》,2016 年第 6 期。

[53] 习近平:《在科学家座谈会上的讲话》,北京:人民出版社,2020 年,第 6 页。

[54] 石长慧、樊立宏、何光喜:《中国科技创新人才生态系统的演化、问题与对策》,《科技导报》,2019 年第 10 期。

[55] 曾建丽、刘兵、梁林:《科技人才生态系统的构建研究——以中关村科技园为例》,《技术经济与管理研究》,2017 年第 11 期。

[56] 赵曙明、白晓明:《创新驱动下的企业人才开发研究——基于人力资本和生态系统的视角》,《华南师范大学学报》(社会科学版),2016 年第 5 期。

[57] 罗国锋、林笑宜:《创新生态系统的演化及其动力机制》,《学术交流》,2015 年第 8 期。

[58] 胡曙虹、黄丽、杜德斌:《全球科技创新中心建构的实践——基于三螺旋和创新生态系统视角的分析:以硅谷为例》,《上海经济研究》,2016 年第 3 期。

[59] 李万、常静、王敏杰等:《创新 3.0 与创新生态系统》,《科学学研究》,2014 年第 12 期。

[60] 吴江:《用新体制新机制释放人才活力》,《人民论坛》,2017 年第 15 期。

[61] 孙锐、孙彦玲:《构建面向高质量发展的人才工作体系:问题与对策》,《科学学与科学技术管理》,2021 年第 2 期。

［62］王楠、刘萱、王宏伟：《新时代背景下我国创新生态系统建设研究》，《技术经济》，2020 年第 2 期。

［63］刘丹、闫长乐：《协同创新网络结构与机理研究》，《管理世界》，2013 年第 12 期。

［64］刘飒、吴康敏、张虹鸥：《中国科技人才评价转向：基于国家创新系统理论视角》，《科技管理研究》，2021 年第 16 期。

［65］范内瓦·布什、拉什·D. 霍尔特：《科学：无尽的前沿》，崔传刚译，中信出版社 2021 年版，第 77、142 页。

［66］吴江：《打造更具韧性的创新人才生态系统》，《世界科学》，2020 年增刊第 2 期。

［67］黄永春、邹晨、叶子：《长三角人才集聚的非均衡格局与一体化协同发展机制》，《江海学刊》，2021 年第 21 期。

［68］Shefer, D. , and Frenkel, A. , "Local Milieu and Innovations: Some Empirical", *The Annals of Regional Science* , vol. 32, no. 1(1998), pp. 185-200.

［69］叶堂林、李国梁：《京津冀创新扩散机制及扩散成效研究——基于京津冀、长三角两大城市群对比》，《经济社会体制比较》，2019 年第 6 期。

［70］符森：《地理距离和技术外溢效应——对技术和经济集聚现象的空间计量学解释》，《经济学（季刊）》，2009 年第 4 期。

［71］余泳泽、刘大勇：《创新要素集聚与科技创新的空间外溢效应》，《科研管理》，2013 年第 1 期。

［72］吴金希：《创新生态体系的内涵、特征及其政策含义》，《科学学研究》，2014 年第 1 期。

［73］李福、曾国屏：《创新生态系统的健康内涵及其评估分析》，《软科学》，2015 年第 9 期。

［74］刘芹良、解学芳：《创新生态系统理论下众创空间生成机理研究》，《科技管理研究》，2018 年第 12 期。

基金项目: 研究阐释党的十九届五中全会精神国家社科基金重大项目"构建激发人才创新活力的生态系统研究"(21ZDA015)

作者: 陈丽君、李言、傅衍

陈丽君, 浙江省人才发展研究院首席专家, 浙江大学公共管理学院教授、博导

李言, 浙江大学公共管理学院博士研究生

傅衍, 浙江省人才发展研究院兼职研究员, 浙江工业大学公共管理学院讲师

发表期刊: 《治理研究》2022 年第 4 期

以数字化转型为契机　推动人才工作科学化

近年来我国快速进入数字时代,以智能化、数字化为核心的"大数据、物联网、云计算"等新一代信息技术,已成为国家治理体系和治理能力现代化的关键力量。《中华人民共和国国民经济和社会发展第十四个五年规划和 2035 年远景目标纲要》明确提出要"加快建设数字政府,以数字化转型整体驱动治理方式变革"。在人才发展治理领域,人才工作数字化转型以"赋能人才"为最终目标,是指充分运用大数据、云计算、人工智能等数字化技术,获取、挖掘和应用一切有价值的人才数据,对政府人才工作战略决策、政策的制定、宣传和执行以及人才引用育留体制机制等工作职能、方法、手段和流程进行全方位、系统性重塑,是精准高效回应人才需求、促进人才工作决策科学化、助推人才发展治理能力现代化的重要手段。当下,各级地方政府积极探索人才工作数字化转型,已产生大量丰富的实践进展。

一、我国人才工作数字化转型的改革探索与成效

在党和国家的统一部署下,在"数字中国"建设背景下,地方政府迅速响应中央关于数字化发展的新要求,以数字技术为抓手,以数字应用为载体,丰富人才工作数字化转型应用场景,推动人才工作向"数字赋能"转变。

以服务集成推动人才工作提质增效。2021 年浙江启动数字化改革,将原有"人才码"迭代升级为"浙里人才管家"。总体框架是"1+4+N",其中"1"为人才数据库,"4"为引才云、项目汇、人才码、人才谱等 4 个子应用,"N"指在 4 个子应用下的多场景应用。从人才"顾客端"来看,"浙里人才管家"统筹了市直属单位、76 家企事业单位、163 个众创平台和 49 家金融机构等多个实体服务机构,实现省、市、区(县)三级互联互通;改变了既有人才办事事项的审批流程,通过算法模型代替了人工审核和人工判定,将多环节审批并联整合为一键办事,缩短了办事时间,提升了办事效率。截至 2022 年 1 月,"浙里人才

管家"应用已赋码超过 390 多万人,提供服务 900 多万人次。

2021 年 10 月,上海市上线"上海公共招聘"平台,凭借跨区域、跨平台资源整合和人职匹配智能化技术算法,为人才求职、企业招聘提供公益、免费、权威的人才供需信息和"一站式"解决方案。平台上线仅 4 个月,已有 1.4 万余名求职者登录新平台,其中已投递简历 1.02 万名,累计投递简历超过 12 万次;5600 余家用人单位登录、累计发布职位信息 4.6 万条、招聘人数超 22 万。

以流程优化再造提升人才管理效率。2021 年,江苏苏州工业园区发布"人才政策计算器"。以人才政策数据库为基本前提,全面梳理各级各类人才政策,在进行标准化和结构化分类后,形成了人才计划项目、人才待遇落实、人才企业发展和人才公共服务等四大类人才政策产品。结合苏州工业园区的政务数据,通过匹配人才和企业的技术画像与人才政策,点对点地生成个性化、定制化政策报告,提高人才政策的契合度和适配度。更重要的是,人才和企业在使用过人才政策计算器后,平台自动开启政策申报信息精准推送功能,在项目或政策申报启动时,将主动提醒适配用户,减少漏报、错报等情况的发生,最终做到"政策找人才"。

上海市虹口区人才服务中心不断完善"数字化智能工作平台",引入 AI 人才服务专员,加快建成数字政务创新生态,大力推进人才落户、居住证积分、职称受理等事项流程再造和"不打烊"全程网办,人才业务从"串联"到"并联",大幅提高办事效率及人才获得感。

以数据挖掘赋能人才治理变革。2021 年,山东济南人才服务中心推出人才数据中心。为深入推进产才融合,人才数据中心首先贯通了公安、人社、教育等部门权威数据,构建形成涵盖全市 900 万户籍人口、600 万社保缴费和 200 万人才业务的人才"数据池";以身份证件号码为唯一识别码,联合学信网、国家职业资格网、全国专技证书系统等权威网站,在对有关人才信息数据认证和比对验证后,进行分类入库。此外,结合济南人才数量、类型、分布与地方产业布局,绘制了"产业人才地图",对济南市的重点产业人才分布、存量、专业领域等供给侧信息,以及重点企业分布、企业急需人才专业、学历等需求侧信息进行综合研判,生成可视化动态地图,为招才引智提供科学判断基础,切实解决了供需错配和结构性矛盾,推进人才链和产业链的精准对接。

2019 年,江苏省常州市基于大数据技术开发了全国地级市首张"人才地图"。"常州人才地图"可以清晰呈现人才来源、人才分布、人才流动和人才决策预警等,为分析人才竞争力、提升人才吸引力和制定相应对策提供依据,为高校专业设置、人才培养提供决策参考,为优化产业结构、实现"产才融合"提供数据支撑。

总体来看,这场覆盖全国各地的人才工作数字化转型背后,蕴含的是通过数据归集、服务归集和具体场景应用,实现以数字全面赋能人才工作,实现人才工作从单纯资金激励到综合服务提供,再到五链融合机制构建,最终实现战略谋划科学决策的系统转型,本质上是人才生态体系的重塑过程。

首先,人才工作数字化转型实现了破除数据壁垒、整合服务资源的目标。通过系统梳理有关安居落户、就业补助、交通出行等人才服务事项,对接政府服务、公共服务和市场服务等各类服务机构,将服务事项、部门信息、地区信息和人才信息进行系统归集。

其次,人才工作数字化转型推动了现有人才工作手段工具和工作流程的优化再造。在一个综合性和集成化的运行平台前端,人才只需要一部手机,就可以实现"一键办理""个性定制"和"智能服务"等功能;在平台后端,数字技术简化了人工录入、整理、分析、审核等程序,能够有效提升服务质效。

最后,人才工作数字化转型强调数据赋能人才管理。借助数字技术手段,人才工作职能部门可以收集大量有关人才行为、相关政策以及企业等关联主体需求等数据。在对数据进行充分挖掘分析的基础上,为数字赋能人才工作科学决策提供可能性。

二、我国人才工作数字化转型面临的问题与挑战

由于政府组织形态变革和政府数字化转型改革才刚刚拉开序幕,人才工作数字化转型的前进道路仍然面临着诸多挑战。

第一,数字化多跨场景应用难以整合,制约人才工作整体智治效能。一方面,人才服务事项呈现出模块化特征,在出入境签证、人才项目引进、人才政策兑现等业务办理时涉及多部门多领域协同治理。由于社保、市场监管、财政、税务等数据没有充分对接,或部门之间数据掌握情况和收集标准不一致等问题,跨部门服务事项的业务协同治理水平不高。另一方面,应用场景无序开发现象初显,数字平台建设尚未充分发挥人才工作全链条集成和五链融合的必要价值。不同部门、不同层级为凸显改革特色和工作亮点,探索开发建设了单一功能的数字平台,用户常常需要在各种不同应用之间来回切换,单一数字平台难以满足人才服务端的多元需求,致使开发出的数字应用系统用户黏性不大和活跃度不高。

第二,新型数据壁垒正在生成,阻碍区域人才工作协同发展。当前全国各地都在积极推进人才工作数字化改革,人才数字化系统"遍地开花"。但由于各地政府建设进度不一,选择的技术供应商不同,所采用的技术架构不同,跨省市间系统建设标准、人才数据采集标准、网络安全标准以及建设进度不统一,区域间人才系统和平台端口难以兼容。在数据结构多元、标准异化,且地方政府对数据的主动共享意愿不强、动力不足的前提下,国家整体层面或区域层面的人才数据集成、互联和共享难以实现,生成新的数据壁垒。

第三，基于数据深度挖掘赋能人才决策科学化仍有发展空间。当前，人才工作数字化转型多以政府为主导，市场和社会力量参与较少，数源部门较为单一。跨越人才信息数据本身，如何通过数据集成，与企业信息、专利信息和论文信息等外部数据源进行碰撞和配对，以数字化实现人才链、创新链和产业链的融合，成为新的增长点。此外，数字技术为建立决策场景和模型分析提供了可能，但技术和数据需要被人的行为目的赋予内涵，理应重点考虑如何赋予人才结构化数据和非结构化数据的建模意义，最终实现人才决策科学优化。

三、进一步促进我国人才工作数字化转型的思考与建议

通过梳理我国人才工作数字化的改革探索，分析人才工作数字化转型面临的问题与挑战，笔者对进一步促进我国人才工作数字化转型提出以下建议。

第一，打造数字化人才工作生态，实现人才工作全链条变革。一方面，完善政府部门主体间数据归集机制，实现底层数据互联互通。以提升人才服务获得感为改革目标，打造省域层面一体化公共服务平台，系统梳理各部门的核心业务、办事流程和细化指标，归集人才创新创业全生命周期服务场景。另一方面，架构多跨协同的一体化人才服务平台，集成融合多部门应用系统，提高人才工作业务协同水平和需求响应能力，提升用户使用黏度。更重要的是，牢固树立"人人皆可成才"观点，以"大人才观"为指导，扩大人才公共服务覆盖面和服务边界，让广大人才共享人才工作数字化改革成果。

第二，落实顶层战略，以数字化推进人才区域一体化发展和人才统一大市场建设。一是从国家层面建立和完善人才大数据的相关标准体系，围绕管理标准、收集流程、平台架构、安全保障和技术标准等方面，对人才工作数字化转型涉及的内容和信息化系统建设逐一加以规范，避免各级地方政府重复建设和资源浪费，降低统筹难度。二是强化区域间人才协同发展战略。以推进政务服务"跨省通办"为契机，通过建设跨区域数字基础设施，制定跨区域人才数据共享和统筹管理机制，实现区域间人才政策互通、人才服务互享和人才联合认定等。

第三，推动多主体参与，以数字驱动人才决策科学化。一是完善多元主体参与人才治理机制。推动政府、市场和社会等主体参与人才工作数字化转型，实现政务信息系统和人才数据库、企业数据库和市场化服务机构数据库等资源的整合和共享，打通人才、技术、产业、创新等服务端和政府治理端的链接枢纽。通过多源数据碰撞挖掘、多元主体参与决策，充分释放数据价值。二是在数据建模和结果分析过程中，综合考虑计算机、人工智能、法学、心理学和人力资源管理等多学科领域专家的意见，注重数据价值导向，增强数据分析结果的可解释性，并为基于数据分析结果提供解决方案做出重要参考。同

时,加快人才工作者数字能力建设,强化人才工作者的主体作用,充分认识到技术和算法可能存在的缺陷,将数据、算法和技术作为决策的辅助者,避免盲目地遵从。

基金项目:研究阐释党的十九届五中全会精神国家社科基金重大项目"构建激发人才创新活力的生态系统研究"(21ZDA015)

作者:陈丽君、李言

陈丽君,浙江省人才发展研究院首席专家,浙江大学公共管理学院教授、博导

李言,浙江大学公共管理学院博士研究生

发表期刊:《中国人才》2022 年第 6 期

深化人才工作数字化改革研究
——以浙江省为例

□ 浙江省人才发展研究院课题组

以习近平同志为核心的党中央高度重视数字化发展,明确提出数字中国战略,并做出了"加快数字化发展"的系统部署。这是党中央站在战略和全局的高度,科学把握发展规律,着眼实现高质量发展和全面建成社会主义现代化强国的重大战略决策。进入新发展阶段,实现人才工作数字化改革从赋能向使能演进,将是拓宽人才发展空间,激发人才发展潜力,发挥人才治理现代化竞争力的创新性、突破性、制度性成果。人才工作数字化改革,不仅是以数字化为形式,以技术进步为手段,撬动人才工作各领域各方面的治理变革,更重要的是坚持全局理念和系统思维,提高人才工作的质量和效能,激发人才竞争力、创新力和活力,为率先探索建设共同富裕美好社会创造良好条件,奠定坚实基础。

一、人才工作数字化改革为推进共同富裕赋能加力

2018 年,在首届数字中国建设峰会开幕上,习近平总书记明确指出,加快数字中国建设,就是要适应发展新的历史方位,全面贯彻新发展理念,以信息化培育新动能,用新动能推动新发展,以新发展创造新辉煌。人才工作数字化是指围绕"数字中国"建设,统筹运用数字化技术、数字化思维、数字化认知,把数字化、一体化、现代化贯穿到人才工作全过程各方面;是对人才治理的体制机制、组织架构、方式流程、手段工具进行全方位、系统性重塑的过程;是从整体上推动人才工作质量变革、效率变革、动力变革;是从根本上实现人才工作整体智治、高效协同。因此,加快人才工作数字化改革,是在取得人才发展实践成果的同时,为丰富完善共同富裕和人才理论提供制度新方案、创造治理新样本,对经济社会高质量发展具有十分重大的意义。

（一）加快人才工作数字化改革，是构筑数字时代竞争新优势的战略选择和基础性先导性工作

数字化是人才治理迈向现代化的关键路径，以人才工作数字化引领、撬动、赋能现代化，全面提升解决发展中问题的人才能力，从根本上扫除迈向现代化的瓶颈和障碍。当今时代，新一轮科技革命和产业变革方兴未艾，信息通信技术的创新发展催生了数字技术主导的新技术群落和新技术体系，云计算、物联网、人工智能等新兴技术不断涌现，推动技术进步和创新呈现指数型增长，引领人类社会进入数字化新时代。更重要的是，数字化已成为世界各国打造经济发展新高地、应对国际激烈竞争、抢抓战略制高点的重要手段。国际数据公司（IDC）预测，"未来3年间，全球至少50%的GDP将以数字化的方式实现，数字技术将全面渗透至各个行业，并实现跨界融合和倍增创新"。在大变革大趋势下，人才工作唯有顺势而为，主动拥抱变革，才能实现包容性增长和可持续发展；唯有紧紧抓住数字技术变革机遇，充分释放数字化发展的放大、叠加、倍增效应，才能抢占人才发展战略制高点，牢牢把握时代主动权。

（二）加快人才工作数字化改革，是构建新发展格局和打造高质量发展新引擎的现实需要

数字化是人才工作主动塑造变革的新载体，以数字化推动人才治理变革、政企和政社关系变革、人才工作方法变革、人才工作流程变革，重塑人才治理体系、社会运行机制，实现人才发展整体智治高效协同。2021年浙江数字化改革大会提出，数字化改革是新发展阶段全面深化改革的总抓手，是"最多跑一次"改革和政府数字化改革的迭代深化。"十四五"时期以及未来15年，随着产业链供应链现代化水平的大力提升，浙江的人才链、创新链将形成强有力的比较优势，通过人才工作数字化改革更好激发制度优势、转化人才治理效能、形成人才发展胜势；更好地发挥人才引领性地调整数字生产关系、激活数据生产要素的潜力；更好地激发人才重塑未来社会生产发展的活力，提升人才全球竞争力。

（三）加快人才工作数字化改革，是提升公共服务均等化普惠化便捷化水平，推进共同富裕的重要途径

数字化是系统化闭环管理的核心工具，极大拓展了创新半径、人才辐射，在打破地域阻隔和时空限制，优化公共服务能力水平等方面提供了有力支撑。一方面，运用数字化手段，对人才业务流程优化再造，做到量化闭环，缩小数字鸿沟，增强公共服务供给的针对性和有效性，实现人才治理精准化，更好满足各类人才对更高水平公共服务的期待和需求，让各类人才在共享数字化发展成果上有更多获得感。另一方面，数字经济时代，完善的数字基础设施是人才均衡发展的坚实基础，充分享用数字基础设施，成为区域间

人才协同发展的关键因素,也是均衡享受公共服务的重要考量因素。因此,通过人才工作数字基础设施的均等化建设,大力促进落后地区、农村与富裕地区、城市同步进入人才协同发展的数字经济时代,一起迈向共同富裕。

(四)加快人才工作数字化改革,是加快转变政府职能,促进人才治理体系和治理能力现代化的必然要求

从数字技术应用到数字化改革,是一场波及经济社会发展全局、涵盖生产力和生产关系的全方位变革,深刻地改变了社会资源的配置方式和社会组织的运行模式,也对人才工作及其治理体系产生深远的影响。随着经济社会持续快速发展,传统的治理模式和"人海战术"已越来越难以适应现代治理的需要,必须依托现代信息技术变革的治理理念和治理手段,全面提升人才治理效能。因此,数字化是提升人才工作者适应引领现代化能力的必答题,强化数字化理念、深化数字化认知、用好数字化手段,不断提高对现代化的把握能力、引领能力、驾驭能力。而且,加快人才工作数字化改革,不仅可以掀起人才部门科学化、精准化的效能革命,还能在深化"放管服"改革、优化营商环境、更好激发人才活力和人才创造力等方面发挥更多作用,为人才治理理念、人才治理结构、人才引用育留机制及人才资源配置等带来深层次的结构性变化,有力助推人才治理体系和治理能力现代化。

二、人才工作数字化改革的浙江实践

自 2004 年浙江省确立人才强省战略以来,浙江省人才工作经历了从以激励性人才政策来吸引人才,到以综合人才服务来集聚留住人才的转变。在人才工作从管理向服务转型的过程中,浙江省正开展从"最多跑一次"到"政府数字化"的转型变革。这场变革不仅聚焦以人民为中心全面提高政府行政效率,更强调把数字化、一体化、现代化贯穿到党的领导和经济、政治、社会、文化和生态文明建设的全过程各方面。2021 年 12 月 7日,浙江省委书记、省委人才工作领导小组组长袁家军在省委人才工作会议上提出"以数字化改革破解人才发展难点堵点,打造人才工作重大场景应用,积极推进人才发展体制机制综合改革"。在浙江省数字化改革全面推进背景下,人才工作领域的数字化改革迅速跟进并取得不少改革成果,总体上经历了五个发展阶段,实现了"管理提效—服务提质—治理提能"的三次迭代(见图 1)。

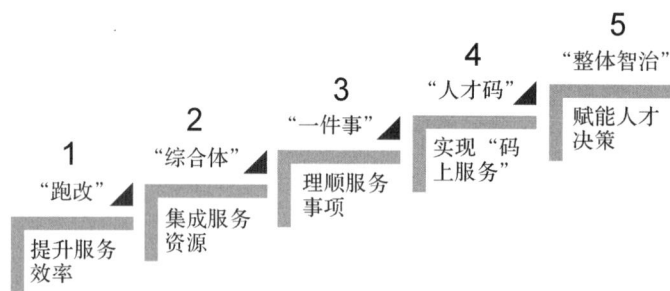

图1　浙江人才工作数字化改革的五个阶段

(一)率先实施人才行政审批服务"最多跑一次"改革

早在2016年浙江率先提出实施"最多跑一次"改革时,人才工作数字化改革就已开启。这一阶段主要通过"一窗受理、集成服务、一次办结"的模式创新,全方位提高人才服务效率和效能。比如,浙江全省首设的衢州市行政服务中心"最多跑一次"人才服务窗口,通过将分散在教育、卫生、住建、国土、公积金中心等部门的人才服务职能统一纳入人才服务窗口,切实提升窗口办事效能。与此同时,推出在线服务,实现所有人才服务事项线上查询、部分事项线上办理、半数以上事项"线上线下"同频共振。2019年5月,为深化人才领域"最多跑一次"改革,积极推进人才服务数字化改革,浙江省人才服务平台正式上线运行。该平台囊括政策查询、人才资源库、公共服务、人才工程、揭榜挂帅、大学生实习六大板块,把涉及人才的政策、服务、评审、信息"一网打尽",实现人才创业创新各类事项"一网通办"。

(二)全面推进"一站式"人才服务综合体建设

在提升人才行政审批服务效能基础上,为全方位支持人才创业创新,促进创新、产业、资金、人才、政策的"五链"融合,集成人才服务、政策宣传、资源对接、联谊交流等功能的一站式人才服务综合体在浙江各地全面铺开,人才服务工作实现点式服务向链式服务、零散服务向常态服务、小众服务向普惠服务转变。比如,宁波首个人才服务综合体"宁波人才之家"设有科技超市、企业家学院、人才银行、第二人事部、海外人才俱乐部、青春加油站、锋领服务岗、智谷共享秘书处、人才管家专窗和梧桐咖啡等十大实体化服务平台,引入人力资源、投融资、科技等方面的服务机构,以人才创新创业综合需求为导向,提供10大类126项全要素全周期闭环式服务。又如,绍兴"海智汇·绍兴"国际人才创业创新服务中心设有人才综合服务中心、人才交流活动中心、人才生态展示中心、人力资源产业园与创业创新学院,提供线上线下相结合的政策宣传、成果展示、项目对接、创业创新、联谊交流等集成服务。

(三)系统深化人才创新创业全周期"一件事"改革

前两阶段的重点分别在人才服务效率提升和综合集成上,为进一步推动人才服务标准化、流程精简贯通、部门互通联动,提升人才服务和人才需求的匹配度,浙江省各地聚焦人才事项梳理整合,不断深化人才创业创新全周期"一件事"改革。比如,杭州余杭区围绕人才生活、创业、就业系统梳理整合了人才落户居住、安家补助、职业租房、交通出行等 13 类 93 个人才服务事项和政策,率先推出人才创新创业全生命周期"e 件事"平台和线下专窗,以等级类、职称类、技能类、学历类和海外类等 5 大类 23 种人才身份为主线索,按照"一件事"标准,创新推出"e 车"服务,"一站式"智能匹配推送人才高频事项,实现人才事项办理"菜单式选择、自定义组合"。各类人才可自由定义"一件事"内容,像淘宝"购物车"一样,个性化批量办理各种类别服务事项。又如,嘉兴南湖区以人才创业创新全生命周期需求为导向,以区块链技术为支撑,将各类人才事项整合为 36 个大类 110 个小类,并集成到"人才 e 点通"云平台,实现人才创新创业全过程"一表申请、一网联办、一次不跑、一码认证"。据统计,推出此项改革后人才大类事项申报材料平均减少 3 份,须填报信息量平均缩减 62.5%,网上办、掌上办实现率 100%。类似地,丽水遂昌县的"天工人才 e 键办"也集成了 354 个办事细分事项和 58 项人才政策。

(四)加快实现"人才码"大数据归集和服务智享

参考"健康码"开发应用的逻辑,浙江省内各地在"人才码"开发应用上加快步伐,不断推动人才工作部门"服务端"和人才"顾客端"同向发力、交互赋能,人才工作数字化改革进入新阶段。"人才码"的设计逻辑在于通过人才一键申领实现平台对人才数据的归集。与此同时,作为人才"身份证""浓缩档案",人才通过扫码或亮码实现人才服务的"一码供给""码上兑现",不断提升人才获得感。比如,杭州市"人才码"针对高层次人才、应届毕业生、外国人才、全球人才,统筹了杭州 30 家市直单位、76 家企事业单位、163 个众创平台、49 家金融机构,集成政策兑现、生活服务、创新创业服务等 8 大类 142 个人才专项服务。截至 2021 年 11 月底,已有 669730 位来杭人才领码,兑现政策补贴 32.39 亿元,"人才码"已累计服务 405.2 万人次,平均日活量 2.78 万。嘉兴"人才码"纵向联通省市县三级,横向协同组织、人社、教育等 23 个部门,打通社保一体化平台、职业技能登记证书系统等 15 个信息系统,集成各级各部门政务服务,连接金融、法律、人力资源等市场服务,根据人才类型精准推送服务内容。"人才码"上线仅 1 个月,入库人才超 64 万人,集成人才服务功能 50 多项,服务人才超 18 万人,兑现各类人才资金 2.3 亿元。

随着各地"人才码"开发应用的不断深入,进一步打通各地"人才码",实现人才服务省内一体化、服务成本财政分摊后台化、人才治理全融合成为一个新的发力点。比如,浙江从省级层面建设打造了"浙里人才管家"应用,对接 4000 多个实体服务机构,面向全省人才提供包括政务服务、创双服务、生活服务 3 大模块,覆盖落户、购房、子女入学、申请贷款等领域 50 多项服务。与此同时,作为全省人才服务总接口,该应用也提供了省内各市县区人才政策、服务信息的检索链接功能,并推动各地面向区域外高层次人才开放部分人才服务。

(五)深度探索数字赋能宏观人才管理决策多种路径

总体来看,浙江人才工作的服务深化和数字化改革紧密糅合,已经经历"提升服务效率""集成服务资源""理顺服务事项""实现'码上服务'"四个阶段。作为人才工作数字化改革的最高阶段,"数字赋能宏观人才管理决策"也在省内部分地区得到深度探索。比如,杭州突出"大场景、小切口、大闭环",继首创人才码应用后,从人才服务向招引、治理功能延伸,探索建设"人才引力波"系统(人才数智管理系统),现已打通人才、公安、人社以及各区县(市)等23个单位数据,归集1.66亿行数据,摸清300多万人才底数。由该系统绘制的"人才职住热力图",多跨协同归集多个政务部门数据,直观呈现杭州人才的分布和流动情况,并用大数据分析人才工作地和人才房、医疗、教育等公共资源分布,为党委政府优化人才公寓、医疗、教育等人才服务资源配置提供决策参考。系统中的"人才项目终生宝"则依托项目鉴别、企业核验、政策兑现等算法模型,实现人才项目全周期动态管理,精准及时给予帮扶。2021年11月,杭州滨江区正式发布的人才工作数字化一体平台聚焦发现、招引、培育、引领和服务人才5大场景、39个子场景,打通了12个业务部门,通过数据驱动、模型分析和多跨协同,破解了传统模式下如何找到人才、切实解决人才发展瓶颈等问题。其中的"合作机会图谱",通过企业的知识产权、业务领域、合作客户、企业动态等"关键点"进行画像,精准提供公共服务产品,为人才和企业找到更多合作机会。另外,平台上线的"云聘会""才岗智配"板块,通过建立高校引才联络地图,挖掘历年全国高校数据,锁定"人才输出大户",为本地企业提供人才检索和供需对接。2021年12月,浙江省委组织部牵头开发的"浙里好干部"项目入选党政机关整体智治板块"最佳应用",该应用围绕提升党员干部队伍现代化建设新能力,聚焦选人用人高质量发展指标体系和干部成长选育管用全链条、全面立体透视察人识人、精密智控干部大监督等机制,系统构建了干部立体画像、干部立体培养、干部立体考核、干部立体监督等四大多跨场景,推动干部工作全方位、系统性、制度性重塑提升。

三、浙江人才工作数字化改革的堵点难点

(一)人才工作主体多元,部门数据壁垒仍难打破

由于人才工作涉及多部门多主体,人才数据具有一定的分散性和独享性。一方面,作为人才工作领导小组成员单位,人社、发改、经信、科技、教育、卫生、文化等政府职能部门各自分管一支或几支人才队伍建设工作,在数字化改革背景下,各部门分别掌握相应人才队伍的基础数据及服务应用流量数据;另一方面,不少企事业单位、人力资源服务

机构、非营利组织基于自身发展和研究需要对行业人才规模、流动及供需情况进行调查统计，其掌握了更真实反映市场供需的人才数据。但涉及数据的安全性及自身核心利益，打破部门数据壁垒除了考虑"能不能"，更关键在于人才数据掌握者"想不想"，而这正是当前人才数据共享动力不足、效果不佳的根源所在。

（二）数字化人才稀缺，技术支撑与改革动能不足

人才工作数字化改革有赖于数字化人才的专业技术支持和数字理念创新。根据2021年中国信息通信研究院发布的《数字经济就业影响研究报告》，2020年我国数字化人才缺口接近1100万，且伴随着全行业数字化推进，人才需求缺口将持续放大。与此同时，既懂人才工作规律、熟悉人才工作业务、具有良好服务意识，又擅长运用数字化技术和创新思维的复合型人才培养体制机制尚不健全，数字化人才持续供给能力不足。再者，数字化人才流动呈现出向发达地区和第三产业转移的趋势，人才工作数字化改革也将面临整体上缺乏人才支撑和地区间改革动能不平衡的问题。

（三）缺乏"在线"思维，工作业务与数字化改革难以融合

由于缺乏数字化思维，人才工作者和职能部门对数据和业务之间的深层次逻辑关系缺乏认识。数字化改革仅仅停留在"业务数据化"的阶段，即将人才工作业务进行"线上转化"，但对运用人才大数据提升人才业务的用户体验和开拓新业务领域的敏锐度不够，对人才数据缺乏沉淀、打通和使用，使人才工作数字化改革备受掣肘。

（四）用户响应滞后，平台应用成效不甚理想

人才工作数字化改革进程中，无论制度重塑、流程再造，还是场景探索、平台搭建，都应坚持以人为中心，以人才需求和获得感满意度为出发点、落脚点。当前，各地的改革实践仍侧重于数字化基础设施建设和业务运营，对于降低数字化门槛、持续抓好重大应用场景落地畅通等后续工作缺少关注。人才工作数字化改革的成效评价机制缺失，出现越来越多的系统和应用的同时，"硬核""标志性"成果难以形成。

四、浙江人才工作数字化改革的对策建议

（一）通过顶层设计推动人才工作跨部门跨地区协同

得益于数字时代互联网综合技术的"大连接"功能，人才工作从"线性思维"到"生态思维"、从有界到无界、从封闭到开放已成趋势。因此，有必要通过顶层设计来积极拥抱这一趋势，加快人才工作数字化改革的理论研究和制度重塑，积极破除影响跨层级、跨部门流程与业务协同、数据交换与共享的体制机制障碍，充分实现技术架构与组织架构、工作业务的内嵌融合。此外，兼顾共性与个性，加快人才数据治理、业务流程改造等

标准规范体系建设的同时,鼓励各地人才工作数字化改革的个性化创新实践和经验交流。再者,把握和处理好政府功能与市场机制的关系,坚持宏观调控人才发展与微观市场配置人才资源相协同,鼓励市场和社会主体共同参与人才工作数字化改革。

(二)通过平台联动数据流通打造省级"人才数智大脑"

打造省级一体化的"人才数智大脑",推动各地人才平台"串珠成链",将"数据孤岛"连成"大陆",是人才工作数字化改革的重点任务和基本依托。为此,应在建立健全数据资源规范、数据确权和交易机制基础上,联动省级、地方平台和企业、人才服务机构等载体,盘活人才数据,推动省级基础平台搭建人才公共数据底座,并着力实现三方面功能:第一,提供多元人才电子服务应用的统一接口,降低人才服务搜寻成本;第二,实现产业事业发展态势和区域人才看板功能,帮助人才工作部门掌握区域人才资源供求状况和弱项短板,为区域人才战略调整和人才供应链打造提供可靠的决策依据;第三,推动人才工作整体变革,通过人才大数据分析、区块链、智慧物联等技术,实现人才服务的"虚拟＋现实"联动、人才政策和业务的内生式变革。

(三)通过数字化力量整合加快多跨场景应用探索

充分调动政府、市场、社会三方面数字化力量,加快人才多跨场景搭建和迭代升级。第一,构建"需求—场景—改革"闭环,从人才需求出发,探索场景化解决方案并激发新需求;与此同时,积极打通"用改革破解场景实现难点""用场景数据助推改革深化"双向路径。第二,通过"揭榜挂帅"、政府采购、公私合作等方式,凝聚多方创意、技术和资源,推动多跨场景应用共建共享。第三,加快复合型数字化人才引进和培育,不断提升人才工作者数字化思维和技术水平,构建由数字化领导者、数字化应用者、数字化专业团队组成的数字化改革人才梯队,为人才工作数字化改革提供坚实的人才保障。

(四)通过氛围营造法治建设做好改革"后半篇"文章

人才工作数字化改革的落脚点在于人才获得感满意度的提升和人才整体智治,为此,下一步应着力做好改革"后半篇"文章以实现上述目标。第一,加强人才数字化技能训练,不断降低数字化门槛;加强改革宣传和氛围营造,动员引导人才参与改革进程和分享改革成果,不断提升改革成效。第二,逐步建立促进人才数据流动利用和权利保障的法律规范体系,如"人才数据管理办法""大数据反垄断法"等,完善人才数据采集、存储、确权、交易、使用、保护机制,规范大数据、云计算、人工智能等领域技术应用行为,有效防范人才工作数字化改革进程中的法律和技术风险,形成安全有序的改革格局。

参考文献

[1] 衢州党建网:《全省首设"最多跑一次"人才服务窗口 让人才少跑路 促发展加速度》,2017 年 4 月 7 日,www. qzdj. gov. cn/djzt/news/show-128. html.

[2] 张云松:《浙江省人才服务平台正式上线运行推进 人才服务的数字化改革》,2019 年 5 月 16 日,zjnews. china. com. cn/yuanchuan/2019-05-16/174642. html.

[3] 曹美丽、杜金明:《宁波人才之家启用 打造人才服务综合体》,2020 年 4 月 19 日,https://baijiahao. baidu. com/s? id=1664390792591441435&wfr=spider&for=pc.

[4] 费彪、许成杰:《打造"一站式"人才服务综合体余杭区国际人才港启用》,2020 年 7 月 15 日,https://baijiahao. baidu. com/s? id=1672335411151230987&wfr=spider&for=pc.

[5] 朱弼瑜、张苗、张文:《"人才 e 点通"上线！南湖区全流程打造人才服务"优质区"》,2020 年 9 月 9 日,www. nanhu. gov. cn/art/2020/9/8/art_1570683_56702223. html.

[6] 刘海波:《浙江遂昌:"天工人才 e 键办" 让人才事项"一网通"》,2020 年 8 月 22 日,https://wenhui. whb. cn/third/baidu/202008/22/367336. html.

[7] 杨佳乐:《杭州数字化撬动人才工作改革 汇聚数智之力 积蓄发展动能》,2021 年 12 月 6 日,https://www. zj. gov. cn/art/2021/12/6/art_1554469_59174866. html.

[8] 嘉组轩:《浙江嘉兴:人才"一码"服务无忧》,2021 年 12 月 22 日,www. zuzhirenshi. com/dianzibao/2021-12-22/3/a8dfd04b-65f5-4ba0-b2d6-75ff5cf09642. htm.

[9] 凤凰网:《"人才生态最优市"杭州成长秘籍:数字化技术塑造引才留才软环境》,2021 年 12 月 6 日,https://news. ifeng. com/c/88kynTF8CKv.

[10] 沈吟:《服务一呼百应 杭州"人才引力波"打造人才发展数智生态》,2021 年 9 月 13 日,https://baijiahao. baidu. com/s? id=1710783556906846080&wfr=spider&for=pc.

[11] 杭州市滨江区人民政府官网:《我区推出人才工作数字化一体平台》,2021 年 11 月 8 日,www. hhtz. gov. cn/art/2021/11/8/art_1487008_59033894. html.

[12] 翁宇君:《刚刚！浙江数字化改革第二批"最佳应用"公布》,2021 年 12 月 22 日,https://baijiahao. baidu. com/s? id=1719867020201645755&wfr=spider&for=pc.

课题组成员:陈丽君、陈诗达、朱蕾蕊(执笔)

走好新时代人才自主培养之路

2021年9月27日，习近平总书记在中央人才工作会议上指出："培养人才是国家和民族长远发展的大计，当今世界人才的竞争首先是人才培养的竞争。"中央人才工作会议对全方位培养、引进、使用人才作出重大战略部署，为加快建设新时代人才强国作出顶层设计和战略谋划指明了前进方向。人才问题是关系到国家事业发展的关键问题。面对激烈的国际人才竞争，一方面要继续放眼世界，围绕国家发展战略目标，聚天下英才而用之；另一方面要立足本国自主培养人才。当前我国正处于加快构建新发展格局的历史新起点上，新时代人才强国战略对人才数量、质量、结构的需求是全方位的，我们比历史上任何时期都更加渴求人才。创新发展需要人才支撑，新发展格局需要人才引领。从各国发展的实践看，只有建立并依赖独立自主的创新体系，才能实现对发达国家的赶超，屹立于世界民族之林。实现建成新时代人才强国的目标，必须立足本国自主培养人才。

第一，创新人才培养是关键。从科技发展的角度来看，创新是科技发展的原动力，培养具有自主创新能力的高层次国际化人才，是保持国家科技创新优势的关键所在。今天我国虽然已经拥有一支规模宏大的人才队伍，但是在半导体、人工智能、新材料等领域，还存在很多关键技术被"卡脖子"的地方，已成为影响我国科技、经济诸多领域创新发展的短板。以人工智能领域为例，当前我国人工智能人才缺口高达500万，还存在结构失衡的问题。因此，要破解新兴产业发展被"卡脖子"的问题，加快创新人才培养是关键。

教育是培养创新人才的重要途径，要把发展教育、培养人才提升至事关国家安全的战略位置。一是要优先发展高等教育事业，充分发挥高校特别是"双一流"大学培养创新人才主力军的作用，进一步完善基础学科拔尖创新人才选拔培养的有效机制，培养更多服务于国家重大战略需求的"高精尖缺"创新人才。要学习借鉴创新型国家培养人才的做法，如在高校和科研机构集中的地方，建立以研究型大学为中心的未来创新社区，推动人才培养与自主创新能力的密切结合。

二是要完善职业教育和培训体系，深化科教协同和产教融合、校企合作育人，充分发挥用人主体人才自主培养的主动性、积极性，加大创新实践能力培养力度，加快培养一批创新型、复合型、应用型的创新人才。

三是要建立贯穿高、中、小、幼教育体系的培养创新人才的体制机制，让创新意识、创新思维、创新动机、创新能力根植于更广泛的群体中。

第二，青年人才培养是重点。青年人才是国家的前途，民族未来的希望，是国家战略人才力量的源头活水。当前一些地方的青年人才培养工作还存在诸多问题，如对青年人才培养认识不足、培养目标定位不明确、培养方式简单、培养脱离新时代青年人的特点和需求等。要遵循市场经济规律和人才成长规律，把培育国家战略人才力量的政策重心放在青年人才上，不断明确培育目标定位、丰富培育内容、创新培育模式，完善优秀青年人才全链条培养制度。大力实施"青年人才培养计划""青年拔尖人才支持计划"等针对性强的人才支持项目，建立完善拔尖创新青年人才早期培养机制，对于"好苗子"，要早发现、早跟踪、早培养，鼓励年轻人大胆创新、勇于创新，突破常规培养。

要注重在实践中培养青年人才，鼓励更多高校毕业生到科研生产第一线去创新创业，围绕国家重点领域、重点产业，到重大科技攻坚中、重要岗位上去历练，培育一批具有引领作用的交叉前沿方向的高水平青年复合型人才、基础研究人才。

要着重加强培养具有自主创新能力的高层次国际化青年人才，注重人才培养的开放性，为青年人才加强国际交流、学习、实践等创造良好条件，使他们真正在未来全球科技发展及各领域发展中成为引领趋势、占据核心优势的"领跑者"，造就一支具有世界影响力的顶尖青年科技人才队伍。要加强青年人才的理想信念教育，引导青年人才树立胸怀祖国、服务人民、勇攀高峰、敢为人先的宏伟志向，努力朝着强化青年人才的战略作用、深挖人才潜力、激发创新活力的方向培养青年人才，为国家重点发展战略的各领域输送更多优秀后备人才。

一、产教融合是重要路径

走好人才自主培养之路，要从根本上解决人才培养与社会需求相脱节的结构性矛盾。这就需要牢牢把握科技进步大方向、产业革命大趋势，加大产教融合力度。产教融合培养人才，要从改革教学体制、教学内容、教学方法入手，将产业需求变成科研导向，围绕世界科技发展新趋势、新技术，以真正的自然探索和科技创新为核心目的培养人才。要把优秀科技人才凝聚培养与产业发展、重大科技任务、重大科研布局、重大创新平台建设等有机结合起来。定期派遣大学生、研究生和科研人员到拥有先进技术和发展前景的大型企业进行研修，通过在企业的实际锻炼提高人才尤其是科技人才的实践创新能力。

产教融合培养人才,需要积极调动高校院所和企业的人才培育积极性,构建更广泛的校企联盟,以平台化、项目化、生态化的方式推进产教深度融合。目前一些地方积极聚焦国家和区域重点领域,对接区域产业发展,打造了一批集教育、培训及研究于一体的区域共享型人才培养实践平台与基地,高标准建设了一批特色产业学院、产业工程师协同创新中心等,从优化专业结构、创新科教融合入手,实施产教融合全周期的专业知识及实训技术技能人才培养模式,培养了大批卓越工程师、高水平工程技术人才和高素质技能人才、能工巧匠,为产教融合培养人才探索了一条新路径。这种方式应在全国范围内加以推广。

二、制度建设服务是保障

当前,人才培养中存在"重引进轻培养""重育才轻用才""重产出轻投入"的现象,人才培养与人才管理中招聘、晋升、薪酬、绩效等的整合缺乏联动性、系统性规划等问题。要提高人才培养的效率和效果,加强人才培养、选拔和使用的一体化、创新性的制度设计是重要保障。要确立人才投入是效益最大的投入理念,实施人才投资优先方针,加大人才培养投入力度。优化人才投入结构,建立社会各界多元化的人才培育投入体系。明确人才投入绩效目标,建立人才投入的绩效评价体系,提高人才培养投资使用效率。重点支持高层次人才、创新创业人才、青年人才培养。

要制定人才培养发展规划,对重点领域、国家战略性新兴产业要制定人才培养专项发展规划。要建立以信任为基础的人才培养使用机制,统筹考虑人才培养与人才政策、人才计划及改革创新重大任务的有机衔接,推进前瞻性、系统性、针对性的人才培育举措,进一步破除制约人才发展的体制机制障碍。要以更加精准精细的服务培养、吸引、凝聚人才,在全社会真正形成"用好现有人才、引进急需人才、稳定关键人才、培养未来人才"的引才、聚才、育才、用才良性循环;推动形成拔尖人才"顶天立地"、青年人才"脚踏实地"、产业人才"铺天盖地"的大好局面;加快形成全员、全过程、全方位育人工作新格局,为建设世界重要人才中心和创新高地提供强大人才支撑和保障。

作者:陈诗达

陈诗达,浙江省人才发展研究院高级研究员

发表期刊:《中国人才》2022年第3期

筑牢我国制造强国人才基石

2020 年 11 月 24 日，习近平总书记在全国劳动模范和先进工作者表彰大会的讲话中指出，劳动者素质对一个国家、一个民族的发展至关重要。技术工人队伍是支撑中国制造、中国创造的重要基础，对推动经济高质量发展具有重要作用。我国是全球第一制造业大国，但还不是工业制造业强国。有关资料显示，我国技能劳动者总量虽超过 1.65 亿人，占就业人员总量的 21.3％，但其中高技能人才的占比仅为就业人员总量的 6.2％。如果把人才队伍比作一条奔腾汹涌的大河，高端领军人才就是站立潮头乘风破浪的勇士，技术技能人才则是坚强独立的中流砥柱，是实现中国先进制造业发展目标的基石。

随着世界进入互联网、数字化、智能化发展的新时代，以及推进中国制造向中国创造转变、制造大国向制造强国转变，我国对高素质技术技能人才的需求量会更大。研究预测，到 2030 年，我国劳动者总量的 30％（约 2.2 亿劳动者）可能因数字技术的影响而变更职业。从发达国家工业化的实践来看，面对技术技能人才人多面广的实际需求，难以通过大量引进人才来满足，技术技能人才的自主培养成为各国实现制造强国目标的必然选择。培养建设一支知识型、技能型、创新型的劳动者大军，是我国实现制造强国目标的坚实保障。

一、大力发展职业教育，夯实技术技能人才培养基础

实体经济是我国经济的重要支撑，做强实体经济需要大量技术技能型人才。近年来，劳动力市场技术技能劳动者的求人倍率一直在 1.5 以上，高级技工的求人倍率甚至达到 2 以上，技工紧缺现象逐步从"季节性"演变为"经常性"。职业教育是与经济结合最为紧密的一种教育类型，是培养工业制造业人才的"摇篮"，是解决制造业人才短缺、增加供给的主阵地。当前，我国拥有 1.13 万所职业学校、3088 万名在校生，已建成世界规模最大的职业教育体系，但无论是规模还是质量都与发展需求有一定差距。因此，要把发

展职业教育、培养优秀技术技能人才提升至事关实现中国制造强国目标的重要战略位置。首先,要加快教育体制改革的步伐,在推动职业教育、普通高等教育、继续教育统筹协调发展的同时,规划形成从中职、高职、职教本科到专业硕(博)士的现代职教人才培养体系。目前,我国职业本科教育仅有 32 所高校,在校生 12.9 万人,为确保到 2025 年实现职业本科教育的规模不低于高等职业教育招生规模 10%的发展目标,需要重点加大本科层次职业教育人才培养力度。其次,针对职业教育人才培养中企业或行业急需紧缺的专用技术技能供需错配现象突出等问题,要在学科融合、产业驱动、知识结构、评价机制等方面加强职业教育与生产实践相结合,促进学科专业设置与产业发展同步。中等职业教育、专科高等职业院校要以培养服务区域发展的技术技能人才为目标。对于应用技术本科、专业学位研究生的职业教育,要瞄准产业界重大、前沿、新兴领域,强化学生工程实践和创新能力培养。最后,将技工学校、技师学院纳入职业教育系列,并逐步贯穿于高、中、小、幼教育中,树立"职业只有社会分工不同,没有高低贵贱之分"的思想理念。

二、促进产学研用融合,拓宽技术技能人才培养渠道

聚焦打造技能强国,以产教融合和产学研用协同创新为突破口,构建规范有序、相互衔接的人才培养体系,提升高素质技术技能人才供给水平。要创新各类人才培养机构和产业企业密切合作的人才培养模式,瞄准世界科技前沿和关键领域,深化技术技能人才培养与先进制造业集群、战略性新兴产业的对接,打造一批高水平产学研用融合的实训基地和集成平台,充分发挥设备场地、服务范围、技术要素等相关主体的合作共享,有效推进人才培养与工程实践、科技创新的有机结合。随着互联网、数字经济、人工智能等科技的发展,传统意义上的技术人才和技能人才的界限正在逐渐融合,应主动适应新技术、新工艺、新装备、新材料的发展需求,在产学研用协同培养生产一线操作能力强的技术技能人才的同时,重点深入研究新时代卓越工程师的培养模式,加快建设具有中国特色、世界水平的工程师培养体系,努力培养造就一大批具有突出技术创新能力、善于解决复杂工程问题的卓越工程师。产学研用协同培养技术技能人才,师资队伍建设是重点。要聚焦导师选拔这个关键环节,充分发挥产教联盟作用,推行"双导师"以及产学研用双向、多向相互交叉交流任职等机制,建立完善产学研用融合的教师培养发展机制。在重点行业、重要技术领域先行试点师资"旋转门"制度,选择一批实践经验丰富且具有一定理论知识的技术技能型专家到高校、科研机构学习交流、任职;推动高校和科研机构的教学和研究人员到企业交流任职,全面建立科教融合、产教融合和产学研用一体化的人才培养体制机制,为技术技能人才自主培养提供根本保障。

三、发挥用人主体作用,搭建技术技能人才培养平台

企业是市场主体、创新发展主体,是技术技能人才培养的主阵地。目前,我国农民工总数已接近 3 亿人,他们大都缺乏技术技能。产业结构转型升级,对广大普通劳动者的综合素质提出更高要求。因此,企业自主培养技术技能人才既是企业转型发展的内在需要,也是提升企业创新核心竞争力的迫切要求。其一,企业要确立"人才投入是效益最大的投资"理念,实施人才投资优先方针,加大人才培养投入力度。确保企业职工教育经费落实,并向生产研发一线技术技能人才倾斜。要把包括农民工在内的普通员工的职业技术技能培养放在突出重要位置。建立企业人才培养激励机制,对拔尖技术人才和高技能人才实行特殊津贴制度,鼓励企业设立"首席工人""首席技师",激发更多青年职工学技术、学技能的积极性。其二,企业自主培养人才,要强化人才培养载体建设。建立校企合作"外输式"人才培养平台。按照校企相向需求、互为供需、互相支撑、协同进步的要求,签订校企人才培养协议,分期分批选送技术技能骨干,开展定岗、定向式人才"输出式"培养。要搭建多元化的"内训式"培养平台。鼓励有条件的行业企业利用自身资源建立技术技能人才培训中心,引进设立一批企业研究院、产业学院、协同创新中心等人才培养平台,以企业高级技师、高级工程师等技术骨干为主,组建内部培训讲师团队,开展企业内部技术技能人才培(轮)训,确保人才培养质量。其三,依托企业技能大师工作室、劳模创新工作室等资源,结合现代学徒制开展人才自主培养。将新型学徒制倡导的"企校双制,工学一体,导师认证,校企双师联合培养,弹性学制和学分制,企业对师徒的激励约束"等,逐渐内化为企业技术技能人才培养的基本制度。建立终身技术技能人才培养机制,以"自我赋能"的方式激励员工自觉学习技术技能,将企业打造成一个富有创新与活力的学习型组织。

四、鼓励市场力量参与,激发技术技能人才培养活力

面向新时代、新经济、新业态对高质量技术技能人才的需求,市场最敏感,也最有发言权。要有效调动社会各方面力量,完善市场化培训机制,充分发挥市场在人才资源配置中的决定性作用,激发市场培养技术技能人才的活力。要遵循社会主义市场经济规律和人才成长规律,充分发挥社会职业培训机构紧密对接市场的优势,促进市场职业培训内容与职业标准紧密对接、培训过程与工作场景紧密对接、培训需求与企业用人需求紧密对接。开发一批线上线下相结合、精细化且专业化的人才培训产品,推进一批特色鲜明的"定单式""点菜式"培训项目,形成品牌化服务。针对一些中小型企业在技术技能

人才培养方面缺乏资金、师资、平台等问题,参照工业化国家的经验,政府或者行业、企业联合组建中小型企业人才培训中心,统一规范师资管理、教材大纲、考核评价、质量评估等培训内容,政府给予必要指导和适度资金补贴支持。有条件的地方或行业,可整合区域、行业职业教育资源,组建职教集团、人才开发集团等团体,联合开展市场化技术技能人才培训。要加快建设高效规范、公平竞争、充分开放、全国统一的技术技能人才大市场,建立符合市场经济体制需要的人才职业标准和评价制度,促进技术技能人才要素顺畅流动。

五、完善政策制度保障,营造技术技能人才培养环境

当前,一线技术技能人才地位待遇低、职业发展通道不畅,是一些年轻人不愿进工厂、家长不愿送把孩子去职业(技工)学校读书的重要原因。随着社会分工进一步专业化、精细化,相信掌握一定专业知识和技能的人才,不仅会在就业市场上受到青睐,而且也会逐步获得全社会的尊重。要坚持立德树人,把社会主义核心价值观教育融入技术技能人才培养全过程,把劳模精神、劳动精神、工匠精神融入人才培育体系,全方位提高人才素养。要从加大制度保障、政策供给、投入力度等方面着手,健全技术技能人才培养、使用、评价、激励制度,进一步破除论文、学历、资历、层级等障碍,推进职称与职业资格、职业技能等级制度有效衔接,打通技术技能人才职称评价、职业发展的通道,解决技术技能人才职业发展中的"独木桥""天花板"问题。要把人才培养和使用结合起来。近年来,一大批技术技能人才和劳模当选为各级党代表、人大代表,成为贡献突出的人才、大国工匠,以卓越的劳动创造推动了经济社会发展。如"95后"世界技能冠军、杭州技师学院教师蒋应成当选杭州市人大常委会委员,成为我国首名当选副省级城市人大常委会委员的世界技能冠军;百万年薪"抢"技能人才已不再是新闻;"快递小哥"成为突出贡献人才……技术技能人才在经济上有保障、发展上有空间、社会上有地位的风气正在形成。要营造良好的舆论环境,广泛宣传劳动模范和工匠人才的先进事迹,讲好劳模故事、讲好劳动故事、讲好工匠故事,引导全社会尊重劳动、尊重知识、尊重技术、尊重创新,让学技术、学技能成为时代的良好社会风尚。

作者:陈诗达

陈诗达,浙江省人才发展研究院高级研究员

发表期刊:《中国科技人才》2022年第3期

创新人才评价新导向在破"四唯"中立新标

2021 年 5 月,习近平总书记在两院院士大会和中国科协第十次全国代表大会上强调,人才评价要"破四唯"和"立新标"并举,加快建立以创新价值、能力、贡献为导向的科技人才评价体系。2021 年 9 月中央人才工作会议上,习近平总书记再次强调要完善人才评价体系,加快建立以创新价值、能力、贡献为导向的人才评价体系,形成并实施有利于科技人才潜心研究和创新的评价体系。

人才评价是人才管理的核心环节,科学的人才评价机制可以有效甄别人才、高效激励人才、充分释放人才活力。习近平总书记对人才评价机制改革高度关注,多次指示,核心是强调破立结合,构建科学的人才评价机制,营造有利于人才尤其是科技人才创新的生态系统,以充分释放人才创新效能。

一、深化人才评价机制改革亟须破立并举

改革开放以来形成的以统一、量化为特征的人才评价机制,相对于改革开放前,在一定程度上对调动人才积极性和创造性发挥了重要作用。

但面对高质量发展和创新驱动发展的时代要求,特别是在评价结果与资源分配和待遇挂钩日益密切的条件下,人才评价中带来的问题日益显现:重数量轻质量、重形式轻内容、重短期轻长远的现象依然存在;评价指标单一化、评价标准定量化、评价方法简单化、评价结果功利化等倾向没有得到根本扭转;分类评价实施不到位,对科技成果转化、科学普及等工作激励不足;科技支撑经济发展和创新人才培养的导向不够;开放评价、长效评价机制不够健全,这些问题将严重影响我国科技工作和人才工作的发展。

习近平总书记在中央人才工作会议上指出,"我国人才发展体制机制一个突出问题是人才评价体系不合理,'四唯'现象仍然严重,人才'帽子'满天飞,滋长急功近利、浮躁浮夸等不良风气"。

传统的人才评价机制的痼疾,往往会导致人才把精力过多投入职称评审、项目申报等竞争中,导致重理论轻实践、重标准化轻非标化、重资质资历轻能力贡献等人才发展的不良倾向。人才对各类评审工作既心怀不满又趋之若鹜,人才评价体系中的"四唯"表象成为被持续诟病的人才评价机制痛点。

近年来从中央到地方纷纷出台政策,大力推进以破"四唯"为核心的人才分类评价机制改革,科技部、教育部、人社部等5部委联合开展了清理"四唯"的专项行动,我们看到很多可喜案例。

比如,上海在2015年首推上海"人才20条"时,提出了以薪酬评价、投资评价和第三方行业协会评价等市场导向的人才评价机制,对创业类、投资类、中介服务类、技术职员类等人才分别采用了年营业收入和上缴利税额、投资额、技术转化的技术交易额、年薪和缴纳个税额等人才认定标准。2020年直播带货达人李佳琦成为上海市崇明区年度首批引进落户的特殊人才。"不唯学历",注重本领域业绩,这是上海对从事数字经济等新型人才的肯定和激励。

2020年只有高中学历的快递小哥李庆恒,凭借浙江省第三届快递职业技能大赛中的突出表现,被认定为杭州市D类高层次人才,更反映了杭州市找到了技能人才评价新标准的突破点。什么是技能人才?技能突出者、勇攀技能高峰者为人才,而其岗位技能高低是赛出来、比出来的。

但是全国各地在推进人才评价机制改革中也出现了一些让人隐忧的问题。一是重"破"不重"立",重新用行政手段、用一刀切方法来应对人才评价机制改革。比如有些部门把与论文、学历、职称和奖项沾边的都去除。一刀切的破除却不改革人才评价体制的痼疾,导致缺乏客观标准后关系评、人情评卷土重来。二是有心"立"却"立"无能。部分用人主体或缺乏人才评价主体意识,或缺乏自主评价人才的能力,被授权后寄希望于"等""靠""要",不去主动探索适应本单位的评价标准,以致无法顺畅推进人才管理工作。比如,为了应对上级部门破"四唯"检查,有个别高校和科研机构于2020年底冻结了原本应发放给科技人才的科研绩效奖励,这是简单地破"四唯"而不立新标带来的另一种对科技人才去激励的后果。当前人才评价体系改革亟须破立并举。

二、创新人才评价机制宜树立五大导向

在破立并举中深化人才评价机制改革首先需厘清该破什么立什么。我国人才评价中的"四唯",是人才评价制度痼疾的外部表征。破"四唯",不是指简单地破除论文、奖项等人才评价标准,而是破"四唯"导向下传统人才评价中阻碍人才活力释放的制度要素。破的是评价主体错位、一把尺子量到底的"四唯"标准以及填表评、投票评等僵化的评价

方法。

因此,立新标的重点,不应也不能只是简单地讨论确立人才评价的新标准,我们既不能罗列和穷尽适合于多元人才的所有标准,也不存在适用于所有人才的共同标准。立新标,应聚焦讨论适用于多元化人才的评价机制共同特征、原则,讨论如何在人才评价体系中更好体现创新价值、能力和贡献导向,讨论如何通过科学的人才评价体系引导科技人才潜心研究和创新。这样的人才评价体系,应该是以分类、贡献、自主、市场和发展为导向和特征的。

坚持人才评价的分类导向。人才评价应遵循干什么评什么原则,根据人才的职业属性、岗位特质、所在领域等实施分类评价,分别制定各类人才的评价标准。当下人才越来越多元,既有职业、岗位差异形成的多类人才,又有交叉产生的复合型人才,随新业态诞生的非标人才,如电竞师、电子数据取证师、工业视觉系统运维员、网络内容建设员等。以科技人才为例,存在以专业分野形成的理工农医类人才,还有因从事领域差异形成的基础研究型人才、应用研究型人才、技术转化人才、技术支撑人才等。可通过开发基于岗位的胜任力模型来提出适合各类人才的品德、能力和贡献标准。

坚持人才评价的贡献导向。人才评价应以实绩论英雄,只要对经济社会发展有突出贡献的人就都应是人才。根据多维绩效观和人才岗位差异,可分别选取经济绩效、社会效益、创新绩效、成果转化绩效、管理效率增进等评价标准。以科技人才为例,对于基础研究人才,应重点评价其学术成果前沿性和学术影响力,着重关注其代表作的引用率,考察学术辨识度;对于应用研究人才,应强调其服务地方的创新成效、高价值发明专利情况等;对于社会公益性研究人才,应突出需求导向,重点评价其成果的社会效益,以及其在公共政策倡导和推动、公众影响作用上所取得的成绩;对于技术转化人才,应评价其转化成效;对于技术支撑人才,应重点评价其服务对象满意度;对于科技管理人才,则看其管理水平和管理成效;对于人文社科人才,除了注重代表作,也应强调其在学术上的辨识度。

坚持人才评价的自主导向。充分赋予用人主体人才评价自主权。人才评价按照谁用谁评的原则,应将各类职称评审(包括高级职称)、人才甄选评价等还归用人单位,充分赋予用人单位评价自主权,解决人才使用和评价脱节问题。鼓励各用人单位成立人才办和人力资源委员会,自主探索建立各类人才评价标准,自主实践考核式评价、技能竞赛式技术比武评价、揭榜挂帅式评价、同业同行评议、大数据评价、社会网络分析、服务对象评价等多元人才评价方法。在用人单位自主评价的基础上,主管部门可采取人才认定、举荐等模式,如我国已将水平评价类技能人才职业资格移出国家职业资格目录清单,交由用人单位和社会组织评价。

坚持人才评价的市场导向。首先,人才评价的市场导向指充分下放用人主体自主评价权,引进企业、专业中介组织、同行专家、行业协会等多元市场评价主体,让政府选人转换为市场选人、产业和企业选人。其次,市场导向指各地的引才标准应根据当地实际需要,按照用人单位紧缺急需状况制定错位和错层标准,使用薪酬评价、投资额交易额评价、影响力评价等市场标准,助力于偏才、专才脱颖而出。同时,人才评价还应根据新业态、新产业和新职业等及时设置、调整、增删人才系列,为当地经济社会发展提供充足的多元的人才资本。正如习近平总书记在 2021 年 9 月 27 日中央人才工作会议中说的"对待急需紧缺的特殊人才,要有特殊政策,不要求全责备,不要都用一把尺子衡量,让有真才实学的人才英雄有用武之地"。

坚持人才评价的发展导向。人才评价应体现对人才潜力的挖掘和激发。人才评价固然应遵循能力优先,实现让能者上庸者下的效果,但人才评价更应面向未来,不仅对功成名就者认可,还需发挥识别和激发潜在人才的作用。好的人才评价机制应能独具慧眼,如针对青年科技人才的评价,除了现有能力和业绩评价外,更应注重潜力评价,挖掘其创新和发展的潜力。针对复合型人才,不仅考察其原有领域,更可以关注其创新价值、未来发展潜力。更为重要的是,要在科技创新主战场中发现和评价人才,优化领军人才发现机制和项目团队遴选机制,有意识地发现和培养更多具有战略科学家潜质的高层次复合型人才。

最后,在构建新型人才评价机制时,还要体现下述特征:一是动态滚动特征,避免一评定终身;二是容错纠错特征,具备反馈机制,能及时纠偏;三是推进合作特征,评价体系应认可团队贡献;四是奖优扶弱特征,评价体系能促进人才开发。同时,要将营造公正公平的人才评价风气和文化与建立公开透明的人才评价规范和制度相结合,政府回归监管和服务本责,用人单位回归评价主体本位,形成创新价值、能力和贡献导向的新型人才分类评价机制,推动建成"人人皆可成才,人人尽展其才"的良好人才发展格局。

基金项目: 本文为研究阐释十九届五中全会精神国家社科基金重大项目"构建激发人才创新活力的生态系统研究"(21ZDA015)

作者: 陈丽君

陈丽君,浙江省人才发展研究院首席专家,浙江大学公共管理学院教授、博导

发表期刊:《中国人才》2022 年第 2 期

助力建设共同富裕的乡村人才振兴:现状、问题与建议
——基于J市的问卷与访谈调查

□ 浙江省人才发展研究院课题组

党的十九大首次提出实施乡村振兴战略,指出农业、农村、农民问题是关系国计民生的根本性问题,必须始终把解决好"三农"问题作为全党工作的重中之重。2018年中央一号文件以《中共中央 国务院关于实施乡村振兴战略的意见》为题对乡村振兴战略进行了全面布局;当年9月中共中央、国务院印发了《乡村振兴战略规划(2018—2022)》的第一个乡村振兴五年规划;2019年到2021年的中央一号文件和"十四五"规划中也均多次提及乡村振兴。中共中央、国务院围绕乡村振兴的系列部署,表明乡村振兴是我国未来发展的重要战略举措。人力资本对经济发展的作用不言而喻,人才是推动高质量乡村振兴的关键资源,反之,人才不足也始终是制约乡村振兴的瓶颈之一,农村人力资本的流失对农业技术的传播、培训都会造成不利影响,不利于农业经济和农村地区的发展。

在两个一百年的历史交汇期,面对共同富裕的远景目标,实施乡村振兴战略,作为支撑力量的人才工作现状如何,面临哪些来自人才队伍建设的挑战,如何构建助力共同富裕的乡村人才谱系? 扎根具有代表性与普遍意义的一线实践调研,认识乡村人才振兴工作的现实背景、分析其中的挑战具有重要的政策意义。

一、乡村人才振兴与共同富裕

(一)乡村人才振兴与共同富裕的关系

乡村振兴是实现共同富裕的必然要求,高质量乡村人才振兴是实现共同富裕的必由路径。随着小康社会的全面建成,2021年4月,中央政治局会议明确表示"要制定促

进共同富裕行动纲要",扎实推进共同富裕建设的新征程下,乡村振兴战略承载了促进社会公平正义和缩小区域、群体、城乡发展差距的使命,它的实施有助于巩固拓展脱贫攻坚成果,提高农业农村的现代化水平,缓解我国城乡发展不平衡问题。

然而,在共同富裕远景目标下,仍需厘清当前我国乡村振兴以及乡村人才振兴的现状。一方面,城乡收入差距仍然较大,高收入高增值农民群体仍然偏小。浙江省作为高质量发展建设共同富裕示范区,收入差距相对较小。2021年浙江省农村居民、城镇居民的人均可支配年收入分别为35247元、68487元,城乡居民收入比为1.94。从国际比较看,这一收入比高于美国、加拿大、英国等发达国家。浙江省低收入农户人均可支配收入仅16491元,山区26县的农村可支配收入仅20215元。解决广大低收入人口可持续发展问题,是实现共同富裕的基本目标。另一方面,乡村人才振兴面临城市虹吸外忧与优秀人才断档内患。城镇化进程下,城市对乡村人才持续性吸纳、农村劳动力向城镇持续性转移,很多乡村面临人口结构失衡、人才流失、一线劳动力和农技人员短缺等众多乡村振兴发展中的普遍性人才困境。

2018年3月8日,习近平总书记在参加山东代表团审议时指出:"要推动乡村人才振兴,把人力资本开发放在首要位置,强化乡村振兴人才支撑。"2021年初出台的《中共中央 国务院关于实现巩固拓展脱贫攻坚成果同乡村振兴的有效衔接的意见》明确提出,延续脱贫攻坚期间各项人才智力支持政策,建立健全引导各类人才服务乡村振兴长效机制。在劳动力要素隐性流动壁垒、市场自由流动部分失灵的背景下,培育具有内生造血功能的高素质乡村人才队伍是推动高质量乡村振兴的关键路径,是摆脱农业生产率低、农村高能力劳动力转移、城乡差距进一步扩大这一循环陷阱的基本支撑。

(二)相关研究综述

当前从人力资本视角开展的对乡村振兴与共同富裕的研究中,学者们不仅从人口流动层面对乡村振兴的政策内涵予以解读,对乡村人才振兴面临的挑战的探讨也日益增加。学者们提到,在城乡一体化进程中,依然存在劳动力要素隐形流动的壁垒。以"降低落户门槛+综合配套改革"为标志的广义户籍制度改革还仍未取得突破,与户籍相关联的社会保障、公共服务、教育供给、农村土地经营流转等事关群众诉求的社会福利制度尚未实现系统性改革,与其相匹配的城镇载体尚未培育成熟,成为制约劳动力要素双向流动和城乡一体化进程的障碍。农村"劳力"和"脑力"两项人力资本都存在不足,成为"空心化"的表象。农村软性资本不足,与人才的乡村振兴参与度不足密切相关,乡村青年技术人才短缺、各类土地政策壁垒、地域局限下成本过高、教育技术资源支撑不足、乡村业态发展丰富度不够等问题,都制约青年参与乡村振兴。

但总体来说,如何强化共同富裕目标下的乡村人才支撑,吸引人才返乡,健全乡村人才评价激励制度,做好产业链与人才链衔接,解决好乡村振兴中的优质乡村人才培育不足的"弱质性"问题,形成高净值、高增收能力的农业人才规模群体等,这些于共同富裕道路上探索乡村人才振兴的重要研究命题,仍然不多。本文将以浙江省J市为例,通过面向乡村人才的问卷调查与实地访谈,从乡村振兴人才主体的政策评价、工作体验等方面,剖析当前乡村人才振兴面临的挑战,并提出针对性建议,为浙江省打造高质量发展共同富裕示范区贡献乡村人才振兴的新路径、新样板。

二、基于问卷调查的乡村人才工作现状与人才评价

为了解乡村人才工作与人才评价现状,研究采取线上问卷和线下走访调研相结合的调研方式。问卷包括农业工作者的农业工作状况、农业人才发展现状、农业政策与人才政策实施情况、农业人才工作感受等问题。本次问卷调查在J市内展开,包括3个街道、12个镇、1个乡。

(一)调查对象基本特征

256位调查对象中,男性占79.0%,女性仅占21.0%;在年龄结构方面,86.7%的被调查者集中在31—60岁;在学历结构方面,专科及以上学历占比达到53.90%左右,整体学历层次有待提升;在工作年数方面,72.2%的调查对象工作时长集中在0—10年。

1.人才留用渠道:家庭已在本地从事农业工作是人才进入J市的最主要渠道

通过人才引进和农业比赛等渠道参与工作的人员占比较小,反映了"子承父业"式的本土人才或返乡新农人仍是当前乡村人才的主力军,农业的对外吸引力仍有提升空间。数据结果显示,企业负责人中因家庭已在本地从事农业工作而进入J市从事农业工作的占比达到71.6%。人才引进和农业比赛方面起到的招引作用较小,未超过10%。

2.人才吸引因素:人才吸引受跨层次因素的综合影响

情感纽带的家庭作用尤为突出,以家庭因素和政策性因素为主,生态环境因素和专业经历因素为辅,经济性因素影响甚微。吸引农业工作者从事农业相关工作的主要原因是家庭因素(36.4%),其次是乡村振兴政策支持力度大(14.7%)、生态环境良好(13.6%)以及从业者拥有农业学相关学习、工作经验(12.0%)。而对收入效益不错吸引人才来J的认同度较低。

3.单位发展情况:家庭式农场为主流模式,成长阶段企业居多

问卷数据显示,填写问卷的单位规模基本集中在1—20人(81.2%),规模基本较小(见表1)。

表 1　农业企业单位规模

单位规模/人	数量/个	占比/%
1—20	134	81.2
21—40	16	9.7
41—60	11	6.7
61—80	1	0.6
81—100	2	1.2
101—120	1	0.6

关于企业单位经营阶段,约半数企业单位处在成长阶段(51.8%),还有部分处于成熟阶段(23.7%)和初创阶段(23.4%)。大部分企业单位表示经营状况处在收支平衡状态(46.3%)和盈利状态(37.8%),但也有部分企业单位处于亏损状态(15.9%)。问卷数据表示,大部分调查对象认为本企业单位处于行业一般水平(68.5%),但也有部分企业单位表示处于行业领先状态(24.1%),少数企业单位认为自己处于行业落后状态(7.4%)。

(二)调查对象对人才工作的评价分析

1.政策享受:政策整体覆盖面广、到达率高,知晓度有待提升

调查数据显示,182(71.1%)位调查对象享受过农业方面的相关政策,其中免费培训(63.7%)占最大比例,是最为普惠的政策,其次是农用土地批用(34.1%)、税收优惠(27.5%)、低息贷款(26.9%)、人才补贴(22.0%)、场租优惠(17.6%)。未申请优惠政策的主要原因有不在政策扶持范围内(35.1%)和不了解相关政策信息(34.0%),也有调查对象表示不清楚相关申请流程(20.0%)。

不了解政策信息是未申请享受政策的首要因素,获取人才政策信息的难易程度不容乐观,如何借助政府官方媒体、有影响力的自媒体开展政策宣传工作值得进一步关注。28(36.8%)位对象未申请优惠政策的主要原因有不了解相关政策信息(31.1%)和不在政策扶持范围内(27.0%),也有调查对象表示不清楚相关申请流程(18.9%),后续应在加大政策宣传解读工作方面进行改进,以及简化政策申请程序。

2.政策感知:人才政策理解度、认同度较高,政策申请门槛仍有下降空间

在企业负责人群体中,调查对象对相关政策的感知评价的总体均分达到4.08分,大部分调查对象对政策竞争力、政策全面性、政策效用、政策兑现都予以积极认可,对政策实施过程和实际作用较为满意。但"优惠政策申请门槛不高,容易获得政府的资金补贴"选项分数最低(3.98),说明农业政策存在的申请门槛问题仍需优化。

3.信息获取:政府单位和种养农户是信息技术的主要来源

企业负责人开展农业活动或创业过程中,调查对象寻找技术、获取信息或获得经验和指导的渠道主要是政府单位(64.8%)和种养农户(52.0%)。非企业负责人开展农业活动或创业过程中,调查对象寻找技术、获取信息或获得经验和指导的主要渠道也是政府单位(48.2%)和种养农户(25.9%),反映了经营主体对政府的依赖性较强,主体间的人际联结在信息技术获取中仍发挥较大作用,而与高校科研院所的沟通渠道仍有待顺畅。

4.培训开展:培训覆盖面广,利好各类型主体,对口性、针对性仍需加强

数据显示,企业负责人群体中,178(69.5%)名调查对象参加过J市举办的相关人才培训项目,主要集中在技术培训(78.7%)、创业及经营管理(51.1%)和电商培训(39.3%)。培训方式以线下课堂、讲座教学(73.6%)和现场实地指导为主(61.2%)。对于培训总体效果,大部分调查对象表示有帮助(82.0%)。在五级量表中的评价均分达到了4.35,总体评价较为积极(见表2)。

表2　培训评价均分

题目选项	平均分
1.培训内容通俗易懂,解决了我的很多困惑	4.40
2.培训层次丰富,满足我从起步到进阶不同阶段的需求	4.39
3.培训场次多,举办频率高	4.24
4.培训内容能指导我实际的工作	4.33
5.培训专家在行业内很资深	4.37
小计	4.35

78名(34.1%)未参与过培训的调查对象不参加培训的原因主要是"没有培训需求"(44.4%)和"过于理论化,实践指导意义不强"(18.9%),其次是"不对口,没兴趣"(16.6%)和"内容深奥,听不懂"(7.2%)。后续在培育培训兴趣与改善培训体验等方面可继续施力。

(三)调查对象的人才体验分析

问卷运用李克特五级量表,将工作体验分为人才服务与资源可得性、发展信心、生活体验感、工作体验、农业职业意愿五个维度进行问卷调查。企业负责人群体总体均分为4.08分(五点量表),从分项得分来看,乡村人才生活体验、农业职业意愿得分双高,人才服务可得性相对薄弱。

1. 企业的人才服务与资源可得性不高：人力资源服务供给水平与需求匹配不足

五项维度中，维度均值最低的是人才服务与可得性这一维度（尤其是企业负责人群体得分为 3.87），集中了绝大部分的低分题项，其中最低的题项是"我在当地容易招募到年轻的员工"（企业负责人群体得分为 3.5）。这体现了 J 市农业企业在年轻员工、人才招聘，尤其是年轻人才的招聘上，存在供给不足和招聘不易的现象。

2. 人才长期根植意愿较强：人才在当地的保留意愿略高于对农业职业的忠诚度

调查数据显示，农业经营者的保留意愿均值达到 4.24，超过乡村体验中的其他任一维度，其中，高分题项如"未来我愿意继续留在该市""未来我愿意继续从事农业领域"彰显了以农创客为主体的农业经营主体对农业职业仍有较大热忱和忠诚度。

3. 农业发展信心总体尚足：人才相信政府将给予农业及农业人才一以贯之的政策支持

一方面，人才怀有浓厚的政策信心，农业政策支持力度与人才支持力度信心得分均在 4.2 分左右，政策信心是农业人才保持生产与创业创新的外在动力；另一方面，人才认为农业技术发展还不够先进，大有可为空间，既与高校科研院所的技术对接顺畅度不足有关，不少细分农业领域的技术课题仍有待合作攻关，也与高等教育农业领域的专业人才培养方案与市场需求匹配度不高有关。同时，人才认为农业创业风险较大，而农业创业项目获风投难进一步影响了人才的农业投入意愿。

4. 乡村生活体验较佳：以公共服务体验为表征的精神富裕度高于以工作收益感知为表征的物质富裕度

文化、教育、社保、生活配套等公共服务保障体系满意度整体较高，并促使人才有强烈的归属感和农业事业荣誉感。但人才对农业工作环境中的员工年轻度、活力度感知不佳，对产业投资回报大环境中的农业收益也不甚满意。

三、基于访谈调研的乡村人才工作问题诊断

在推进乡村振兴人才发展过程中，经由访谈发现，还存在乡村青年人才断档、三产融合面临阻碍、农业人才认定难、培训帮扶不精准等问题。

（一）青年断档、引进困难，乡村人才队伍建设内忧外患

J 市积极探索传统乡村转型发展之路，多举措培育高素质农民、招引青年回乡创业，但仍普遍面临村庄空心化、劳动力老龄化，以及外地人才力量薄弱，直播电商新兴业态人才引进困难等问题。经走访调研发现，稻米种植人员、草莓种植人员、畜牧养殖人员结

构趋老龄化,90％以上人员 70 岁以上,35 周岁以下青年人才占比远低于 5％;某镇 463 名农创客籍贯全为本地,对返乡创业的原籍人才依赖性过高,对市外高层次创业人才吸引力不足;苞茶、石斛等特色农业企业,对直播电商人才、营销人才、产品研发人才需求较大,而当地企业品牌集中度较低,难以培育出在全国范围内具有较高知名度和品牌力的明星企业,不利于新业态人才吸引。

（二）三产融合面临阻碍,农业人才竞争力下滑

因草莓、黄桃、蔬菜、水果、玉米等农业特色产业农作周期较长、投资大、收效慢、经济回报率低等特性,加之该市"八山一水一分田"的地理条件限制,乡村振兴发展道路已很难依赖于单一的农产品生产加工销售模式,因此,各地基于农产品和生态资源特色,积极拓展农旅融合等高附加值领域。此前,田园综合体、乡村民宿等农旅融合的经营模式,受到新冠疫情冲击,农业经营主体利益面临不同程度受损,或面临土地指标限制、硬件设施不足等阻碍,难以做大做强,或农旅初始投入资金较多,风险大,创业者有畏惧心理,难以形成创业人才集聚局面。例如,某村于 2013 年探索乡村旅游产业,围绕互动体验式农旅、民宿、老年康养项目投入大量基础设施,新冠疫情冲击下效益微薄,现村集体面临 1000 万元负债,青年农业人员向非农产业大量转移;某镇西红花合作社社长反映,在发展以西红花为基础的康养基地项目过程中,尽管不缺乏文旅客流,但受制于规模性中端酒店不足的困境,项目暂时无法启动。

（三）政策连贯性低,吸引力逊于同类县市

历经大棚整改涉农政策变更,种植业遭遇一定冲击,不少人才认为农业政策不稳定,面临从业焦虑。例如,某种植场负责人反映,其开发的高端兰花品种收益颇高,有品种甚至高达百万收入,但在号召孩子"子承父业"时被拒,原因是认为农业发展易受政策干预,行业发展不稳定。同时,相较于其他县市,J 市区位、产业优势不突出,周围城市人才虹吸效应明显,目前政策举措稍显单一,部分企业反映缺少有力政策,兄弟县市农业政策更为惠民,希望 J 市能加大对农业与农业人才的政策倾斜。

（四）农业人才认定难,可预期性激励不足

各项人才计划项目中的人才认定标准,仍呈现了重学历轻实践,偏科研工业领域非农业领域的特征,使得高素质高层次人才从事农业的积极性不高。目前农业人才认定缺乏明确标准,且认定程序较为严格。部分企业主反映农业人才认定力度较小,且出现标准不一的情况,希望能明确评定标准并增强对农业人才的重视力度。某公司负责人反映,农业职业的社会荣誉感本就不强,政策也未向弱势群体倾斜,2021 年选拔的 50 名享受市政府津贴人才中,只有 3 名人才分属农业领域,希望能出台农业人才认定的专门性政策。

四、促进乡村人才振兴的对策建议

(一)加强乡村人才振兴工作的对策

第一,发展农村开发特色项目,营造活力人才生态。践行"一村一品""一镇一品"农村开发模式,即挖掘创造可以成为村镇标志性的、可使当地居民引以为豪的产品,尽快将其培育成为全国乃至全球一流的特色项目,以项目吸引人才,以产业高地打造人才高地,营造对青年人才有吸引力的创新创业氛围。总结农业职业经理人的成功经验,助力乡镇提升管理和运营水平。

第二,挖掘文旅蓝海领域,出台针对性纾困举措。挖掘市内微旅行、周边游等文旅蓝海领域,开拓"农业+教育+文化+旅游"研学营地、慢生活体验区、作物认养等基地模式,带动农民增收致富。借鉴日本"造村运动",政府做好公共设施建设、景观环境治理、历史建筑修复及保存等基础工作,比如加大对康养基地硬件设施建造、基地招租等方面的扶持。

第三,完善农村人才认定机制,提高政策可预期性与激励性。补齐人才政策中对农业领域覆盖不足的短板,农业人才评定弱化学历导向,向"带动增收""生产实践"标准倾斜,以"带领技艺传承、带强产业发展、带动群众致富"为方向,着重评价思想素质、职业道德、社会效益、经济效益、技术水平、带动能力和群众认可等几个维度,增加农业人才的身份认同感、荣誉感、获得感。保证农业政策的前瞻性和连贯性,妥善处理好农业生产需求与生态环境刚性政策的关系,给予人才稳定的政策预期,做好政策解读和扶持指导。

第四,梳理摸排人才需求,提供精准分类帮扶。梳理农业技术需求,鼓励乡村与高校科研机构合作组建农业产学研联盟团队,做好科技特派员工作,在粮食生产、特色农产品发展等领域提供充分的技术指导、技术培训、技术咨询服务。提供覆盖农创客职业全生命周期的培训项目,满足技能进修、领袖培育等不同模块,初创期、成熟期等不同阶段的人才需求。组织农业专家通过集中授课、现场指导等方式,定期开展培训宣讲、技术指导、政策咨询等常态化培训活动。

第五,建强新农人数字化服务平台,推动乡村技术产业化。采取数字乡村技术,搭建乡村振兴专家、乡村经营主体、党政干部、社会各界的共享沟通平台。构建智慧培训综合服务平台,解决新疑难无处问、知识无处学等问题,提供专业化的种植咨询、病虫害防治及问诊、农事培训、知识阅览等配套服务,全面提升新农人生产工作效能,实现新农人的孵化与培养。构建智慧种植管理平台,通过作物生长环境监测预警,农事智能规划管理,农田精准量测分析,实现种植提质增效、增收降本,提升农产业精准管理水平。

第六,完善市镇村三级信息库,动态对接项目人才内外需求。建立外出人才信息库、乡村资源信息库，对接人才发展产业和基层技术需求。按照"村建表、镇建册、市建档"的要求，市镇建立外出人才信息库，实行专人动态化管理。建立回乡创业项目信息库，围绕乡村旅游、休闲观光农业、特色农产品加工等特色产业模块，梳理开发一批前景好、见效快、适合回乡人员创业的项目，定期发布，动态管理。

（二）加强乡村人才谱系建设的对策

第一，柔性引进农业科技人才，优化人才下沉机制。农业领域科技领军人才和高水平研发团队是乡村振兴的重要支撑人才。聚焦优势化资源，组建"揭榜挂帅"专家库。同步梳理本籍人才白名单和农业科研攻关清单，需求端、供给端、服务端协同发力。搭建本地籍副教授或博士以上农业人才数据库，形成农业领域人才白名单，并通过微信、短信等方式，实时向"白名单"专家定向发布农业技术需求，以"云合作""解难题""引技术"等手段克服"千金难买人才"困境。稳步提升科研投入力度，倾斜支持农业科研活动，在种源农业、智慧农业、生态农业、设施农业等领域加大研发投入，建设用地指标优先支持研发型种业企业和种业科研机构。创新科技特派员选任模式，提升特派员服务精准性，全面推广完善科技特派员"双向选择"机制、"农民点菜、专家下厨"服务模式，充分利用农村科技服务云平台提供自上而下的"菜单式"服务。鼓励跨区域、跨界别选拔人才，扩大科技人才选择面。设立科技特派员绩效监督考核制度，把推动农业科技创新实绩与农民满意度作为重要标准。

第二，壮大青年农创客基础，打造全国农创客标杆地"金名片"。积极建设大学生实践基地和创业园，引导和支持本地籍大学生回 J 就业创业，开展"人才旅游专线""高校学子行"等招引活动以及重要时间节点走访慰问活动。实施青年成果示范工程，评选20项以上对农村有卓越贡献的青年创业成果，对优秀成果予以表彰与推介。加大农创客典型宣传报道力度，宣传农创客创业创新典型、优惠政策、服务资源。市乡联动、政企联通开展农创客大赛。组建青年农创导师团，聘请浙江省农业科学院、浙江农林大学等机构的技术专家，以及知名企业家作为导师团成员，为青年农创客提供技术支持和商业管理技能指导。推动青年众创空间集群孵化，打造生活要素空间集聚、交流氛围浓厚的青年创客空间，提供包括创业教育、创业培训、交流社区、天使投资、创业孵化的全链条创业服务体系。

第三，完善农业技能人才培育梯队，创新草根人才职称评价机制。建立农技人才结对培育的传帮带机制，组建田间专家导师团，由村委于本地推选有潜力的技术助理，组织技术助理与农业专家结成帮带对子，"大专家"结对培育"土专家"、"土专家"带动普通农户，在新经济、新领域、新业态培育一批农业"三新"青年技术能手。探索农技高层次人才举荐制，针对草根人才、乡土人才等特殊优秀人才，优化设立专项评定标准和高端人才举荐办法，赋予权威专家直荐权，全力破除"五唯"人才评价痼疾。畅通技能人才与专业技术人才互认通道,鼓励职业农民破格直接申报中级职称,将考场直接设在"田间地头",改传统的材料评审为现场面试,针对不同的参评对象每人设置3—5个专项问题,营造社会尊重农业农村技术人才的良好氛围,让农民成为既体面又有前途的职业。

第四,集聚现代农业经营管理人才,打造三产融合新业态。开展乡村振兴人才"职业+""产业+""电商+"行动,组建乡村振兴顾问团,集聚以农业龙头企业骨干、农业专业合作社带头人、家庭农场主、民宿管家为重点对象的新型农业经营管理人才。探索乡村新业态人才飞地模式,针对偏远农村的电商人才、策划人才、农旅融合人才招引难问题,鼓励偏远村于中心街道跨境电商园、青年创业园等设立产业人才飞地,实现新业态人才与技术研发前台在中心街,农业生产与成果转化在偏远村。构建经营主体与农户的共富同盟机制,加强资源统筹整合、规划设计,支持经营主体以订单农业、股份合作、分红奖励、服务协作等多种方式与农民建立紧密的利益联结机制。

第五,招募职业经理人,促进乡村经济运营专业化。广发英雄令,公开招募乡村职业经理人,面向企业、人才发布镇村市场化发展主题,征集运营项目方案,以赛代引,从运营能力、资源导入能力、项目实操经验、乡村工匠精神等方面考察甄选优秀经理人和乡村运营师。完善系列规范管理制度,激发职业经理人干事创业活力,健全职业经理人薪酬激励体系,将村集体资产保值增值等经营绩效作为职业经理人的考核指标和提成激励指标;组织职业经理人才"接乡气"培训,搭建平台促进沟通交流;明确职业经理人与村干部在"做蛋糕"经济发展与"分蛋糕"社会治理上的职责分工,要求村干部不干预、不越位,解决好职业经理人的生活保障问题,为其提供必要的干事支持。

第六,凝聚乡贤人才力量,共建认领吸引人才项目下乡。开展"乡贤认领共建"计划,建立"乡贤认领项目"机制,探索农业共营等合作模式。建立镇村领导结对联系机制,"一对一"走访联系乡贤,推行"村企共建"模式,引导各村与外出人才创办的企业结对共建,深化村企在资金、人才、技术、信息方面的共建内容,邀请乡贤将适合的产业转移到家乡再创业、再创新、再发展,提高村级集体经济收入。举办"乡贤讲堂""田园沙龙"等活动,发挥乡贤的智囊团作用,邀请擅长乡村规划设计、古建修缮利用、民宿设计建设、休闲旅游策划等方面的专家,组建和美乡村建设专家团,因地制宜打造特色产业。

参考文献

[1] 黄祖辉:《准确把握中国乡村振兴战略》,《中国农村经济》,2018年第4期。

[2] 夏怡然、陆铭:《城市间的"孟母三迁"——公共服务影响劳动力流向的经验研究》,《管理世界》,2015年第10期。

[3] 张义博、刘敏:《户籍制度改革的边际落户效应》,《宏观经济管理》,2018年第

9 期。

[4] 李实、陈基平、滕阳川：《共同富裕路上的乡村振兴：问题、挑战与建议》，《兰州大学学报（社会科学版）》，2021 年第 3 期。

[5] 周祝平：《中国农村人口空心化及其挑战》，《人口研究》，2008 年第 2 期。

[6] 王月琴：《共同富裕路上青年参与乡村振兴：现状、问题与对策——基于浙江舟山群岛新区调查》，《浙江海洋大学学报（人文科学版）》，2021 年第 6 期。

课题组组长：陈丽君

课题组成员：傅衍（执笔）、李言、卞青阳、叶芷瑄

高校科研管理绩效评价及制度优化

——基于全国 413 名高校教师的问卷调查

　　让人民过上好日子、实现共同富裕,是中国共产党矢志不渝的奋斗目标。而在扎实推进共同富裕的过程中,不仅要"分好蛋糕",还要"做大蛋糕"。"做大蛋糕"是前提,也是基础。只有确保经济持续高质量增长,人民共享发展才有物质基础,群众的收益率才能不断提高。而把"蛋糕做大"最重要的就是要搞好科技创新,以科技创新为引领,推动经济高质量发展,从而促进实现共同富裕。高等院校肩负科技创新和人才培养的重要职责,而高校科研管理是高校科研工作正常开展的依据和保障,是营造良好学术环境、提高科研创新效率的前提和基础。党的十八大以来,党中央、国务院出台了《关于进一步完善中央财政科研项目资金管理等政策的若干意见》《关于优化科研管理提升科研绩效若干措施的通知》《关于改革完善中央财政科研经费管理的若干意见》等一系列优化科研经费管理的政策文件和改革措施,科研经费管理表格多、报销繁、检查多等突出问题逐步得到解决,高校科研风气浮躁、教师工作缺少保障激励等现象逐步改善,有力地激发了科研人员的创新活力,促进了科技事业发展。

　　然而,目前高校科研管理制度依然存在不合理、不完善之处,阻碍着高校教师进行科技创新。为了更好地评价高校科研管理绩效,本研究基于高校教师群体获得感视角,以科研人员方不方便、满不满意作为检验改革成效的重要标准,对高校教师科研管理绩效进行调查。根据教师的科研工作现状及对科研管理制度的满意度、重视度进行问卷调查,深入了解高校教师对科研管理制度的体验与评价,寻找阻碍科研管理改革的关键问题,有针对性地探寻高校科研管理制度改革的优化路径。

一、文献述评

　　学界关于高校科研管理绩效的研究成果已经十分丰富,近年来随着科技创新的不断受重视,成果数量日益增加、研究领域日趋扩展。以下主要从高校科研管理改革、科研管理绩效评价、科研管理手段创新等方面进行文献回顾。

科研管理是高校管理工作的重要组成部分,如何立足于不同高校的实际管理需求进行科学性管理改革是学者研究的重点。高校科研管理工作需要结合本校的实际及要求,例如不同的学科模式需要有针对性的管理模式。部分学者从学科领域出发,根据不同学科的特点探究科研管理模式存在的不足。陈巧玲认为,高校人文社科领域缺少跨学科合作管理与信息化数据共享。王小霞研究发现,社会科学研究类院所的科研管理信息数据库建设存在不足,需要加强新型信息化管理。于秀娟提出,在新技术、新理论、复合人才不断涌现的背景下,高校需要创造宽松的科研氛围。马捷、锁利铭认为,理工研究型大学的科研管理在整体化治理上需要下功夫。

在管理过程中,使用科学有效的管理手段才能保证科研事业的可持续性发展。学者研究发现,高校整体的科研环境与管理模式也会影响教师的工作效率与竞争力,科研人员的科研产出水平与管理制度息息相关。赵富强、陈耘、张光磊指出,学术制度与科研经费分配机制对教师的科研产出有显著正向影响;李璐通过国内外文献综述发现,高校教师科研发表的数量会受到组织气氛的显著影响。朱渝提出,科研管理的核心是对人的激励,而不是以科研成果为标准的对人的约束性考核。吴宇、岳初霁、景婧认为,高校垂直管理模式容易产生科研资源分配不公平、人员流动性大等问题。李宝斌、许晓东指出,高校浮躁的学术风气和对科研的功利思想容易导致教学和科研的失衡。李桂君、张敏研究发现,高校教师对科研制度缺乏认同感的原因之一是烦琐的管理手续。

高校科研管理制度体系建设是科研管理研究领域的热点,原因有二:一是科研绩效评价是科研管理的核心部分,二是评价制度设计依然存在一定的滞后性。杨明欣、龚玮琪、瞿英认为,科研绩效评价体系的研究主要有对不同对象的研究、评价方法研究和实证研究三类。王守军梳理了我国科研管理政策后发现,出现经费报销烦琐问题的根本原因可能在于财政管理方式和绩效评价方式。徐杰、徐洪峰从"放管服"改革角度出发,认为科研绩效评价体系和国家需求存在"两张皮"的现象,缺少经济社会价值评估。刘杰认为,高校科研团队评价指标无法体现社会经济效益与人才培养能力,且忽视科研成果的动态产生过程,社会公众缺少参与评价的渠道。黎梅提出,现行科研评价体系存在评价模式简单化、评价主体单一化和评价客体分类集中化等弊端。李海欧、温希锦指出,民办高校存在绩效评价体系追求量化、功利化等问题。谢畛等从管理决策、管理流程和管理成效三个维度构建高校科研管理效能评价体系。

在新时代背景下,如何利用现代化的管理手段促进高校教育与科研协同发展,构建立足于高校实际的科研管理模式是学者们研究的重点。凡庆涛、刘娟、吕娜等对高校科研管理的研究热点进行可视化分析后发现,管理者越来越重视科研管理的过程控制与协同发展,科研管理应定位于提升高校科技创新能力。目前,在科研管理领域进行跨学科理论交叉、多种管理技术融合的创新改革已成为高校的主观需求。

在理论研究方面,学者在管理学基础上还结合社会学、系统科学等交叉领域的相关理论对高校科研管理手段提出建议。苏春梅提出,分别运用保健和激励因素来满足高校教师的外部环境需求与内部工作需求,以此提高科研积极性。刘坤基于"经济人"与"社会人"两种人性假设理论视角,分析高校科研管理的制度转型问题。张伟从生态位理论视域出发,探究教师科研能力培养与优化的策略,以期更好地提升应用型院校教师的科研能力。肖晗予等分别定义科研资源与科研成果价值,认为应把握科研生态环境"态"与"势"的关系,有利于避免生态位的重叠与竞争,且可以通过资源整合达到生态位扩充。尹茜指出,将协同理论与科研管理融合有利于高校与外界的交流,促进科研成果转化。

传统的人工管理方法难以跟上高校大规模、快节奏的科研管理工作,因此高校需创新信息化管理、知识共享管理手段。徐少同认为,科研管理的关键环节是科研项目管理,未来科技体制改革应向知识协同方向发展;朱虹凌建议高校科研管理从战略、组织、激励机制等方面进行创新。王龙分析了在"互联网+内控"背景下将大数据应用于科研管理的必要性。刘文娜提出,未来高校科研管理可以从知识创造的视角进行改革。陈浩、谢为群、汪建以上海大学的实践为例,探讨高校科研管理系统共建共享的可行性。

IPA(importance-performance analysis)分析法,又称重要性—满意度分析法,该方法通过测度使用者对产品或服务等属性的重视程度与实际使用满意程度,进行差异比较,从而有针对性地对不同产品或服务提出改进建议。IPA分析法由马提拉、詹姆斯提出后,因其直观、客观的优势被广泛应用于服务行业,包括旅游产品设计、酒店服务提升等领域。旷婷玥运用该方法分析某酒店员工的就业感知。贾天宇、刘笑冰、喻家玥等运用IPA分析法对公园游客满意度进行研究,并分析游客期待与现状的差距。目前,在高校科研管理领域,大多数研究主要使用满意度指标来测度相关工作人员的主观感受,关于运用IPA分析法进行测度的研究较少。

通过梳理文献发现,基于"放管服"改革背景,未来高校科研管理以技术与管理并重,既要运用信息化技术实现知识共享,也要创造宽松自主的科研氛围。绩效评价领域是连接各个管理制度的纽带,目前大多数高校的评价制度依然存在指标设计不合理、评价渠道不充裕、评价意义不现实等问题,不利于科技创新成果的转化。科研管理的未来发展方向已逐步清晰,但如何落地改革依然模糊。纵观现有文献发现,科研管理的研究对象较为单一,大多数学者以科研成果的数量和质量作为客观指标来评判科研制度的实施效果。已有学者提出需逐步注重被评价者群体,但缺少高校教师对科研管理制度的直接反馈与评价。本研究面向高校教师群体展开调查,从一定程度上弥补现有研究的不足,为更好地从个体微观层面剖析科研管理评价制度提供可能。

二、教师对科研管理制度获得感的测度

为了更直观地了解高校科研管理制度的实施现状,本研究在考察相关文献的基础上采用问卷调查方法反映高校教师对各项科研管理制度的满意度和重视度,并结合 IPA 模型综合测度教师对科研管理制度的获得感。

(一)研究设计

课题组向全国高校教师发放 448 份问卷,共收集有效问卷 413 份。问卷内容由两部分组成:第一部分为人口统计特征内容,包括性别、年龄、教龄、最高学历、院校、职称、学科领域、学校所在地区等;第二部分为高校科研管理制度运行情况,包括教学与科研平衡现状、用人机制、激励机制、考核机制、科研成果创新及转化等制度的施行现状与教师工作满意度。依据回收情况,其个人特征的描述性统计结果如表 1 所示。

研究重点围绕两方面展开:一是通过李克特量表采集教师对各项科研管理制度的满意度与重视度,并用 IPA 模型进行综合分析,衡量高校教师对科研制度的获得感;二是寻找高校教师科研工作环境整体满意度的影响因素及其原因,从而了解目前高校科研管理制度存在的问题。

表 1　个人特征描述性统计

变量	项目	人数/人	占比/%
性别	男	258	62.47
	女	155	37.53
年龄	35 岁及以下	172	41.65
	36—40 岁	113	27.36
	41—55 岁	121	29.30
	56 岁及以上	7	1.69
教龄	3 年及以下	119	28.81
	4—6 年	71	17.19
	7—10 年	66	15.98
	11—25 年	139	33.66
	26 年以上	18	4.36

续表

变量	项目	人数/人	占比/%
最高学历	本科	9	2.17
	硕士研究生	54	13.08
	博士研究生	350	84.75
职称系列	高校教师(教授等)	347	84.02
	研究人员(研究员等)	40	9.69
	工程技术人员(工程师等)	1	0.24
	实验技术人员(实验师等)	14	3.39
	其他	11	2.66
职称级别	初级	20	4.84
	中级	177	42.86
	副高级	159	38.50
	正高级	57	13.80
学科领域	自然科学	358	86.60
	社会科学	55	13.40
地区	东部	253	61.20
	中部	118	28.60
	西部	42	10.20

(二)信度效度检验

使用 SPSS 软件对问卷进行信度检验与探索性因子分析。信度检验使用 Cronbach 系数进行判别,总量表信度为 0.908,满意度量表信度为 0.809,重要性量表信度为 0.841。根据信度分析判别标准可知,本次调查设计的量表信度较高。

对"高校教师科研管理制度获得感"量表进行效度分析,KMO 值为 0.86,并通过 Bartlett 球形检验($P<0.000$),说明数据适合进行因子分析。探索性因子分析采用主成分分析法,并用最大方差法进行因子旋转,得到三个特征根大于 1 的公因子,方差累积贡献率为 67.639%,分析结果如表 2 所示。第一个因子包含科研创新及教师个人职业发展等因素,将其命名为科研创新发展维度;第二个因子包括绩效考评、经费管理、教学管理等行政因素,将其命名为非科研维度;第三个因子包括科研成果等级因素,将其命名为科研成果维度。

表2 因子载荷矩阵及方差贡献率

选项	成分		
	1	2	3
科研成果转化制度	0.866	—	—
科研创新平台制度	0.856	—	—
职称评聘制度	0.694	—	—
进修培训制度	0.656	—	—
绩效考评制度	—	0.847	—
经费管理制度	—	0.803	—
教学奖励制度	—	0.685	—
学生评教制度	—	0.512	—
项目等级制度	—	—	0.879
论文等级制度	—	—	0.877
特征值	4.196	1.423	1.145
方差贡献率	41.963	14.229	11.446
累计方差贡献率	46.458	56.192	67.639

利用 AMOS 矩阵结构分析软件进行验证性因子分析,对上述归类进行满意度结构模型分析。运用极大似然估计方法,得出分析结果(见表3)。结果显示,$\chi^2/\mathrm{df}=4.107<5$,$GFI=0.939>0.85$,$AGFI=0.895>0.85$,$RMSEA=0.087<0.1$,$NFI=0.921>0.85$,说明基于问卷调查数据构建的满意度结构模型具有理想的拟合度,将上述 10 个测量项目归为 3 个因子具有一定的现实意义,也为下一步的分析奠定基础。

表3 验证性因子分析结果表

拟合指数	结果
χ^2/df	4.107
拟合优度指数(GFI)	0.939
调整的拟合优度指数($AGFI$)	0.895
近似误差均方根($RMSEA$)	0.087
标准拟合指数(NFI)	0.921

(三)IPA模型构建

通过建立IPA模型测度教师对各项科研管理制度的重视度与满意度,可综合反映教师对科研管理制度的获得感。该方法可直观反映各项管理制度的实施效果,并对各项管理制度的优先改进顺序进行排序。本研究选择IPA模型来描述教师的获得感。以教师对各项科研管理制度的重视度为横轴,以满意度为纵轴,分别取重视度与满意度的平均值作为坐标轴的分割点,将整体空间分为四个象限。该方法能全面了解教师对科研管理制度的态度,并明确教师视角下高校科研管理制度应优先改进的领域。

结合各高校已有的科研管理与评价制度,问卷共设置10个题项进行考察,分别为论文等级制度、项目等级制度、学生评教制度、职称评聘制度、教学奖励制度、科研成果转化及支持与服务制度、教师进修培训等职业发展制度、科研创新平台制度、经费管理制度、绩效考评制度。对每一个制度的重要性与满意度采用5点积分法,重要性划分为"非常不重要""不重要""一般""重要""非常重要"5个等级,满意度则划分为"非常不满意""不满意""一般""满意""非常满意"5个等级,分别记为1—5分,分值越高表示越重要或越满意。计算每一特征的平均数与标准差(见表4)。

表4　IPA特征

特征	重要性		满意度	
	平均数	标准差	平均数	标准差
论文等级制度	3.73	0.772	3.15	0.832
项目等级制度	3.73	0.728	3.30	0.808
学生评教制度	3.70	0.823	3.18	0.817
职称评聘制度	3.08	0.857	3.08	0.857
教学奖励制度	3.52	0.771	3.16	0.780
科研成果转化及支持与服务制度	3.82	0.741	3.20	0.776
教师进修培训等职业发展制度	3.53	0.787	3.15	0.800
科研创新平台制度	3.77	0.741	3.10	0.839
经费管理制度	3.28	0.863	2.78	0.906
绩效考评制度	3.44	0.830	3.00	0.750
总平均数	3.56	0.7913	3.11	0.8165

根据所有特征的重要性与满意度平均数,将其作为X—Y轴的分割点,将空间分为四个象限,构建重要性—满意度二维平面(见图1)。

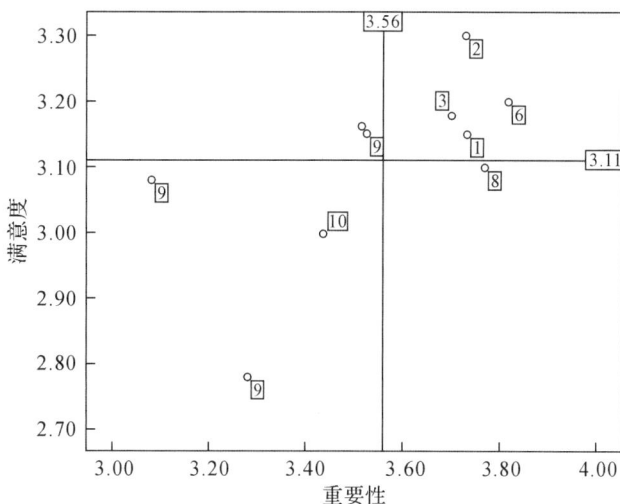

图1 "重要性—满意度"二维平面

图1右上象限为继续保持区域,其特征表现为:重要性高,且满意度好。制度包括论文等级制度、项目等级制度、学生评教制度、科研成果转化及支持与服务制度。左上象限为供给过度区域,特征表现为:重要性低,但满意度好。制度包括教学奖励制度、教师进修培训等职业发展制度。左下象限为优先顺序较低区域,特征表现为:重要性低,且满意度低。制度包括职称评聘制度、经费管理制度和绩效考评制度。右下象限为加强改善重点区域,特征表现为:重要性高,但满意度低。制度包括科研创新平台制度。

(四)重要性—满意度结果分析

调查结果显示,整体而言,教师对科研现状评价赋分较为保守,全部评分项目中选择一般的人数最多,标准差较小,量表评分的差距不大。满意程度基本处在一般与满意之间,且趋于一般。具体来看,教师对项目等级制度的满意度评分最高,平均分为3.3分;对经费管理的方式及内容评分最低,平均分为2.78分。重要性相比于满意度的赋分态度要积极一些,教师对科研创新平台建设制度的重视度最高,平均分为3.82分;对职称评聘制度的重视度最低,平均分为3.08分。结合重要性、满意度进行分析发现,教师对科研创新平台建设制度极为重视,但运行现状不尽如人意,应为科研管理制度改进的首要方面。相较于非科研工作,教师更重视有关科研工作的具体制度,且对大部分管理过程较为满意。而对非科研工作的重视度与满意度都较低,尤其是经费管理和绩效考评制度,说明高校的非科研管理工作还存在一定的问题。

根据上文因子分析结果与相关文献,将上述10个测量项目中第1、2项归为科研成果评级制度,第3、5、9、10项归为非科研管理制度,第4、6、7、8项归为科研创新发展制度。利用上述3个变量,对"教师对科研管理制度满意程度"进行综合评价分析。其中,科研成果评级制度的满意度平均数为 3.23,非科研管理制度的满意度平均数为 3.03,科研创新发展制度的满意度平均数为 3.13。由此可知,教师对变量的满意度由大到小排序为:科研成果评级制度>科研创新发展制度>非科研管理制度。

三、满意度影响因素分析

根据问卷数据,教师对科研工作整体满意度的平均分为 3.25 分,可见整体满意度表现一般,且评价态度偏向消极。结合 IPA 模型分析结果,找出影响教师科研产出效率的主观因素对科研管理制度优化改进很有借鉴意义。因此,基于二元 Logistic 回归模型进行教师整体满意度评价的影响因素分析。

(一)变量处理

对因变量进行处理,因变量选择教师对高校科研管理制度的整体满意度。根据双因素理论,满意度的对立面不是不满意而是没有满意,因此将评价指标中的"很满意""满意"归为积极态度,将"一般""不满意"和"很不满意"归为消极态度。因变量处理为二分类变量。在自变量选择上,首先需要加入各项制度的满意度,分析不同方面的满意度对整体满意度的影响程度,单项制度的满意度指标也都处理为二分类变量。除此之外,有关各个制度实施的具体情况也能直接反映满意度低下的原因,因此选取教学管理、考评管理、经费管理、科研成果管理、职业发展五方面的具体指标加入解释变量中。最终设置了由个人特征、学校特征、经费管理、教学管理、职业发展、科研成果管理、考评管理七部分构成的"经验式"分析框架,据此分析哪些因素对教师的满意度产生影响。解释变量及其说明如表 5 所示。

表 5　解释变量及说明

指标类别	指标	代码	变量说明
个人特征	性别	X_1	男=0,女=1
	年龄	X_2	35 岁及以下=0,36—40 岁=1, 41—55 岁=2,56 岁及以上=3
	学历	X_3	本科及以下=0,硕士研究生=1, 博士研究生=2
	教龄	X_4	3 年及以下=0,4—6 年=1,7—10 年=2, 11—25 年=3,26 年及以上=4
	职称级别	X_5	初级=0,中级=1,副高级=2,正高级=3
	学科领域	X_6	自然科学=0,社会科学=1
学校特征	学校性质	X_7	985 高校=0,211 高校=1,其他=2
	学校地域	X_8	东部=0,中部=1,西部=2

指标类别	指标	代码	变量说明
经费管理	经费管理制度满意度	X_9	消极＝0,积极＝1
	经费报销所占科研时间比例	X_{10}	70%以上＝0,50%—70%＝1, 30%—50%＝2,30%以下＝3
	对经费管理制度和报销流程是否了解	X_{11}	非常了解＝0,比较了解＝1, 一般＝2,不太了解＝3,非常不了解＝4
	报销程序烦琐程度	X_{12}	烦琐＝0,比较烦琐＝1, 一般＝2,比较简洁＝3,简洁＝4
教学管理	教学奖励制度满意度	X_{13}	消极＝0,积极＝1
	学生评教制度满意度	X_{14}	消极＝0,积极＝1
	教学时间占工作时间比例	X_{15}	70%以上＝0,50%—70%＝1, 30%—50%＝2,30%以下＝3
	教学对科研工作的影响	X_{16}	阻碍＝0,不影响＝1,促进＝2
职业发展	教师进修培训等职业发展制度满意度	X_{17}	消极＝0,积极＝1
科研成果管理	论文等级制度满意度	X_{18}	消极＝0,积极＝1
	项目等级制度满意度	X_{19}	消极＝0,积极＝1
	科研成果转化及支持与服务制度满意度	X_{20}	消极＝0,积极＝1
	科技成果转化是否纳入职称评定条件	X_{21}	否＝0,是＝1
	科研创新平台满意度	X_{22}	消极＝0,积极＝1
考评管理	绩效考评制度满意度	X_{23}	消极＝0,积极＝1
	职称评聘制度满意度	X_{24}	消极＝0,积极＝1
	所在院校考评侧重哪个方面	X_{25}	人才培养＝0,科学研究＝1, 社会服务＝2,文化传承＝3
	是否对教师开展分类评价	X_{26}	否＝0,是＝1

考虑到自变量数量和相关性问题,运用单因素分析方法进行影响因素筛选,选取对教师整体满意度显著的变量进入模型(见表6),共有17个变量的 P 值小于0.05,通过卡方检验。

表6　单因素分析

变量	指标	卡方值	P
X_5	职称级别	11.512	0.009
X_8	学校地域	9.798	0.007
X_9	经费管理制度满意度	27.431	0.000
X_{11}	对经费管理制度和报销流程是否了解	21.383	0.000

续表

变量	指标	卡方值	P
X_{12}	报销程序烦琐程度	10.363	0.035
X_{13}	教学奖励制度满意度	175.463	0.000
X_{14}	学生评教制度满意度	98.650	0.000
X_{15}	教学时间占工作时间比例	8.560	0.036
X_{17}	教师进修培训等职业发展制度满意度	141.998	0.000
X_{18}	论文等级制度满意度	147.015	0.000
X_{19}	项目等级制度满意度	132.039	0.000
X_{20}	科研成果转化及支持服务制度满意度	154.067	0.000
X_{21}	科技成果转化是否纳入职称评定条件	16.401	0.000
X_{22}	科研创新平台满意度	169.572	0.000
X_{23}	绩效考评制度满意度	48.620	0.000
X_{24}	职称评聘制度满意度	149.043	0.000
X_{26}	是否对教师开展分类评价	19.149	0.000

(二)二元 Logistic 回归模型

采用二元 Logistic 回归分析方法,使二分类的满意度评价与影响因素建立关系,以此估计在某些条件影响下某个结果发生的概率,并进行分类。设教师 i 对科研管理制度整体满意度的概率为 P,没有满意的概率为 $1-P$。构成的非线性函数为:

$$P = \frac{\exp(\beta_0 + \beta_1 X_1 + \beta_2 X_2 + \cdots + \beta_P X_P)}{1 + \exp(\beta_0 + \beta_1 X_1 + \beta_2 X_2 + \cdots + \beta_P X_P)} \tag{1}$$

对上式作 Logit 变换,得到下列线性形式:

$$\mathrm{logit}(P) = \mathrm{In}(\frac{P}{1-P}) = \beta_0 + \beta_1 X_1 + \beta_2 X_2 + \cdots + \beta_P X_P \tag{2}$$

教师的满意和没有满意的概率值比为 $\frac{P}{1-P}$,也称为优势比。

本研究利用逐步选择法共保留六个显著变量,模型回归结果如表7所示。共有六个因素对科研管理制度整体满意度有显著影响,分别是绩效考评制度满意度、项目等级制度满意度、职称评聘制度满意度、教学奖励制度满意度、科研创新平台制度满意度和科技成果是否纳入职称评定条件,且所有因素对整体满意度都有正向显著影响。根据优势比发现科研创新平台制度对整体满意度的影响最明显,科研创新平台制度满意度越高使教师对整体制度的满意度越高,这也与重要性—满意度分析得出的结果一致。同时教学奖励制度对整体制度的满意度评价也有重要影响。

表 7　Logistic 回归结果

变量	指标	回归系数	标准误	P	Exp(B)
	截距	1.128	0.075	0.038	—
X_{23}	绩效考评制度满意度	0.979	0.404	0.015	2.661
X_{19}	项目等级制度满意度	0.908	0.360	0.012	2.478
X_{24}	职称评聘制度满意度	1.084	0.405	0.007	2.956
X_{13}	教学奖励制度满意度	1.624	0.394	0.000	5.075
X_{21}	科技成果转化是否纳入职称评定条件	0.744	0.334	0.026	2.103
X_{22}	科研创新平台制度满意度	2.017	0.387	0.000	7.519

根据回归结果可知,最终回归方程为:

$$\ln\left(\frac{P}{1-P}\right)=1.128+0.979X_{23}+0.908X_{19}+1.804X_{24}+1.624X_{13}+0.744X_{21}+2.017X_{22} \quad (3)$$

对模型进行检验,从模型系数综合检验表中可知,卡方值为 280.132,P 小于 0.05,说明 Logistic 回归模型中所有参数不均为 0,纳入的变量至少有一个其优势比有统计学意义,模型整体有显著性。在模型的 Hosmer 和 Lemeshow 检验中,卡方值为 7.166,P 值为 0.519,远大于 0.05,说明模型对数据的拟合度较好。

(三)影响因素结果分析

第一,科研成果转化还处于起步阶段。从重要性和满意度就可看出,科研成果管理是教师最关注的因素。在成果的统计与评级方面,目前各高校已形成了成熟的管理体系,且可利用信息化平台进行定量统计,教师对此并无太大意见。但科技成果的创新还存在极大的发展空间,尤其是科技成果转化方面。根据问卷调查与访谈结果,大多数院校已制定了科技成果转化制度,但存在激励机制不完善、转化渠道不完善等问题。44.79%的教师认为,社会推动科技成果转化的体系不够完善,缺少技术市场、科技金融机构等外部辅助;43.34%的教师认为,科技成果转化的渠道不够通畅,主要为科研工作者自己转化及通过固定的产学研合作伙伴转化,缺少学校与社会的公共转化平台,加上信息的不对称造成科技成果难以转化。这说明科研创新制度并不完善,科研成果转化还处在起步阶段。

第二,教学与科研工作时间分配不均。人才培养与科学研究是高等教育的基本职能,高校教师工作分配效率是影响科研进程的因素之一。教师对教学与科研的重视度不同是其分配工作时间的重要依据。在人才培养方面,高校基本围绕教学情况进行考核,比如在量化指标上有课时数,在质性指标上有学生评价等。一般情况下教师都能达到考核要求,且评价得分不会拉开太大差距,对此并未形成较大负担。因此,教师对于教学评估并不重视,反而科研激励制度能刺激他们的工作倾向。根据问卷调查结果,46.73%的高校教师认为教学工作量过大,阻碍高校科研工作的开展与科研人才的培养发展,只有7.99%的教师认为教学工作分配促进了高校科研工作的开展与科研人才的培养发展。分配效率有外部和内部两个因素,外部因素主要是国家政策导向和学校管理制度的设定。根据上文的现状分析与问卷调查发现,超出3/4的高校对专任教师开展了分类聘任与评价,但教师并不买账,79%的教师认为职称评聘制度对分配科研与教学工作精力的影响程度较大。内部原因主要是教师自身兴趣及学术方向等,66%的教师认为学术同行的认可对分配时间的影响程度较大,43%的教师认为个人兴趣与爱好的影响程度很大。由此对比看出,外界政策对教师分配工作精力的影响较突出。

第三,职称评价压力过大。根据调查结果,教师工作压力的主要来源是教师考核评价,包括绩效考评、职称考评、教学考评等。目前,绩效评价存在的主要问题在于考核指标设定没有针对性、考核周期过短等。考核指标设定方面,53.51%的教师认为考核指标存在"一刀切";49.64%的教师认为由于工作性质和工作量的差异,绩效指标并不能直观反映工作效率。由此可见,一把尺子量到底的绩效评价机制忽视了教师的自身特性,建立教师分类评价机制不单单是考虑职位分类这么简单,还需要考虑教师学科背景、具体工作内容等。除了指标设置不合理外,考核周期也加重了教师的负担。47.7%的教师认为科研绩效考核指标逐年提高,违背科研周期规律。一年一度的考核周期要求教师在较短的时间内快速产出科研成果,这显然超过了科研工作的实际,也违背了科学评价的公平性与科学性。由此可见,评价机制一旦失去存在意义就会导致其管理地位的下降,教师对其重视度和满意度也随之降低。

第四,非科研负担过重。虽然经费管理问题不是影响教师对科研管理制度总体评价的主要因素,但满意度低下的结果让人不得不反思其中产生的问题。科研管理的疏忽与懈怠会导致教师的非科研负担过重,58.11%的教师认为课题申报立项、结题、经费报销等事务性工作挤占科研时间,特别是经费报销等问题。经费报销是科研工作中不可避免的环节,65.8%的教师认为经费管理办法太过僵化,很多科研经费报不出来。36.08%的教师认为科研管理信息化不够完善,重复填表、交材料占据大量时间。

四、结论与建议

本研究从教师的主观视角出发,通过重要性与满意度交叉分析发现,高校教师对科研成果管理制度的获得感高于教学管理、绩效评价、经费管理等非科研成果管理制度。科研创新平台制度最受重视,但存在重要性与满意度不匹配现象,且该制度也显著影响高校教师的工作整体满意度。由此可见,目前高校科研成果的统计与评价工作较为完善,人性化的科研创新服务为首要改革方向。绩效考评与经费管理工作的效率与公平依然欠缺,尤其是没有充分考虑教师的参与感与获得感。为了优化高校科研管理制度建设,针对上述问题提出以下建议。

(一)重视科研成果转化平台建设

建设科研创新平台有利于科研管理者整合校内外资源及前瞻性、全局性的管理,提高高校教师科研创新积极性与能动性。在科技成果转化方面,高校应给予教师全面保障。高校应给予良好的科研环境支持,包括提供先进的仪器设备、配套技术;校外拓宽成果转化渠道,通过与市场、政府的协同合作,健全技术市场,解决信息不对称问题,紧密联系产学研平台。此外,建议高校将科研创新与学科发展相融合,根据平台的发展目标、方向和任务,确定与发展优势学科。

(二)科研管理服务团队分工专业化

建设专业素质过硬、有良好服务意识的科研管理和服务团队,可以营造高校良好的科研氛围。为了提高管理效率、减轻教师的非科研负担,建议高校对科研管理服务团队进行专业人才分类培训,包括科研财务助理聘用、成果转化人才培养、考核评价团队建设等。在财务管理方面,高校应健全经费管理办法,提升经费管理制度灵活性,充分体现科研人员劳动价值;在成果转化方面,高校应积极进行科研创新平台建设,提高科技成果转化效率;在考核评价方面,高校应优化考核指标、考核时间、考核方式的总体选择与安排,争取达到"去行政化"的目的。

(三)合理构建科技创新激励机制

科研制度的宗旨是"以人为本",为了提高教师工作的满意度与积极性,应重视激励制度的作用。人才培养和科研活动具有一定的挑战性和创新性,运用创新激励的方式可促进高校教师在人才培养和科研学术方面的业绩提升。应加强对创新人才培养的考核激励,减弱对科研成果数量的激励。人才培养考核标准应不局限于基本教学任务,还需关注学生学术道德、科研创新能力培养等方面。加大对教师创新人才培养的奖励力度,培养与提升教师将教学与科研协同融合的意识。尤其是对50岁以后的高校教师,在创新曲线下降的情况下,应侧重对其创新人才的培养考核,而非创新成果的考核,从而避免挤占创新力旺盛的青年教师的资源配置。在科研工作方面,建立健全青年教师科技创新资源导入机制,为青年教师赋能,通过建立知识成果共享机制、教师参与创新创业的收益分享等激励制度,加强教师科研成果转化意识培养,推动科技创新成为促进实现共同富裕的重要力量。

(四)建立科研管理教师意见反馈机制

教师对科研管理过程的参与感与获得感是管理制度实施落地的关键,因此收集聆听教师的反馈与合理要求是必要的。高校可在各管理平台加入教师意见反馈模块,给予教师表达诉求的机会,并及时对科研管理中存在的问题进行优化。高校科研管理的定位只有从"管理"转向"服务",积极聆听教师的"心声",了解教师的真正诉求,才能"对症下药",高校科研管理才能真正做到"放管服",提升教师的参与感、获得感,切实提高学校的科研水平。

（五）研究不足及未来展望

本研究在问卷处理及分析方法上还存在一些不足:一是样本代表性有待提高,虽然在样本抽样时兼顾了学校区域、学科领域等差异,但因样本发放的局限性,学科领域为理工类的教师占比较大。二是对高校教师科研工作现状调查不够全面,针对科研管理工作的细节未设置调查题项。基于以上不足,未来基于教师视角的高校科研管理制度优化研究可从以下方面展开:一是扩大样本数量,除了扩大地域范围外,还应提高社科教师占比,增强数据的客观性。二是增加教师工作现状评价维度,除了对科研管理制度进行满意度、重要性评价外,还可对各项管理制度的细节进行调查。

参考文献

［1］王佳乐:《新时代高校科研管理的创新与实践》,《食品研究与开发》,2021 年第 2 期。

［2］陈巧玲:《高校人文社科研究管理工作的困境与对策研究》,《国家教育行政学院学报》,2016 年第 9 期。

［3］王小霞:《大数据时代科研管理信息化对策研究》,《科研管理》,2019 年第 10 期。

［4］于秀娟:《新工科背景下高校科研管理存在的问题及改进建议》,《中国高校科技》,2020 第 3 期。

［5］马捷、锁利铭:《整体治理视角下大学科研管理机制研究》,《中国高校科技》,2019 年第 4 期。

［6］赵富强、陈耘、张光磊:《心理资本视角下高校学术氛围对教师科研绩效的影响——基于全国 29 所高校 784 名教师的调查》,《高等教育研究》,2015 年第 4 期。

［7］李璐:《组织气氛对高校教师科研生产力的影响——基于中国 28 所公立高校的调查》,《教育学术月刊》,2017 年第 8 期。

［8］朱渝:《人文激励在高校科研管理方式转变中的价值》,《中国成人教育》,2015 年第 5 期。

［9］吴宇、岳初霁、景婧:《高校二级科研管理体制构建的一点思考》,《科研管理》,2019 年第 12 期。

［10］李宝斌、许晓东:《高校教师评价中教学科研失衡的实证与反思》,《高等工程教育研

究》,2011 年第 2 期。

[11] 李桂君、张敏:《高校教师科研环境满意度分析——基于北京 10 所高校的问卷调查》,《中国高校科技》,2013 年第 12 期。

[12] 杨明欣、龚玮琪、瞿英:《基于 DEMATEL 方法的高校协同创新科研绩效评价影响因素分析》,《河北工业科技》,2019 年第 2 期。

[13] 王守军:《从"放管服"改革看我国科研经费管理政策变化》,《中国高校科技》,2019 年第 5 期。

[14] 徐杰、徐洪峰:《"互联网 +"时代下高校科研管理改革的思考》,《湖北经济学院学报(人文社会科学版)》,2021 年第 1 期。

[15] 刘杰:《高校科研团队考核评价机制研究》,《中国高校科技》,2019 第 8 期。

[16] 黎梅:《"双一流"建设背景下高校科研评价体系改革思考》,《智库时代》,2019 年38 期。

[17] 李海欧、温希锦:《"双一流"背景下民办高校科研绩效工作评价的创新探索》,《现代营销(信息版)》,2019 年第 7 期。

[18] 谢畛、姜永镶:《高校科研管理效能评价体系构建——基于清华国际科研合作实践的几点思考》,《中国高校科技》,2021 年第 1 期。

[19] 凡庆涛、刘娟、吕娜等:《高校科研管理的研究热点与趋势分析——基于 CiteSpace 的可视化分析》,《中国高校科技》,2020 年第 1 期。

[20] 苏春梅:《高校青年教师科研能力培养中双因素理论的应用》,《佳木斯职业学院学报》,2018 年第 10 期。

[21] 刘坤:《高校科研管理的困境与制度转型——两种人性假设理论视角的思考》,《中国高校科技》,2021 年第 4 期。

[22] 张伟:《生态位理论视域下应用型院校教师科研能力培养及优化策略》,《中国成人教育》,2017 年第 12 期。

[23] 肖晗予、张黎、周周:《基于生态位理论的高职青年教师科研能力培养》,《教育与职业》,2018 年第 14 期。

[24] 尹茜:《基于协同理论的高校科研管理工作探讨》,《智库时代》,2017 年第 17 期。

[25] 徐少同:《科技体制改革背景下的科研管理知识协同框架研究》,《情报科学》,2015 年第 1 期。

[26] 朱虹凌:《协同创新背景下的高校科研管理创新》,《中国成人教育》,2015 年第 19 期。

[27] 王龙:《"互联网＋内控"背景下高校科研管理信息系统的构建与探索——以苏州大学为例》,《科技资讯》,2018 年第 33 期。

[28] 刘文娜:《促进知识创造的高校教师科研支持系统构建》,《现代教育管理》,2019年第8期。

[29] 陈浩、谢为群、汪建:《高校科研管理系统建设的思考——以上海大学的实践为例》,《中国高校科技》,2021年第1期。

[30] Martilla J A, James J C, Importance-performance Analysis, *Journal of Marketing*, 1977, No.1, pp.77-79.

[31] 王嫱嫱:《YB建筑工程检测公司员工工作满意度研究》,硕士学位论文,浙江理工大学,2021年。

[32] 旷婷玥:《基于IPA分析的酒店员工就业感知研究》,《商场现代化》,2019年第15期。

[33] 贾天宇、刘笑冰、喻家玥等:《北京奥林匹克森林公园生态旅游满意度评价与提升策略》,《林业资源管理》,2020年第3期。

基金项目:国家自然科学基金项目(71904176)、浙江省自然科学基金项目(LQ19G03002)、浙江省哲学社会科学规划课题(20NDJC079YB)、浙江科技学院德语国家国别与区域研究立项课题(2020degb006)

作者:童素娟、李彦佳、杨晓刚

童素娟,浙江科技学院经济与管理学院副教授,浙江省人才发展研究院兼职研究员

李彦佳,浙江科技学院硕士研究生

杨晓刚,浙江理工大学产业技术研究院院长

发表期刊:《浙江树人大学学报》2022年第3期

人才探索篇

诸暨市关于科技人才、科技金融赋能招商引资的探索与思考

□ 中共诸暨市委组织部

2018 年 3 月 7 日,习近平总书记在广东代表团参加审议时强调,"发展是第一要务,人才是第一资源,创新是第一动力"。2021 年 1 月 14 日,时任浙江省委书记袁家军接受采访在回答"浙江在推进科技自立自强方面有哪些新举措"时指出,"我们将深入实施人才强省、创新强省'首位战略',深化探索新型举国体制浙江路径,加快建设'互联网＋'、生命健康、新材料三大科创高地"。在新发展阶段,对于以传统制造业为主导产业的诸暨来说,深入挖掘盘活内生要素,不断拓展引进外部资源,围绕产业链布局创新链、配置资金链、优化人才链,为招商引资赋能提效,助力地方经济高质量发展的路径探索显得尤为重要。为此,课题组以"科技人才、科技金融赋能招商引资"为主题,实地走访 30 余家创业企业,召开座谈会(个别访谈)50 余场(人)次,发放并收回有效问卷 143 份,在此基础上研究分析形成本次调研报告。

一、在新发展阶段,推进科技人才、科技金融赋能招商引资势在必行

(一)推进科技人才、科技金融赋能招商引资是贯彻新发展理念的必要举措

党的十九大报告提出,中国特色社会主义进入新时代,我国经济已经从高速度增长阶段迈向高质量发展阶段,同时提出把"坚持新发展理念"作为十四条新时代坚持和发展中国特色社会主义的基本方略之一。在新时代建设现代化经济体系的要求下,理念导向将成为招商引资的核心竞争力,对于地方党委政府而言,谁能够对新发展理念做出深刻理解、释放出明确的理念导向信号,谁就能掌握未来的产业方向、市场需求,就会在招商引资中下出先手棋。新发展理念以创新发展为核心,抓住了创新,就抓住了牵动经济社会发展全局的"牛鼻子"。科技、金融、人才是支持创新的要素支撑,推进科技人才、

科技金融赋能招商引资工作,是贯彻新发展理念的必要举措。

(二)推进科技人才、科技金融赋能招商引资是落实人才强市、创新强市首位战略的必要路径

2016年5月30日,习近平总书记在全国科技创新大会、两院院士大会、中国科协第九次全国代表大会上的讲话中强调,创新是一个系统工程,创新链、产业链、资金链、政策链相互交织,必须系统谋划、全面部署。打造创新型城市,关键在于集聚一流人才队伍、打造一流创新产业、营造一流创新生态。落实到具体工作,就必须在顶层设计上坚持招商与招才并举、引资和引智并重。推进科技人才、科技金融赋能招商引资工作,实现招商引资与招才引智的同频共振、一体推进,是落实人才强市、创新强市首位战略的必要路径。

(三)推进科技人才、科技金融赋能招商引资是打造区域竞争新优势的必要支撑

浙江省出台的《新一轮制造业"腾笼换鸟、凤凰涅槃"攻坚行动方案(2021—2023年)》,提出坚决淘汰整治高耗低效企业,同时明确了加强新兴产业重大项目招引等要求。现阶段,苏州等地正深入探索实践科技招商工作,聚力推进科技项目招引,作为打造区域竞争新优势的重要引擎。区别于传统产业项目招引,科技招商面向创新企业。只有用好人才、科技、金融等创新要素,发挥比较优势,开展精准招引,打造优势创新产业集群,才能在区域竞争中争先进位、快速突围。推进科技人才、科技金融赋能招商引资,引进落地一批符合产业导向的重大科技项目,是打造区域竞争新优势的必要支撑。

二、推进科技人才、科技金融赋能招商引资工作中存在的问题

目前,各地围绕推动高质量发展,在推进科技人才、科技金融赋能招商引资方面做了一些探索,但在工作推进过程中仍面临不少问题,主要表现在以下3个方面。

问题一:近年来,各地党委政府支持人才、科技、金融、招商的工作力度不断加大,但各业务推进部门更多的关心自身任务指标,缺少工作一体化推进。

原因分析:一是招商工作没有有效与人才、科技、金融工作打通,部分招商平台、项目服务平台没有设立专门的人才、科技、金融工作机构。二是缺乏整体推进工作的考核设计,调研发现,各地的招商考核主要关注有效投资、外资引进等传统指标,对人才等创新要素以及科技金融支持下的轻资产项目引进缺乏考核支持,镇街(部门)在引进轻资产项目方面动力不足。

问题二:创新要素资源更多在大城市集聚,中小城市整体引进科创项目、人才方面存在现实困难。

原因分析:一是大部分科创企业存在研发人才招聘等需求,更倾向于在创新要素集

聚的大城市布局研发中心。二是科技型高层次人才基于购房(75.5%)(问卷数据,下同)、子女就学(80.7%)、科研氛围(63.4%)等原因,更愿意落户在上海、深圳、杭州等城市。

问题三:对人才科技项目引进、落地、发展等方面的资本赋能需要加强。

原因分析:一是不同规模、不同阶段的企业融资渠道不同,中早期项目可以依托VC、PE 投资,大企业更多借助资产向银行信贷,但是还处于研发期的项目缺少合适的融资渠道。二是部分科技创业人才缺少投融资经验与投融资渠道,不能有效利用资源对企业进行赋能。三是中小城市真正懂科技金融的干部、创业者不多,缺少科技金融工作氛围。

三、诸暨市推进科技人才、科技金融赋能招商引资的有益探索

为盘活科技、人才、金融要素资源,更好地为招商引资赋能,诸暨市通过组织重塑建立一体化推进的工作格局,通过需求摸排打实整体协同的工作基础,通过构建人才创业全周期金融服务体系、互通飞地群岛与产业化平台等路径盘活要素资源,通过高质量组织人才计划申报、高标准办赛推动优质项目落地,形成了一套整体贯通、行之有效的科技人才、科技金融赋能招商引资的工作体系。

(一)全面贯通、强化考核,建立一体化推进的工作格局

一是探索建立上下协同的工作体系。在诸暨市一级层面新设招商投资促进中心、科技城建设管理办公室、诸暨市欧美同学会(诸暨市留学人员联谊会)三个正科级单位,整合诸暨开发区管委会与高新区管委会两大招商平台,作为人才科技项目招引的主阵地与重要支持服务平台;在开发区管委会、招商投资促进中心、科技城建设管理办公室三个招商引智平台(单位)以及经信局、科技局两个传统经济部门设立人才科技工作机构,专门负责人才科技项目的招引及服务工作;在镇街层面,探索建立组织线、经发线协同作战的科技人才工作体系,如陶朱街道建立人才工作办公室,暨阳街道成立招商引智服务中心,统筹推进人才、科技与招商工作。同时,在设立诸暨转型升级产业基金的基础上,新建资金规模 2 亿元的高层次人才创业投资引导基金,专项投资于符合诸暨产业导向并在诸暨落地的高层次人才创业项目;在开发区管委会、科技城建管办两大招商平台为招商引资设立专门的国有投资公司,为优质人才科技项目的落地、发展提供资金支持。二是形成整体推进的工作激励机制。在诸暨市 2021 年度人才工作目标责任制考核中,探索设立市场化招商引才、人才项目协同、金融支持等加分项;对在引进获得投资机构投资的人才科技项目,引进一定估值的人才科技项目,对创投机构投资等方面取得突破的部门、镇街给予考核加分激励,鼓励部门、平台、镇街重视各方面创新要素的打通,以

协同的思维推进业务工作。

2021年以来，以上述工作体系、激励机制为基础，在人才计划申报、创新创业大赛项目对接、人才创业全周期金融服务等活动（行动）中建立工作专班5个，抽调业务骨干130余人，初步形成了诸暨市一体化推进科技人才、科技金融服务赋能招商引资的工作格局。

（二）广泛发动、深入摸排，需求导向打实工作基础

一是做好系统性谋划。加强组织领导，由市委人才办牵头制定行动方案，梳理5大类16小类企业和人才名录。明确部门、镇街"一把手"为第一责任人，分管领导为直接责任人，统筹调度本系统本单位内党建、经济等条线业务骨干240余人，组建市镇两级走访工作组30个。二是实施地毯式走访。按照"分类摸底、分层汇总、分批推进"的要求，实行市级领导干部定点走访，7个重点部门分类走访，23个镇街兜底走访，构建"1＋7＋23"走访服务网络。如诸暨市人社局牵头走访高层次人才创业企业，诸暨市科技局牵头走访高新技术企业、中小型科技企业等。至目前，已走访重点企业3200余家，走访人才和乡贤等890余名，实现重点企业、人才等全覆盖。三是进行清单化梳理。通过建立"一企一档"，精准掌握企业、人才、项目、金融的实际需求和难点问题，梳理形成高层次人才、高技能人才、高校毕业生、科技项目、资源要素等"五张清单"，对反映问题和重点需求实行对点交办、挂表督办。2021年以来，已入库高层次人才需求300余个，高校毕业生需求10000余个，科技和项目需求300余项，金融需求50余项。

通过3轮大走访、大摸排，诸暨市人才、项目、要素需求更加清晰，部门（镇街）争先氛围更加浓厚，为一体化推进人才、科技、金融工作打实了基础。

（三）多点布局、内外联动，"飞地体系"盘活要素资源

一是政府"绘图"、市场运作建离岛。以打造"离岛式"人才、信息和产业三大高地为目标，制定"1＋2＋X"配套政策，明确企业准入范围，重点招引高新技术项目、高端人才领衔项目，开展"诸暨岛"考核、管理、协调"一站式"服务，从制度层面实现顶层设计。引入第三方机构开展"4＋8"运营管理，负责整体设计、对外招商、宣传推广和日常管理四项工作，提供投融资、法律、信息网络、公共技术、交流、政策、产品展示、配套商务八大服务。二是杭州孵化、诸暨生产育项目。强化"诸暨岛"桥头堡作用，吸引优质项目入驻孵化；配套建设"杭州港"转化基地，鼓励成熟项目在诸产业化。如杭州汇健科技有限公司，由浙大博士邬建敏教授领衔的团队进行技术攻关，获得两轮融资共5000万元，科研成果在杭州港成功实现产业化，目前企业估值约4.8亿元。三是柔性复制、多点布局助扩散。注重成功经验柔性复制，适时扩大创新资源吸收范围，大力承接沪杭外溢产业。先后设立余杭"高新岛"、上海"诸暨岛"、杭州中韩创新中心、深圳飞地等科创飞地，同时在北京等

地谋划柔性"飞地",实现"诸暨飞地"由"独岛"向"群岛"转变,目前已累计建成各类"飞地"面积超 3 万平方米。

内外联动的飞地运行机制打破了原有体制和行政的边界限制,市外飞地与杭州港等科创项目产业化平台成为诸暨市引进落户优质人才科技项目的重要载体,实现了科创要素、资源在更大空间内的优化配置。至目前,各飞地已促成 59 家企业在诸设立生产基地,其中落户"杭州港"19 家。

(四)汇聚要素、整合资源,高标准推进全周期金融服务

一是着力聚焦项目引进。借助创业投资改革试验区政策红利,发挥中国创投、中关村股权投资、浙江省创业投资等协会以及高特佳投资、华睿投资、如山创投等机构的资源优势,全力引进优质科创项目,至目前已通过投资机构引进赫千电子、如新智能、软控智能装备等科创项目 15 个,其中由高特佳投资引荐的微策生物于 2019 年将全部生产线放在诸暨,微策生物 2021 年上半年净利润已超 2 亿元。二是有效助力项目落地。通过对引荐并推动项目落地诸暨的创投机构设置项目引荐奖,在创新创业大赛中设置获奖落地项目人才基金直投政策,在项目落地过程中提供产业基金投资支持等工作办法,助力优质人才科技项目落地。由产业基金投资并落户诸暨开发区的国家领军人才创业项目鼎持生物,在落地不久便又获得招商资本的近亿元投资,目前投后估值已达 9 亿元。三是系统支持项目发展。提供"人才贷""暨 YOUNG 易贷""金博士"等多款人才科技金融产品;设立规模 2 亿元的诸暨市高层次人才创业投资基金;对人才科技企业开展"银担合作"模式,推广"见贷即保"做法;实施高层次人才创新创业综合保险补助;对有上市意愿且符合上市条件的人才企业开展常态化资本市场专题培训;初步形成"政银保担投"五位一体的科创金融支持人才科技项目发展的机制。

2021 年以来,诸暨市对人才科技企业放贷的银行增至 6 家,已为人才科技企业累计提供贷款 2.685 亿元;提供担保额度 1000 万元;两家保险公司为人才科技企业量身定制综合保险方案,高层次人才创业投资基金累计完成人才项目投资金额 3300 万元;组织了两场资本项目对接会,推动诸暨市人才科技企业向私募投资机构累计融资 5.9 亿元,开展农商银行、如山资本投贷联动试点工作;建立人才企业上市挂牌培育梯队,准备报会 1 家、准备辅导 2 家。

(五)全程跟踪、闭环支持,高质量组织人才计划申报

一是"三三制"推介政策。建立上市企业、人才集聚企业、创新型企业必访,企业家、人才、人力资源负责人必见,人才队伍现状、人才引进需求、意向引进人才必问等"三必访、三必见、三必问"服务标准,面对面宣讲推介人才项目奖补政策,2021 年发放政策"一本通"7800 余册,解读各类政策问题 5400 余条次。二是全闭环供需对接。探索建立"政

府海推、人才自选、企业匹配、动态调整"的供需闭环,依托欧美同学会、博士专家联谊会、各地创投协会、招才引智"春季专列"等引才资源,向50余家中介机构、100余个高校院所、200余家创投机构、300余名在外乡贤推送各类需求,由市委人才办根据落地情况定期完善、动态调整需求清单。三是全周期申报服务。市镇两级工作组全线下沉服务,紧扣产业项目需求、企业发展需求,指导制定企业人才引进培养计划,邀请专家为评审项目"把脉",全流程模拟申报环节,进一步提升申报质量。

2021年,诸暨市已组织申报绍兴市级以上人才计划近600人,其中,省级以上人才计划近300人,申报数量超过往年3倍以上,呈现指数级增长。

(六)精准对接、服务优化,大赛升级推进项目落地

为吸引更多符合诸暨产业导向的优质项目落地诸暨,诸暨市海内外高层次人才创新创业大赛的办赛理念、办赛思路呈现出三个转变:一是由广泛发动向精准征集转变。以诸暨市招商平台、主要镇街的人才科技项目需求为基础,聚焦数智安防、第三代半导体、生命健康、新能源、高端制造、汽车装备、航空航天等产业方向,通过创投机构、高等院校、人力资源服务机构等渠道精准征集参赛项目。2021诸暨市海内外高层次人才创新创业大赛征集的304个参赛项目中,上述产业方向的项目达285个,占比93.7%。二是由以赛引才向产才共引转变。借助中国创投委以及浙江、上海创业投资协会等诸暨市引才工作站的力量,邀请专业机构,在对项目的初审、复审以及行业赛评审中,重点考量项目的产业化能力,把项目与诸暨产业的适配性也作为重要评分因素。通过评审遴选出的20个参加决赛的项目,全部符合在诸暨产业化的要求。三是由赛中招引向提前落地转变。成立由金融办、招商投资促进中心、开发委、科技城建管办等业务部门以及各镇街组成的落地工作专班,提前对通过初审的160只项目进行逐一对接,跟踪服务,组织优质项目进行创业环境参访、落地意向跟进、注册落地等全流程支持。落地专班成为大赛项目落地工作的重要推进力量,如获得数字经济组行业赛第一名的AI电流项目,在与落地专班对接时看中了诸暨市数智安防产业园作为枫桥学院实践基地的机遇,表示无论是否获奖,都会购置厂房并落地诸暨。

截至目前,参加总决赛的20只项目中,已签约落地人才创业项目达13个,落地项目直接购买厂房3000平方米,余缺对接闲置厂房25000平方米,在诸暨岛落实办公场地3000平方米,参赛项目价值挖掘实现最大化。此外,诸暨市积极承办第四届半导体才智大会暨"创芯中国"集成电路创新挑战赛总决赛、第六届中国创新挑战赛(浙江)暨2021年浙江省技术需求"张榜招贤"大赛生物医药行业现场赛等国家级、省级赛事,进一步拓展人才科技项目引进渠道。

四、推进科技人才、科技金融赋能招商引资的一些启示

第一,重塑组织体系、完善激励机制是推进科技人才、科技金融赋能招商引资的主要前提。相关工作涉及科技、人才、金融、招商多个领域,横跨多个部门,是一项系统工程。需要通过组织重塑,构建一体化的工作格局;通过考核引导,提升业务协同的动力。工作体系建设方面,在重点招商平台设立人才科技工作机构以外,还可以探索设立科技金融机构,专门对接国内外优质投资机构,服务科创项目引育;激励机制完善方面,在招商引资的工作考核中,可加入人才、科技、金融等考量要素,探索轻资产项目落地评价办法,引导各地积极引进获得创投机构投资的优质人才科技项目。

第二,摸清要素需求、盘活要素资源是推进科技人才、科技金融赋能招商引资的重要抓手。相关工作着眼人才、科技、金融对招商引资的协同赋能,本质是要打通要素资源,形成工作合力。通过全面摸排调研,系统了解不同产业、不同企业的要素需求,才能有的放矢推进工作;通过要素盘活,构建内外联动的飞地运行机制,完善从项目引进到落地发展的全周期金融服务,才能最大化发挥要素优势,赋能人才科技项目。在要素资源盘活方面,还可以鼓励重点项目在深圳、苏州等科创高地设立研发中心等飞出地,借助科创高地的人才资源,赋能地方产业发展。

第三,拓展招引渠道、优化升级服务是推进科技人才、科技金融赋能招商引资的必要保障。相关工作的本质是发挥内部资源优势,有效引进外部资源,并在区域内实现整合重组。在内部资源充分挖掘、盘活的基础上,只有做好招引渠道拓展、服务优化升级等外部文章,才能保障各项工作全面运转,形成闭环。在招引渠道拓展方面,要重视组织重塑与考核完善协同推进;在服务优化升级方面,要着重提高一线干部的业务素质,专业能力也是一种服务能力。

课题组组长:汪均德
课题组组员:宋琳琦、傅宇、王凯漪

湖州人才政策的演进与未来趋势研究

一、引　言

　　"人才政策"是政府为了发挥人才的作用，对人才的培养、开发、利用等活动做出的规定和采取的措施与行动。"致天下之治者在人才。"人才资源是稀缺资源，政府出台的政策是否科学适用对人才引、用、育、留至关重要，因此研究湖州人才政策演进阶段、特征、规律和未来展望，对于完善湖州市人才政策、构建区域人才高地具有重要的基础性作用，湖州人才政策现有研究多侧重于对政策效果的评估，人才政策文本研究较少。基于此，本课题通过实地调研、收集文献资源、电子资料的方法收集了 1999 年至 2020 年湖州市出台的人才政策共 325 份，遵循分析框架构建、样本选择、政策文本关键词提取、频数统计的步骤，通过质性和量化研究，对湖州市人才政策进行测量和比较分析，并据此分析政策演进逻辑，希望可以为湖州市人才政策制定提供经验借鉴。

二、湖州人才政策演变阶段及其主要特点

　　依据政策目标及其主要政策文件所规定的政策客体（对象）、运用的政策工具，浙江省人才政策演进划分为："释放人才活力"的战略调整阶段（ 1978—1992 年）、"提升人才地位"的实验性调整阶段（ 1993—2002 年）、"确立人才战略"的统筹布局阶段（ 2003—2009 年）、"优化人才体系"的质量发展阶段（ 2010—2015 年）、"营造人才生态"的深化改革阶段（ 2016 年后）等五个阶段。一方面因为我国纵向政府间的稳定的控制关系，湖州市人才政策与中央、省政府人才政策具有很大相关性，是在中央、省人才政策指导下进行的地方人才政策创新；另一方面因为在 1998 年以前，湖州市关于人才资源开发方面的政策总量不多，范围不广，力度不大，如关于人才培养、人才投资、国外智力引进等方面几

乎没有涉及,特色不明显。故此,参考浙江省人才政策阶段的划分把湖州人才政策演变划分为如下三个阶段。

(一)"人才战略"确立布局阶段(1999—2009年)

进入新世纪新阶段,党中央、国务院做出了实施人才强国战略的重大决策,人才强国战略已成为我国经济社会发展的一项基本战略,中央于2003年出台了《中共中央、国务院关于进一步加强人才工作的决定》,推动人才工作的战略性转型以保障支撑经济、社会的转型。浙江省出台了《中共浙江省委、浙江省人民政府关于大力实施人才强省战略的决定》,以"钱江人才计划"为抓手推动了人才工作的转型和发展。湖州于2004年召开全市人才工作会议,加快实施人才强市和科教兴市战略。

制定出台了《转发市人事局关于为加快发展新兴和高新技术产业提供人才服务意见的通知》《转发市人事局关于鼓励各类专业技术人员到非国有经济组织工作的若干规定的通知》等近10个政策文件,系统规范人才管理,强化人才激励和管理,职称评聘分开与社会化评价探索较为成功,在省内有一定的影响力;制定出台了《"十一五"人才发展规划》以及企业经营管理人才队伍、专业技术人才、技能型人才、新农村人才队伍建设等4个专项规划,形成了较为完善的人才规划体系,强化市校人才合作开发的新农村人才"振兴计划",形成了湖州市与浙江大学合作人才开发的"市校合作模式"。制定出台了《湖州市"1112人才工程"学术技术带头人培养人员队伍建设的实施办法》,实施学术技术带头人培育工程;制定出台了《关于推进创新团队和领军人才队伍建设的若干意见》《"南太湖精英计划"实施意见》《湖州市"南太湖精英计划"领军人才及项目服务管理暂行办法》,加强领军人才和创新团队建设;制定出台了《湖州市引进和培养高素质人才实施办法》《湖州市海外高层次人才引进工作小组和成员单位工作职责》等文件,加强海外高层次人才引进,初步构建了湖州市人才工作政策新框架。

(二)"人才要素"深化统筹阶段(2010—2015年)

世界多极化、经济全球化深入发展,科技进步日新月异,知识经济方兴未艾,加快人才发展是在激烈的国际竞争中赢得主动的重大战略选择,2010年6月,中共中央、国务院颁布《国家中长期人才发展规划纲要(2010—2020年)》,以中长期的前瞻思维确定人才主要任务、重大政策、重大工程来统筹人才全要素建立和优化。同年,浙江和湖州市中长期人才发展规划纲要相继颁布,成为后续人才工作和人才队伍建设的重要指导性文件。

继纲要规划后,2012年制定出台了专业人才队伍、高技能人才队伍、企业经营管理人才队伍、农村实用人才队伍和社会工作专业人才队伍建设五个"十二五"专项规划,打造人才工作目标体系;制定出台了《进一步加强党管人才工作的若干意见》(湖委办

〔2013〕40 号)、《关于在湖州经济技术开发区建设人才管理改革试验区的若干意见(2015—2017 年)》(湖委办〔2015〕35 号)等健全人才工作领导机构和工作机构,加强人才工作队伍自身建设,完善人才工作体系,推进人才发展体制机制改革创新;制定出台了《关于开展"湖州市海外高层次人才创业创新基地"创建工作的方案》《湖州市高层次人才"服务绿卡"制度暂行办法》《湖州市优化企业人才服务十条举措(2013—2017 年)》,建立了市、县区全覆盖的高层次人才"一站式"服务平台和高层次人才服务联盟,高层次人才尤其是海外高层次人才的服务、保障工作得到充分重视。

(三)"人才生态"深化改革阶段(2016 年后)

随着经济进入新常态,人才作为新发展动力的作用日益显现,为"最大限度激发人才创新创造创业活力,把各方面优秀人才集聚到党和国家事业中来",2016 年 3 月国家印发了《关于深化人才发展体制机制改革的意见》,同年浙江省发布了《关于深化人才发展体制机制改革支持人才创业创新的意见》,2016 年 11 月湖州市出台《关于深化人才发展体制机制改革支持人才创业创新的实施意见》,提出了 5 个方面、24 条举措,着力打造人才生态最优市,努力把湖州建设成为人才集聚的高地、创业创新的福地、共谋发展的胜地,因此该实施意见被称为湖州人才新政。

制定出台了《关于高水平打造人才生态最优市的若干意见》和十二大重点产业人才发展规划,打造了湖州"南太湖精英计划"3.0 版,构建了湖州人才新政的全链条政策体系;更为重要的是制定出台了《关于实施新时代人才强市战略服务湖州高质量赶超发展的意见》,不仅建立了科学高效、规范运行的人才治理体系和提高了治理能力,更有针对性地破除了人才政策执行落地的问题,是对原有政策的全方位整合提升,是对湖州人才政策系统的完善,被称为湖州"人才新政 4.0 版";制定出台了"湖州市优化企业人才服务十条"、《关于进一步加强高层次高技能人才服务保障的若干建议》《湖州市高层次人才购房奖励暂行办法》等,着力改善人才获得感,搭建精细化保障体系;制定出台了《关于推进乡村人才振兴的实施意见》,推动科技进乡村、资金进乡村、青年回农村、乡贤回农村;制定出台了《关于进一步扶持大学生就业创业新十条政策》和 9 项配套细则,以及《湖州市引才工作站和引才大使管理办法》《湖州市"人才之家"认定管理办法》等,合力推进大学生就业创业工作,构建分类化引育体系。

三、湖州人才政策演进内容与趋势

因为政策文献具有行政效力差异、词汇数量较少等特性,政策文本分析可以揭示政策演进过程与规律,主要表现为不同阶段政策主题、政策客体和政策工具的演进。就政策主题(目标)而言,任何政策都有特定主题目标。按照人才管理实践与管理流程环节,人才政策可以界定为人才引进、人才培养、人才使用、人才服务、人才激励、人才管理、人才工作体系和能力建设七个方面的主题。其中,"人才服务"是指对人才的政务服务、创业服务和生活服务等内容;"人才激励"是指授予人才荣誉、奖励和补贴等方面的内容;"人才管理"是指对人才资格、业绩进行评价和考核等方面的内容。通过对湖州人才政策关键词的提取,对政策主题、政策客体和政策工具做类别分析和频次分析,基于政策语言的变化性、编码的不确定性,本文没有采取软件分析。同时,政策工具类别一般分为:强制性工具、指导性工具、激励性工具和服务性工具四种,本文没有对具体的政策工具进行上一级的归类,而更聚焦于政策演变逻辑的主线。

(一)湖州人才政策主题演进分析

表1是对湖州人才政策主题演进的分析。

表1 湖州人才政策主题演进

主题政策数	人才战略确立阶段	人才要素统筹阶段	人才生态改革阶段
引进	9(10%)	14(10%)	23(13%)
培育	17(16%)	19(14%)	14(9%)
使用	7(7%)	6(4%)	9(6%)
服务	4(4%)	18(13%)	32(21%)
激励	21(22%)	30(21%)	36(23%)
管理	13(13%)	25(18%)	28(18%)
工作体系和能力建设	37(28%)	28(20%)	16(10%)

注:由于一些人才政策内含多个政策目标,因此政策目标总数与人才政策数并不等同,多于政策数。

表1清晰表明:在人才战略确立阶段,以人才治理体系和能力建设为目标的文件显著多于其他目标的文件,这与人才强市战略刚刚确立,人才工作几乎一片空白,需多方面探索直接相关,包括了人才工作多元主体的机构和人员建设,地方政府角色、职能定位、工作流程、"党管人才"格局和机制创新等方面。而最少涉及的是有关服务人才方面的政策,这与当时对服务的认知及其手段方法有限相关。以人才使用和人才引进为目标的政策文件也相对较少,人才使用基本全部聚焦在了大学生就业和鼓励、引导到村(社区)任职方面,这与当时中央和社会高度关注大学生村官的形势有关。而人才引进政策2008年以前就只有一个,直到"南太湖精英人才计划"实施,人才引进才进入政策视野,且逐渐密集起来。按照一般经验,人才管理目标应是这阶段政策的主要关注点,但湖州人才激励方面政策相对较多,可能与地级市人才管理的权限受限相关,很多管理只要执行即可,没有必要或没有权限制定相关人才管理政策,而注重对人才激励方面政策的开发。

人才要素统筹阶段在政策主题方面相对上一个阶段相对平衡,各政策主题除人才使用主题外政策数差距不大,比较均衡,而且单项政策综合性有较大幅度增加。人才工作体系和能力建设政策数仍然居高,是政策重点关注的问题,但人才激励方面政策数跃升到了第一位,如何激发人才专业能力发挥成为政策主要问题,而如何激励必然涉及人才评价、业绩考核方面的问题,因此人才管理方面的政策数也有较大增长。同时,人才服务方面政策数也大为提高,如何服务人才问题进入政策议程得到了较大关注。人才引进方面政策数比例保持不变,但相对地位有所下降。人才培育方面政策数的比例有所下降,地位下降。对人才使用问题的关注依然最少,但不全聚焦于毕业大学生,名师名校长、人才工作服务人员、研究人员的配置得到了政策关注。

人才生态改革阶段,人才激励问题受到显著重视,人才投入显著增加,人才服务政策数跨越式增加,人才服务也显著增加,人才管理得到明显关注,政策数量相对增加,而且人才激励、人才服务和人才管理联动性增加,相关联政策数大幅增加;人才引进方面政策是此阶段的一个鲜明特色,在政策数方面虽不如前三者,但其他方面的政策显著以各类人才引进为中心、为导向,与此阶段区域人才争夺空前激烈相关。人才培育方面关注度下降,人才使用仍以市场配置为主,政策干预不多,人才工作体系和能力建设方面政策数下降,但人才治理能力明显增强,或许是人才工作进入相对成熟期,不需要更多新政策来指导和推动工作。

(二)湖州人才政策客体演进分析

表2为对湖州人才政策客体演进的分析。

表2 湖州人才政策客体演进

人才战略确立阶段	人才要素统筹阶段	人才生态改革阶段
高素质人才、高层次人才、名医名护士名医技、名教师、高技能人才、高级工技师、学科技术带头人、领军人才、产业英才; 人才、党员人才、专业技术人员、技能人才、紧缺急需人才、创新团队; 农村劳动力、农村小学教师、农民专家; 非师范毕业生、湖州籍大学生、高校毕业生、在农村、社区工作大学生; 人才市场中介组织、明星企业	紧缺急需人才、专业技术人才、高技能人才、企业经营管理人才、新生代企业家、农村实用人才、社会工作专业人才、文化人才; 高层次人才、领军人才、产业英才、医疗优才、名师名校长; 特色产业创新团队、"产学研"科技创新团队、大学生"村官"	高层次人才、顶尖人才、创新领军人才、人文社科领域领军人才、青年拔尖人才、教育领军人才、高技能领军人才、传统工艺领军人才、乡村振兴领军人才、人力资源管理领军人才、自然科学和工程技术领域青年拔尖人才、海外领军人才、"万人计划"人才、国家"百千万"人才工程专家、海外工程师、特殊津贴专家、招商领军人才、高级人才; 领军型创业团队、领军型创新团队、大学生、技能人才、社会事业人才、企业经营人才、名师名校长、优秀医疗卫生人才、社会工作者、乡村振兴首席专家、科技特派员

从表2可以看出人才政策客体演进的内容和趋势。湖州人才政策客体不断丰富,从高素质、高层次人才企业人才优先发展、关注新农村建设特色实用人才到包括青年人才、社科人才、乡村人才、传统工艺人才在内的全方位人才转变;从专家、领军等显性人才到对包括大学生、社会工作者在内的显性、潜在人才的全面关注;从社会紧缺急需人才、实用人才向注重顶尖、领军、拔尖等引领人才、技术人才、毕业大学生、科技特派员等创新人才、实干人才相互支持配合转变,真正体现了科学发展的"大人才观"。

(三)湖州人才政策工具演进分析

表3为对湖州人才政策工具演进的分析。

表3 湖州人才政策工具演进

人才战略确立阶段	人才要素统筹阶段	人才生态改革阶段
战略、规划、基地建设、资格证书、结业证书、考核、结算、待遇、奖励、个人所得税奖、购房补助、贷款优惠、破格、晋升、目标、任务、责任感、鼓励、严格执行准入制度、开放市场、审核、年检、考核、抽查、评选、许可证、标准、程序、门槛范围、撤销追究、任务、权责、职责、保障、领导联系、氛围、预测、北洋人才示范点、企业联络员、人才工作领导小组、工作要点、服务、特色通道、绿色通道	表彰、资金扶持、住房扶持、信贷扶持、专项资金、担保扶持、风险补偿、贴息扶持、创业辅导、优先权、表彰、荣誉、物质奖励; 条件、程序、资格认定、项目审核、评审答辩、签订合同、考核管理; 宏观指导、培养培训、宣传推介、中介合作、以才引才、实践锻炼、在职培训、挂职、学术交流、帮带; 专业知识产权质押、继续教育基地、企业人才优先开发; 领导体制机制、党管人才、责任分解、社会化职业技能鉴定、工作站(项目)绩效考核、工作要点、人才发展专项资金(专账管理)、人才改革试验区、创新券、人才券、人才工作室、创业创新基地、院士专家工作站、创业种子基金、企业人才资格评价	启动资金资助、绩效补助、研发投入补助、晋级奖励、租房补贴、购房补贴、安家补贴、见习补贴、就业补贴、实训补贴、应聘补贴、招聘补贴、企业奖励、创业补贴、创业租金补贴、培训补贴、基地建设支持、赛会平台资助、中介引才奖励、引才费用补贴、工作站资助、业务收入奖励、风险奖励、上市政策奖励、投资机构奖励; 申报程序、权限下放、补贴、担保贷款、企业、中介协同、校地战略合作联盟、人才工作站、合作协议、服务综合平台、"代跑人"、"一站式"服务、大学生聚引活动、考核、监督检查、力度、走出去、政策宣讲、请进来、人才交流、项目洽谈、风投、猎头、海外留学人员协会、海外引才大使、实施菜单式引才; 院士专家工作站、人才举荐、人才直接认定、人才积分、"一事一议"实施细则、服务综合体、孵化器、集聚区、示范基地、创业园、产业园、院士之家、众创空间、服务综合体、人才券、配偶安置、疗休养

从表3可以看出人才政策工具演进的内容和趋势。第一,湖州人才工作投入不断加大,人才资金使用越来越规范、透明,人才补贴、人才奖励、人才支持不断细化、深化和拓展,环节和视角不断创新。第二,人才管理手段不断多元,从检查执行、准入门槛、条件标准、评价考核到第三方评估、社会评估、参与化检查、职业化、标准化软硬结合。第三,人才服务产业化、体系化和市场化导向明确,人才管理、人才激励和人才服务协同性突出,政策效果较好。

总体而言,在收集到的325份湖州人才政策中,人才战略确立阶段十年共有91份,人才要素统筹阶段六年共有 76 份,人才生态改革阶段五年共有 158 份,人才政策数量增长,人才工作得到了越来越大的重视,取得了浙江省人才工作考核连续七年优秀,人才治理能力、人才集聚力、人才吸引力、人才承载力和人才发展潜力获得卓越的提升,由浙江省人才后进地区发展成了人才高地。

四、湖州人才政策演进规律

湖州人才政策三阶段的演进表明人才政策演进是区域经济社会发展需要、平台载体等人才链深度打造和人才治理能力强力提高共同作用的结果。

(一)湖州经济社会发展所需是湖州人才政策演变的根本因素

人才集聚有一定的规律性,人才政策变迁也就有了规律。当国民经济以第二产业为主导,第三产业比重达到 35%,且有一批知识技术密集的高新产业出现时,人才需求将呈大幅度增长趋势,人才需求和人才供给间的矛盾推动了人才政策的变迁。人才战略确立阶段无论是围绕增强产业核心竞争力、企业核心竞争力而推出的高素质人才、高层次人才政策,还是为湖州新农村建设而推出的农村人才合作培养、实用人才队伍建设等政策,都使得今日湖州农村有了先发优势,成为中国美丽乡村建设的发源地;"人才要素"深化统筹阶段紧缺急需人才、产业英才、创新团队等重要政策与湖州以产业现代化为核心的生态型滨湖大城市建设紧密相关,人才生态深化改革阶段打造系统均衡、最全面生态化的人才政策体系与"绿水青山就是金山银山"生态型城市品牌打造、品牌运行协同互构。

(二)湖州平台载体等人才链深度打造是湖州人才政策演变的关键因素

产业发展强、工作前景好、社会友爱互助、生态环境美、公共服务完善是人才集聚的基础,因此,湖州三阶段人才政策中都把人才激励放在举足轻重的位置,通过服务型、保障型人才政策推动平台载体等人才链深度打造。20 多年来,产业培育与人才政策相互促进,共同发展。以战略性产业培育来推动人才向湖州集聚,通过培育产业链助推人才链,人才政策对产业发展、产业培育精准出击,以人才支撑促进产业发展;平台载体打造与人才政策相互促进,共同发展。构建产业园、创业园、众创空间、孵化器、加速器、产业基地、人才飞地等人才平台,通过高能级平台的打造推动人才链的完善,而人才政策聚焦平台载体建设,大力支持平台载体建设;人才服务品牌建设与人才政策相互促进,共同发展。根据人才需求,优化政务服务、创业服务、生活服务,提供多样化、个性化、精准化的贴心服务,通过人才服务品牌建设再造人才流程推动人才链的完善,而人才流程再造、最全人才政策的供给,为实现服务品牌的打响提供了重要保障。

（三）湖州人才治理创新能力是湖州人才政策演变的直接原因

经济社会发展所需、平台与人才政策互构都离不开人才工作的创新,离不开人才治理能力发展提高,湖州人才政策的演变中一开始就极其重视人才治理能力建设,是第一阶段人才政策的首位关注对象,第二、三阶段也始终重视人才工作队伍自身建设、人才工作体制机制的改革,完善人才发展治理体系。第三阶段相关人才政策较少正是人才治理能力成熟适应的表现,在现实中也表现出了卓越的绩效,创意性地发展了科学合理的政策体系,人才聚集、人才效益显著提升。通过人才体制机制改革来发展人才治理能力,通过战略谋划、"跳出人才抓人才,跳出湖州抓人才"整体推进、整体布局的"大人才观"来发展人才治理能力,通过组织部门牵头抓总,各部门分工负责、协作配合,社会市场广泛参与的"党管人才"工作新格局来发展人才治理能力,而人才治理能力的提升也助推人才政策创新发展。

五、湖州未来人才政策的展望

透过对湖州人才政策演进阶段、演进内容和规律的探索,根据相关经验,展望湖州未来的人才政策。

（一）探索双循环、共同富裕背景下人才政策导向和动力

随着国际国内形势的变化,需要在双循环、共同富裕背景下关注创新人才培养模式,如随着经济发展,如何解决"好多事没人干,好多人没事干"的现象,改变落后的就业观念,建立共享经济下相互服务理念。关注人才导向和人才动力激发问题,如进入新时代,如何激发青年人才的使命担当,推动激发高素质人才潜心基础研究,发挥潜能推动重大科技创新。湖州还需推动创新策源地建设,需要前瞻性地思考持续性的资金供给如何来,多样化的人才如何聚集,多领域的一流科研平台能否集群,企业、专业机构投资意愿如何等问题。

（二）创新人才生态与人才治理力打造的优良传统

人才生态系统不能依靠单一要素驱动,需政府、市场、社会等多主体分工协作,政府有为、有力、有效,市场（企业和中介组织）有活力、有动力、有创意,社会有参与、有担当、有奉献,激发体制、战略、政策、平台、服务的创新合力,构建更具"韧性"的人才治理能力,构建合作型组织形态,推动营商环境、政策环境、监管环境的融合,打造更优生态,与时俱进定位人才生态各主体的角色与功能、各子系统的集成要素、目标体系和运行管理。

（三）推动人才工作智慧化水平提高

在前期人才工作数字化基础上,全新打造基于云计算、区块链技术的人才工作全新

格局,推动建设人才政务平台,政策、服务、平台等各种资讯集成一体,快速便捷的云平台,导入申报审核、融资贷款、服务保障、法律咨询等各种功能,定制相关人才码,方便人才出行休闲、事务办理;推出"云管家"可以使人才通过线上申请人才公寓,方便人才安居,开发基于互联网新技术的人才"引用育留"新模式,如"云路演""云评审""云招聘"等,而这些新模式、新办法、新平台需要相应的实施办法和管理规定规避不确定性,指导人才管理,发挥新模式的优势。

参考文献

[1] 萧鸣政、韩溪:《改革开放 30 年中国人才政策回顾与分析》,《中国人才》,2009 年第 1 期。

[2] 陈丽君、王雪玲:《改革开放以来浙江省人才政策的演进与未来趋势——基于主题词的量化分析》,《治理研究》,2019 年第 4 期。

[3] 中共中央、国务院:《国家中长期人才发展规划纲要(2010—2020 年)》,2010 年。

[4] 李江、刘源浩、黄萃等:《用文献计量研究重塑政策文本数据分析——政策文献计量的起源、迁移与方法创新》,《公共管理学报》,2015 年第 2 期。

[5] 陈丽君、徐成东、黎灿辉:《改革开放 30 年浙江省人才政策演变及特征分析》,《浙江人才发展蓝皮书 2010》,杭州:浙江大学出版社,2010 年,第 121-128 页。

[6] 杨轲珺,韩广华:《上海市科技人才政策特征与演进趋势》,《现代经济信息》,2019 年 8 期。

[7] 谢俏洁:《上海人才政策三十年:演变与创新》,《人才开发》,2009 年第 4 期。

作者:吴坚

吴坚,浙江省人才发展研究院首席专家,中国人事科学研究院原院长

发挥企业引才用才主体作用的对策研究

□　中共台州市委组织部课题组

党的十八大以来,以习近平同志为核心的党中央高度重视发挥企业人才创新的主体作用。2018 年 5 月 28 日,习近平总书记在中国科学院第十九次大会、中国工程院第十四次院士大会上的讲话中指出,"企业是创新的主体,是推动创新创造的生力军","要推动企业成为技术创新决策、研发投入、科研组织和成果转化的主体"。企业是引才用才最重要、最关键的主体,如何引导企业从"要我引""要我用"转变为"我要引""我要用",切实激发企业引才用才的内生动力,对于推进企业人才创新工作、实现企业创新驱动发展至关重要。近期,我们围绕发挥企业引才用才主体作用这一课题,通过实地走访、座谈交流、问卷调查等多种方式,深入开展调研,形成如下报告。

一、激励企业发挥引才用才主体作用的做法

台州是中国民营经济发祥地、股份合作经济发源地、市场经济先发地,拥有制造业企业 7.3 万家,规上工业企业近 5000 家。96％以上的规上企业为民营企业,其中年产值 1 亿元以上企业有 1235 家,10 亿元以上企业有 89 家,100 亿元以上企业有 1 家。拥有上市公司 66 家、国家级制造业单项冠军 11 家、国家级专精特新"小巨人"32 家、国家级技术创新示范企业 2 家、国家企业技术中心 3 家。培育了吉利、华海、海正等一批国内外知名企业,伟星集团等 7 家企业入围 2021 中国民企制造业 500 强。近年来,台州市坚持"人才强市、创新强市"首位战略,开展重点企业聚"三高"(高层次人才、高技能人才、高校毕业生)专项行动,持续深化人才发展体制机制改革,根据需要和实际向企业充分授权,提升引才育才主体意识,建立完善企业主导的人才引、育、留、用全过程激励机制,推动优质人才资源加快向重点企业集聚,为台州全方位高质量发展提供强大的智力支持。

第一,升级政策提升企业引才红利。相继出台了《台州人才新政三十条》《关于建设

高素质强大人才队伍的若干意见》《高质量实施"引人留人"三年行动计划（2022—2024年）》等政策文件及实施细则,不断加大对用人主体引才育才的扶持力度。加大企业引才补助,对于企业委托中介招聘特优以上人才的,给予企业引才前期费用50%的引才补贴,每人次最高5万元。企业参加台州市统一组织的海外引才活动,对于全职引进人才的中介费用给予50%补助,单家企业最高30万元。加大企业引才奖励,企业自主申报入选国家、省级人才工程的,分别给予100万元、60万元的引才奖励。加大企业育才奖励,企业每成功培养1名人才进入省级以上人才工程的,最高给予用人单位、个人各500万元奖励。

第二,量化积分激发企业引才动力。迭代深化"亩均论英雄"企业人才创新指数评价体系,通过科学设置人才引育实效、人才密度、创新强度等量化指标,测评企业人才创新指数,推动能源、土地等资源向人才工作先进企业倾斜。如,温岭市2019年以来积极探索在1200多家规上企业中实施人才创新指数评价,细化人才引育、平台建设、生态优化、人才密度、创新强度等5大类9小类考核项目,评价结果纳入"亩均论英雄"企业评价体系,考核权重达22%,着力激发企业引才用才动能,引导企业持续创新实现高质量发展。截至目前,已有523家企业因人才指数得分突出获得评价提档,在用能、排污、城镇土地使用税等方面享受更好的政策扶持,例如:浙江福立分析仪器股份有限公司等6家人才科创企业因指数评价居前,被优先解决企业用地需求165亩。

第三,专人专职提高企业引才能力。构筑保障人才优先发展的工作格局,加强人才工作者力量配备,持续深化人才专员、企业首席人才官等特色制度。目前,台州市已配备以县（市、区）部门、乡镇（街道）干部为主体的人才专员3100多人,1600多家人才工作重点企业设立首席人才官。部分县（市、区）通过目标责任制考核,将县乡企责任捆绑,共同梳理企业人才需求、制定个性化招才引智方案;建立人才项目供需对接微信群,企业结合自身需求自主筛选匹配,积极组织技术人员参加海内外高层次人才项目路演、洽谈;鼓励人才官参与各类政策培训、学习研修班,对履职优秀的首席人才官进行表彰,提振企业重才爱才用才的热情。2021年,台州市人才工作重点企业通过首席人才官报送高层次人才需求1770条,同比增长超60%;1680家企业参与各类人才洽谈活动,成功对接落地人才项目360多个,对接成功率较往年翻了一番。

第四,搭建平台拓宽企业引才渠道。不断创新引才模式,坚持线上线下双轮并驱,构建完善"政府搭台、企业联动、市场运作"的引才体系。大力推动"以会引才",通过举办国际人才合作洽谈大会、人才周、行业峰会等人才活动,广泛邀请专家人才、高校院所、人力资源服务机构、企业等参会,实现人才、企业、机构各方要素的互动整合,助推人才项目落地。如,2021年7月,举办2022"智汇台州"人才周活动,共吸引430多名各领域专家学者以及25家知名高校院所、32家高端人力资源服务机构代表参加活动,组织台州市400多家企业代表参加对接,活动共达成初步合作意向614个（人）,正式签约人才项目33个

（人）。大力开展"以赛引才"，聚焦医药健康、高端装备、新材料等重点产业领域，围绕企业需求，市县联动举办了"500 精英计划"创业创新大赛，累计引进"500 精英计划"人才1248 名，落地人才创业企业 619 家。2020 年创成浙江省首批"院士之家"，持续深化建设、拓展功能，全面满足院士路演交流、学术联谊、康养度假等需求，共有 43 名院士与台州市企业开展项目合作，落地院士创业项目 9 个。抢抓数字化改革契机，整合专业机构、高校院所、企业和人才资源，在浙江省率先建设并启用长三角人才服务"数字广场"。根据企业需求动态，精准化匹配人才，实现人力资本服务产业供需线上集聚、互联互通。目前已有 24 个国家级人力资源服务产业园、120 多家知名服务机构、100 多所高校就业办和博管办入驻"数字广场"，近 10 万人才注册简历。

二、发挥企业引才用才主体积极性面临的困境

调研发现，当前引才工作更多是政府主导推动，一些企业对引才仍有顾虑、有偏见、缺重视、缺方法，引才工作在一定程度上出现"政府等不及、企业不着急"的情况。

第一，观念滞后"不愿引"。部分企业对人才作用的认识有一定局限性，也没有尝过引才效益的"甜头"，导致对引才缺少"盼头"。一方面，不知人才"好在哪"。调研发现，部分企业对人才引进、人才储备缺乏重视，73.25％的企业没有发展规划或规划中未包含人才规划。有的企业只注重短期效益，认为"买技术比引人才更划算"；有的企业安于现状，不去想怎么转型，更不知道需要哪些人才。从人才需求上看，对高级以上人才有需求的企业占比仅 5.83％，对本科及以上大学生有需求的企业占比 6.73％，而 87.44％的企业则更青睐于直接招聘熟练技工（见图 1）。

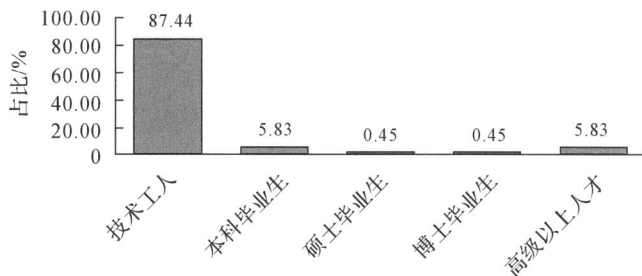

图 1　企业人才需求情况

另一方面，坐等政府"送人才"。当前，政府持续加大助企引才力度，部分企业存在"守株待兔"心理，认为有政府出马就万事大吉，坐等人才来敲门。好的人才项目，如果万事俱备，待价而沽，招引的成本就很高。有的企业缺乏战略眼光、超前意识，倾向于引进有人才头衔"帽子"的现成人才，而对年纪轻、发展潜力大的青年人才招引意识不强，人才

引进成本偏高。

第二,招法不多"不善引"。引才渠道不宽、方式不多仍是制约企业引才的主要因素。从企业引才渠道看(多选),其中本地传统招聘网站占比 66.37%,政府举办的招聘会占比 56.95%,熟人推荐占比 39.91%,发传单占比 12.56%。可见,许多企业缺乏与时俱进思维,不善于使用校企合作、专业引才机构、云端引才等现代引才渠道,而习惯沿用传统渠道,导致难以发现和引进推动高质量发展的高素质人才(见图 2)。

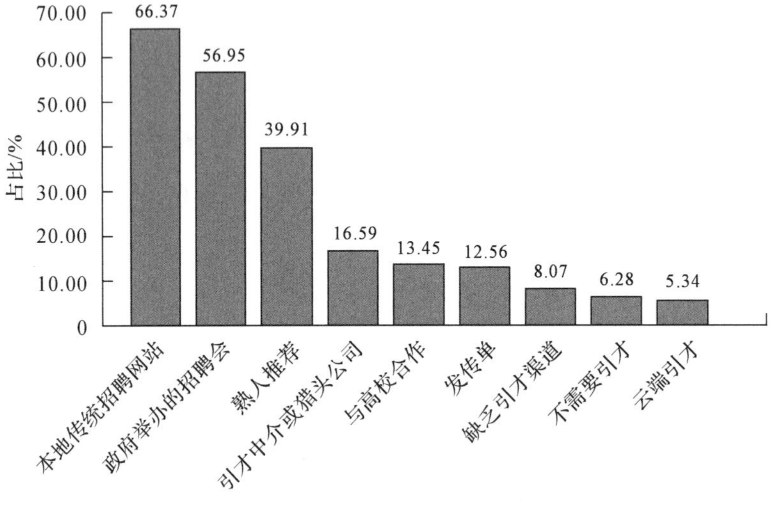

图 2　企业引才渠道情况(多选)

同时,人力资源工作者的能力素质有待提升。不少企业尤其是中小型企业缺乏人力资源工作者,引才工作仍旧由企业负责人直抓直管。一些企业虽然配有人力资源工作者,但存在身兼数职、经验不足、专业不精、格局不大等问题,导致引进人才的质量参差不齐。问卷显示,仍有 39.46% 的企业未配人力资源工作者,甚至没有相关工作负责人。在专职人力资源工作者中还有 29.63% 未经过专业培训。从专职人力资源工作者的学历上看,大专及以下占比达 47.41%,硕士及以上占比仅 1.48%,整体素质偏低,难以适应当前愈加激烈的引才环境。

第三,顾虑重重"不敢引"。部分企业对人才缺乏信任和认识,加之人才的流动性特征,导致企业对引才心存顾虑。一方面,顾虑核心技术遭泄露。部分企业特别是家族企业担心引进的人才带走企业核心技术或保密资料,对人才"不放手、不放心、不放权",导致人才作用无法得到最大限度的发挥。调研发现,17.70% 企业表示对引进人才后核心技术泄露问题存在担忧。另一方面,顾虑资金人才"两头亏"。人才引进在投资周期、回报收益等方面具有不确定性,许多企业瞻前顾后,担心无法达到预期收益,最终"讳疾忌医"。从企业对引进大学生的顾虑看(多选),担心大学生跳槽的占比 59.64%,担心作用发挥不如技术工人的占比 24.66%,担心培养上耗费过多人力财力的占比 22.87%,担心大学生的工资薪酬相对较高的占比 14.80％。从企业对引进高层次人才的顾虑看,担心人才作用与高薪不相匹配的占比 43.95％,担心企业缺平台留不住人的占比 41.25％,担心企业核心技术泄露的占比 8.07％,没有顾虑的占比 6.73％。

第四,保障缺失"用不好"。人才政策兑现刚性约束不够有力,是导致人才引进后快速流失的重要因素。近年来,受新冠疫情等客观因素影响,各地经济下行压力加大、财政较为紧张,资金兑现和企业引才开出"空头支票"的情况仍然存在,政策待遇与实际待遇、预期保障与现实保障之间存在差距,一定程度上直接影响留住人才、用好人才。有的企业反映,花大力气引进的人才刚引进不久,就流往经济发展更先进的地区,人才引进实际作用难以发挥。

三、加强企业引才用才主体作用的对策建议

持续强化企业引才主体作用,通过完善政策、精准赋能、优化服务等系列举措,增强企业家引才用才意识,激发企业引才用才主体积极性,配强企业人力资源工作者,推动人才引得进、留得住、用得好。

第一,抓住企业家这个"核心",营造求贤若渴的引才环境。只有企业家真正重视人才,树立"企业要腾飞,人才是关键"的理念,才能主导企业把引才工作推上新台阶。一是开展企业家引才能力专题培训。选派企业家到国内知名高校开展人才工作专题培训,定期组织企业家赴浙江省甚至全国重才爱才先进企业开展学习交流,提升眼界格局,提高企业家对人才工作的重视程度。引导企业提早谋划,根据企业发展方向,有重点、多层次引进和培育今后发展所需的紧缺急需人才。高质量建设民营经济学堂,深度连接知名高校院所的教育、科技优质资源与本土企业精英管理人才和人才工作者,搭建起政企互动、校企合作的良好平台。二是设立企业家"引才伯乐奖"。根据企业每年的引才成效,通过大型会议活动,大力表彰人才工作先进个人和集体,授予贡献突出的企业负责人和企业"引才伯乐奖",给予相应的政策奖励;提升人才工作荣誉感,激发更多企业家树立"人才强企"理念。三是发挥企业家协会的组织功能。组织企业家协会定期举办企业引才工作交流分享会、高层次人才对接洽谈会等活动,邀请优秀引才企业家分享引才成功经验,新引进优秀人才分享助企成效,重构和加深企业家对人才重要性的认识。

第二,发挥政策杠杆的撬动作用,激发企业引才用才积极性。打好助力企业引才用才的"组合拳",出台层层利好的人才政策,以政策红利激发引才用才主体活力,打造人才集聚高地。一是释放现有政策红利。组建人才政策宣讲团,深入企业厂区、车间,加大对薪酬补助、创新资助、引才奖励、平台奖励等现有重点政策的宣传力度,提升企业对各级人才政策的知晓率。强化政策兑现速度和力度,运用数字化手段对政策兑现全过程进

行流程再造,简化手续、提高效率,加快推动助企惠企政策"无感兑现""无申即享",让企业及时享受政策红利。二是迭代升级人才政策。根据企业用人主体需求,出台专项人才政策,不断丰富政策体系。如,聚焦现代金融服务业人才,建立以市场为导向的金融人才分类认定标准,制定金融服务业人才目录,大力集聚金融服务业人才。围绕现代物流、现代商贸、商务会展等重点领域,出台现代服务业人才队伍建设实施意见,加大服务业人才引育力度。支持企业依托内设创新平台集聚人才,对建设企业研究院、博士后工作站、工程技术中心等,并吸纳储备企业研发创新人才的,按照投入建设经费的一定比例给予奖励,成功获评国家级、省级平台的,再给予额外奖励。对企业吸纳大学本科及以上青年人才超过行业平均水平一定比例的,给予奖励支持。三是企业配套政策待遇。企业应主动与政府部门对接,积极帮助人才申请各级人才政策,同时可以效仿政府的政策,配套出台企业特有的政策,如开展企业首席科学家、金蓝领等评选活动,加大对入选人才计划的配套奖励,设立"优秀人才突出贡献奖",通过企业年会,对优秀人才典型进行表彰和奖励,并给予一定的政策补助,以提高人才对企业的认同感和归属感。

第三,放权解绑人才体制机制,增强企业引才用才自主性。要以"向用人主体授权、为人才松绑"为重点,大力推进企业人才发现、评价、激励、使用等体制机制改革,让企业在人才引育方面掌握更多的话语权和主动权,强化引才用才主动性。一是推进企业人才发现机制改革。支持龙头企业、行业协会、产业联盟、风投机构等成为企业人才发现主体,对于经龙头企业、行业协会、产业联盟、风投机构等举荐的企业人才,可以直接纳入政府相关人才计划评审。创新企业人才发现方式,支持采取认定制、举荐制、赛事选拔制等多种企业人才发现方式。如,针对具有特殊造诣的偏才、怪才,以及在经营管理、创新创业等领域表现突出的"非共识性人才",推行行业专家举荐制度,避免因学历、职称等硬性条件不达标而错失认定机会。对举荐委员采取聘任制,实行动态更新。二是推进企业人才评价机制改革。一方面,进一步扩大企业自主评审覆盖范围,积极争取上级部门授权,对符合条件的企业研究院,允许开展创新人才自主评价,发挥企业研究院对人才的集聚作用。推动龙头企业和单项冠军企业等实施职称自主评价,对开展职称自主评价的企业,在综合要素保障等方面给予倾斜。另一方面,对于不同类型人才,要针对性构建评价体系。对于企业创新和实用人才,建立完善市场化社会化人才认定机制,健全以能力、实绩、贡献为导向的人才评价体系,打破学历、职称、年龄等限制。如,科学设定科技项目、发明专利、标准制定、荣誉表彰、社会价值等贡献指标,形成"问东家、问专家、问大家"的人才评价模式。针对青年人才,从科研能力、技术水平、创造效益、行业认可度等维度构建评价指标体系,为优秀青年人才开通"绿色认定通道"。针对技能型人才,制定工匠技能人才评价管理办法,构建以技术能力、专业贡献、企业认可、社会认同为核心的技能人才市场化评价模式。针对新经济新业态人才,可以将吸纳就业数量、带动销售量、拥有关注度等作为新产业新业态人才重要评价标准。三是推进企业人才激励机制改革。健全人才积分制,加强企业对人才积分兑换子女入学、人才公寓、健康体检等公共资源使用的名额调配力度,增加企业人才管理使用的有效手段,提升企业引才竞争力。完善企业绩效评价体系,增加引才工作在企业"亩均论英雄"考核的权重占比,将企业引才成效与各类扶持政策挂钩,对人才集聚密度高的,可以予以额外加分,挂钩享受相关产业扶持政策,推动优质公共资源向优秀引才企业倾斜,提高企业引才积极性。建立健全人才股权激励机制,加大对人才持股企业的支持力度,推动重点企业加大对高层次人才的产权激励、股权激励、科研成果分配实施力度。探索奖励机制,对通过猎聘机构、校企合作订单、大学生实习基地等方式自主引才的企业,提高奖补支持力度。四是推进企业人才使用机制改革。建立健全企业人才培养体系,企业根据员工的工作实绩和平时表现确定培育对象,根据不同对象的个性需求和企业发展的共性需求,分类、分层次培养,不断提升人才能力和素质。科学设定各类员工的晋升路线,让员工充分了解和掌握自己的职业规划,再根据人才的专长和企业发展实际需要合理配置使用,逐步建立成熟的人才使用体系。持续深化"揭榜挂帅"人才使用机制,支持企业积极承担国家、省级重点技术攻关任务,引导攻克一批"卡脖子"关键技术,对揭榜攻关成功的人才及团队及时拨付相应资金,强化人才使用实绩实效导向。探索"政聘企培"机制,设立人才专项编制周转池,派驻企业实践锻炼并考核合格后,可安排到相应事业单位工作。

第四,借势借力政企合作平台,深度链接人才链与产业链。更好发挥政府作用,通过赛会、教育、住房等公共服务赋能企业引才原动力,以"政府搭台"实现"好戏连台",共同推动人才、资本、企业等要素精准组合、高效集聚、助力发展。一是深化"以会引才"。持续办好人才合作洽谈大会、人才周、专家行等系列引才活动,广泛邀请全国乃至全球专家人才团队、高校科研院所、企业经营管理者等参会,宣传推介人才发展环境和企业发展前景。立足地方主导产业资源,依托特色产业链发展优势,积极承办相关国家级的行业年会、论坛,在"人才圈""企业圈"打响产业发展"金字招牌",推动以会聚智、以会引才、以会兴业。同时,政府在搭建引才平台、组织引才活动时,要摸全摸准企业引才需求,通过小分队引才、分行业引才,与高校定向培养、定向合作等方式,为企业"牵线搭桥",积极引进专业对口、方向对口、需求对口的各类人才专家,提高人才引进精准度、有效度,避免"大而全""一哄而上",推动企业引才从"被动应付"向"主动申请"转变。二是深化"以赛引才"。以城市产业与区域发展为重点,以举办创新创业大赛、开展项目路演等为契机,吸引海内外高层次人才携优质人才项目参加,大力推动技术创新力强、产业化前景广、可行性高的项目快速落地,为企业与人才共话合作、共享成果提供便利平台,有效推动产才城融合发展。三是深化"平台引才"。坚持需求导向,聚焦产业和科创两大平台,加速集聚人才、资本等资源要素。一方面,培大育强产业平台。加快招引 100 亿元、10 亿元以上的重大产业项目,引导重点企业建设研发机构,多层次推进重点企业研究院、企业技术中心建设,支持企业依托内设创新平台和优质岗位集聚人才。另一方面,提能增效科创平台。实施科创平台提能造峰专项行动,对现有科创平台,全面优化布局建设,进一步理顺平台运行机制,围绕创新平台科研能力和创新实力,完善绩效评价体系。对在建科创走廊,全力招引知名高校、科研院所、重点实验室、科技型企业等布局设点,以集聚优势带动科创资源集聚取得新突破,为企业高质量发展提供有力的创新支撑。四是深化"生态引才"。建设青年发展型城市,打造青年社区,推动教育、医疗等优质公共资源向青年人才倾斜,加快打造近悦远来的创业创新环境。扎实做好人才安居保障工作,大力推进人才公寓建设,在企业人才相对集聚地区规划建设一批高品质的人才公寓,同时引导企业利用自有存量土地建设保障性租赁住房,让人才来得开心、住得安心、干得舒心。

第五,精准发力企业需求侧,提高企业引才用才质效。立足企业需求,提供精准服务,对症下药消除企业引才用才"症结"。一是提升企业人力资源工作者整体素质。企业人力资源工作者引才积极性和工作水平关乎企业引才质量和成效。鼓励和支持企业加大对人力资源工作者的引进和培育力度,定期举办高级研修班,提升人才引进策划、人才工程申报、人才战略储备等方面的能力。开展优秀人力资源工作者评选活动,树立榜样典型,激发企业人力资源工作者提升引才积极性和引才水平。二是建立企业人才工作指导员制度。选派业务主管部门骨干,组成企业人才工作指导员队伍,与重点企业进行"一对一"常态联系,加大政策的无缝宣传,提升企业家的引才意识,指导人力资源工作者提高引才水平。立足企业工作实际和人才需求,充分发挥企业与业务部门、企业与人才、人才与业务部门之间沟通交流的"桥梁"作用,积极为企业人才工作纾困解难。全面推行企业大学生招才专员制度,指导企业参加线上直播代岗、"空中双选会"等招聘活动,提高大学生引进的积极性。三是深化金融全链式服务。深化人才服务型支行建设,完善区域布局,分段设置补贴比例,鼓励引导人才服务型支行加大力度,对人才创业企业发放信用贷款和信保公司担保贷款。探索设立科技人才担保公司,扩大人才类、科创型企业专项担保产品及担保服务供给。有效发挥天使梦想基金和科技创新基金作用,重点支持种子期、初创期和早中期科技创新型企业发展,持续加大对高端人才创业和科技创新型企业的扶持力度。四是构建"线下+线上"服务系统。深化人才创新创业全周期"一件事"改革,推动县一级创新创业服务综合体布局全覆盖。加强服务集成、功能集成,整合打通各级各部门政务服务,积极引导金融、创投、法律、人力资源等高端服务机构入驻,为人才创业企业提供设立登记、财税管理、高新技术企业认定、上市辅导、法律顾问等创业服务。围绕政策信息"一站通晓"、人才服务"一码集成"、政策兑现"一网通办"、数据信息"一键分析",完善人才数字化系统在线功能模块,全面推行云评审、云集成、云受理、云办结的人才公共"云服务"模式,为企业引才用才提供便利。五是探索"共享人才"模式。

着眼于单个企业体量小、融资难、引才难等现实问题，为进一步降低企业引才成本，充分发挥联合引智的集群优势，提高企业对人才的吸引力，提升人才落地率和使用度，探索推广工程师协同创新中心模式，推动各类高层次人才在全域"流通共享"，鼓励龙头企业"短期出租"高层次人才，盘活现有人才资源，形成人才收入和企业收益"双赢"的良好局面。

课题组组长：罗文初

课题组副组长：朱百清

课题组成员：陈海峰、金小龙、徐雷、施巧英、梁兼纲、姚锦虎

秀洲区打造高能级人才平台体系的对策研究

☐ 中共嘉兴市委组织部课题组

"十三五"期间,秀洲区立足人才链、创新链、产业链、价值链的融合提升,提出了构建"一区两城三谷多院"创新平台体系,全力打造高能级人才平台。为提高高能级人才平台体系对人才的支撑作用,理清下一步平台体系建设思路,把握秀洲发展方位,秀洲区委组织部牵头成立了课题组,针对秀洲区打造高能级人才平台体系展开专题研究,深入剖析秀洲区高能级人才平台体系建设现状和问题,并学习借鉴一些人才平台的先进经验和做法,提出打造高能级人才平台体系的对策建议以及未来发展设想。本项目研究报告将充分应用于秀洲区"十四五"人才发展战略规划以及2022年秀洲区人才工作当中,不断提升人才集聚力、创新策源力以及生态涵养力,为高质量发展建设共同富裕示范区提供人才支撑和智力保障。

随着浙江大学嘉兴研究院、南方科技大学嘉兴研究院、北京理工大学长三角研究院等多个科研院所相继落户秀洲,秀洲区初步形成了"一区两城三谷多院"的创新平台体系。为大力推进高能级人才平台在整合创新资源、加快成果转化、培育创新主体等方面的功能提升,充分发挥其在区域经济转型升级的核心支撑作用,课题组通过实地走访、座谈调研等方式,全面了解目前秀洲区高能级人才平台建设现状、存在问题,并对下一步高能级人才平台体系建设提出有针对性的意见建议。

一、新形势下秀洲区打造高能级人才平台体系的重要意义

面对"两个大局"的历史背景和构建"双循环"新发展格局,在日益激烈的区域人才竞争新形势下,以人才平台体系建设为抓手,快速实现和完成人才集聚、技术创新、产业发展、区域高质量发展的全链条生态体系建设,已经成为更高标准、更大力度做好新时代人才工作的重要举措。为此,秀洲区提出全力打造"一区两城三谷多院"创新平台体系,

全面形成高能级人才平台雁阵发展新格局,对秀洲超常规落实人才强区战略,争当高质量发展模范具有重要意义。

(一)是高站位贯彻实施中央省市人才工作要求的迫切需要

人才资源作为第一资源,是推进经济高质量发展、竞争力提升、现代化先行的关键力量,推动能够吸附高层次人才干事创业和发展的平台建设至关重要。在 2021 年 9 月中央人才工作会议中,习近平总书记指出要加快建设世界重要人才中心和创新高地,必须着力建设一批吸引和集聚人才的平台。在浙江省委人才工作会议上,时任浙江省委书记袁家军指出人才高地首先要高在平台,浙江推进新时代人才强省必须大力建设战略科技力量,进一步推动平台建设提能。时任嘉兴市委原书记张兵也多次指出嘉兴必须坚持以一流平台集聚一流人才,为打造重要窗口最精彩板块、建设共同富裕示范区典范城市提供强大人才支撑。这些都充分证明了:在新时代新征程中,高能级人才平台是聚天下英才而用之的重要法宝,没有顶天立地的人才大平台就没有影响力和话语权,我们必须坚定不移把资源向重点区域、重点平台倾斜,筑高原、垒高峰。

(二)是高质量建设产城高度融合、城乡高度融合的现代化主城区的现实需要

秀洲作为嘉兴市主城区之一,"三区三城三组团""秀洲版图"新格局已经基本形成,拥有着得天独厚的区位发展优势。同时,我们也拥有千载难逢的战略优势,长三角生态绿色一体化发展示范区规划协调区、国家城乡融合发展试验区、浙江高质量发展建设共同富裕示范区等国家战略多重叠加。秀洲未来产业的高质量发展、城乡融合的高水平发展比以往任何时候都更加渴求人才,我们迫切需要引育一支高水平人才队伍,以人才的大出彩换取秀洲的更精彩。高能级人才平台是人才项目、创新要素的积聚中心,打造有秀洲辨识度的"一区两城三谷多院"高能级人才平台体系,则是秀洲实施产学研深度融合、促进产业经济高质量发展的重要举措,也是完善"秀洲版图"空间布局,实现人才、创新、产业等区域融合效应最大化、最优化的现实需要,更是加快实现均衡富庶发展、共同富裕典范的重要支撑。

(三)是高标准打造服务长三角一体化发展的国际人才蓄水池的客观需要

中央战略布局要在北京、上海、粤港澳大湾区建设高水平人才高地,一些高层次人才集中的中心城市也要着力建设吸引和集聚人才的平台;浙江省委提出要对标国家布局,支持杭州、宁波进入"国家队";周边的南京、苏州、合肥等城市也提出要打造高水平人才高地。可以预见,长三角区域必将成为我国集聚世界高水平创新人才的新增长极。近年来,在秀洲区委、区政府的高度重视下,全区始终坚持人才强区战略、全面融入长三角一体化首位战略,"秀水泱泱·智汇秀洲"品牌影响力逐步扩大,人才工作已成功跻身全市第一梯队。"一区两城三谷多院"的创新平台体系已经初具雏形。"十四五"期间,秀洲

区进一步明确了打造服务长三角一体化发展的国际人才蓄水池,努力建设现代版科技孵化之城、高质量创新引领示范区、长三角人才生态最优区的工作目标。这些都为全区高层次人才引育和高能级人才平台建设打下了坚实基础。

二、秀洲区打造高能级人才平台体系的现状分析

一直以来,秀洲区委、区政府高度重视人才工作,深入实施人才强区战略,坚持以一流平台集聚一流人才,加快推进众多高端人才平台载体在秀洲的落地深根。具体从顶层设计整体推进、管理模式多元创新、产才融合引领发展等方面进行有益探索。

(一)强化顶层设计,高能级人才平台体系整体框架初步形成

近年来,秀洲区突出目标导向,聚焦跨越发展,战略性、前瞻性、整体性推进人才平台顶层设计。在制定出台"人才新政"《关于加快人才集聚助推特色产业高地建设的若干意见》的基础上,聚焦产业平台引才,成功创建了国家级平台秀洲国家高新区等重点创新创业平台,辐射带动建设桃园数字小镇、光伏科创园、北科建创新园等二级特色产业平台。聚焦科创平台聚才,加快建设现代版科技孵化之城,推进天鹅湖未来科学城建设,辐射带动"麟湖智谷""中国睡谷"和"秀水光谷"等科创平台建设。聚焦校地合作平台育才,秀洲区与多家高校和科研院所建立了深度的产学研合作关系,与浙江大学、北京理工大学、南方科技大学等知名高校、院所共建创新载体11家。"一区两城三谷多院"创新平台体系初步形成。

(二)注重多元创新,高能级人才平台人才集聚加速提质

秀洲区根据"一区两城三谷多院"中各人才平台的自身特点和发展阶段,针对不同管理主体,设立了管理委员会或工作推进建设小组。"一区两城"主要是由政府主导的管理模式,定位于人才服务公共平台,服务于全区人才需求,便于政府集中力量办大事;"三谷"主要采取政府引导、企业参与的管理模式,定位于特色产业人才平台,政企合力,主要聚焦于大数据、智能家居、光电等相关产业人才;"多院"主要采取政府、高校、企业合作共建共管模式,定位于科技研发型人才平台(新型研发机构),以利于实现科技研发型人才的快速集聚。人才平台管理模式的多元化创新,有效提升了人才引领带动作用,人才规模不断扩大,人才质量稳步提升。截至2021年底,累计引育省级以上高端人才216人次,每万名从业人员中R&D(科学研究与试验发展)人员206人,高技能人才占技能劳动者比例为35.4%,新增就业大学生超5万名,形成了人才加速集聚的良好态势。

(三)突出产才融合,高能级人才平台引领发展能力显著提升

秀洲区积极谋划产才深度融合,采取"揭榜挂帅""赛马制"等多种形式,推动时尚纺

织、智能家居、光伏新能源等主导产业与人才平台研究方向的融合。开展战略性新兴产业产才融合对接活动60余场，推动人才集聚、技术创新、孵化演化、企业研发、产业培育等全链式融合，以人才集聚优势提升了产业竞争力，人才平台建设引领产业布局优化效果凸显。截至2021年底，数字经济核心制造业、高新技术产业、高端装备制造业、战略性新兴产业增加值占规上工业增加值比重分别提高到33%、71.5%、31.5%和50.5%，光伏全产业链生态圈强劲崛起，产值突破200亿元。

但是，对标共同富裕的更高要求，对照经济社会发展的更高标准，秀洲区在打造高能级人才平台的过程中还存在一些问题和不足。一是高能级人才平台的体制机制建设还需要进一步完善。各人才平台发展还不平衡，在提质增效的建设路径上还有待于细化完善；人才平台之间的互促互融、整体联动机制效应还未产生；人才平台工作离散化，资源碎片化问题还较为突出；对各类人才的集聚和支持作用还需要进一步激发。二是支撑高能级平台的生态体系还有待进一步完善。政府和市场共同参与的多元投入机制还未建立，平台建设投入力度还需加大、结构有待提升；对人才平台实施的人才政策精准度还不高；区域公共技术服务平台和公共人才服务体系还有待于完善。三是高能级人才平台的区域创新策源力还不强，尤其是与区域科技教育、产业发展的多维度、多层次的融合还需要进一步提升。

三、高能级人才平台建设的经验借鉴

为进一步了解国内高能级人才平台建设情况，吸收先进区域高能级人才平台建设的经验做法，课题组通过对苏州工业园区、湖州德清县"千人计划"产业园、深圳虚拟大学园、深圳清华大学研究院、上海张江高科技园区等高能级平台建设情况进行研究分析，主要发现以下经验。

（一）要注重借势借力、强化资源导入

高能级平台建设需要土地、空间、资本等多方要素的集合，并非一朝一夕可以完成。要充分发挥高校院所、行业协会、专业机构等资源集聚平台的作用，开展创新载体共建、人才活动对接等工作，进一步引入创新要素。比如，深圳虚拟大学园，就是大力引进高校、研究院等资源，并通过高校资源在地方的集中导入和引流，实现地方经济社会的快速发展，取得了"以不到全市0.6%的土地，创造了全市17%的工业总产值、22%的工业增加值、21%的税收、31%的发明专利"的优异成绩。又比如，湖州德清县"千人计划"产业园，通过与浙江省海高会建立密切联系，连接全省的高端人才项目资源，形成了以生物医药、电子信息产业为主的海内外高端人才项目的集聚区。

(二)要注重前瞻谋划、强化强链补链

高能级人才平台不仅要在平台建设的区位布局、基础设施上提前谋划,更要在助力产业转型升级上有前瞻性谋划。要在优化产业结构上发挥作用,契合产业需求、破解产业阵痛,以强链、延链、补链为导向,不断提升产业附加值、提升产业新效能,形成优势产业集群。比如,上海张江高科技园区围绕"人工智能"产业链布局创新链,组建的"张江人工智能岛"聚集了 5000 余名人工智能研发人员、20 多家世界 AI 领域的头部玩家、新锐企业、重点科研院所,吸引了大量高层次人才。又比如,上海宝山区为突破长期承载了大量重工业传统产业的困境,全面推动石墨烯、新能源关键材料、智慧诊断等新兴产业发展,成为产业转型升级的先进典范,具有借鉴意义。

(三)要注重创新驱动、强化产才融合

高能级平台建设不仅要在能级上高大上,更要在引领产业发展、集聚人才上体现高大上。高能级人才平台要成为高端人才的蓄水池、涵养地、集聚区。要深挖高能级人才平台对产才融合、产才对接的促进作用,通过以产引才、以才促产、产才互动三个维度,推动产业发展迈向更高阶段,助力经济社会高质量发展。比如,苏州工业园区以产才融合为园区发展的立足根本,以资源整合为重点,统筹推进产业、人才、园区一体化发展。以苏州工业园区的纳米科技产业为例,通过设立纳米科技领军人才创业工程"绿色通道",在该领域共集聚国内外院士团队 16 个、国家引才计划专家 72 人、省"双创"人才 70 人、省"双创"团队 6 个,纳米技术产业产值近 1000 亿元,被列为全球八大纳米产业集聚区之一。

四、秀洲区打造高能级人才平台体系的对策路径

(一)坚持纲举目张,统筹推进战略规划落地

针对目前"一区两城三谷多院"高能级人才平台体系战略规划,秀洲区要坚持"一张蓝图绘到底""规划先行"的理念,全面推行落实"一平台一战略"举措,从"要素层—制度层—空间层"上有序推进人才平台体系发展战略落地。在要素层上,建议成立秀洲区人才发展集团,设立海外创新创业中心,打通"一区两城三谷多院"在人才链、创新链、产业链、资金链、政策链的要素衔接。在制度层上,深入实施和升级"秀湖双百计划 2.0 版"和"天鹅湖未来科学城精英计划"等人才平台制度体系,进一步完善人才培育发展机制、市场化激励机制、人才评价机制、知识产权保护的法治保障体系等人才政策组合拳。在空间层上,做到人才平台空间布局和产业空间布局一体化,围绕"三区三城三组团"产业空间布局,科学布局"一区两城三谷多院"人才平台体系,打通人才、产业、产城之间的融合

通道。

(二)坚持模式创新,推进管理专业化、精准化、协同化

在坚持管理模式创新上,要推进"专业化""精准化"和"协同化"。一要坚持"专业化"管理理念,在"一区两城三谷多院"人才平台建设中,要组建和培养一支精干专业的人才平台管理团队,构筑"专家团"分类指导人才平台发展,打造行政管理、产业服务、成果转化等专业队伍,围绕市场和客户,将人才平台打造成贴近客户的敏捷性组织,为客户提供一体化价值解决方案,提高人才平台管理专业水平。二要坚持"精准化"管理施策,管委会等相关管理部门要结合人才平台发展阶段,建立科学评价机制,辅之奖惩激励机制等,精准化管理措施;各人才平台要根据任务的市场化交易来组合人才、整合资源。三要坚持"协同化"有效衔接,建立定期交流机制,构建"政府+平台+企业"协同管理模式,真正实现价值链创新、协作关系创新和资源配置创新,全方位构建协同创新人才平台体系。

(三)坚持引育结合,实现人才集聚整体效益

在实现人才集聚整体效益上,一是要持续优化人才引进体系,要结合主导产业和"一区两城三谷多院"高能级人才平台体系实际,考虑空间布局、合作基础,根据主导产业相关人才分布表实现精准引才(见表1)。二是要不断强化人才培养体系,要结合秀洲区优势产业,构筑多种形式的人才培养载体,加大"多院"研究生招生规模,与龙头企业合作开展专业硕士培养,成立人才培养相关机构,有针对性地培养科技和管理复合型高层次人才;大力推进"人才举制""揭榜挂帅""军令状""里程碑式考核"等助力人才成长的机制建设。

表1 秀洲区主导产业相关人才分布

主导产业	部分关联学科	优势高校
时尚纺织	设计学	清华大学(A+)
		同济大学(A)
		苏州大学、江南大学、浙江大学(A−)
	纺织科学与工程	东华大学(A+)
		苏州大学(B+)
智能家居	控制科学与工程	清华大学、浙江大学(A+)
		北京理工大学(A)
高端装备制造	机械工程	清华大学、上海交通大学(A+)
		北京理工大学、浙江大学(A)

续表

主导产业	部分关联学科	优势高校
光伏新能源	化学工程与技术	华东理工大学(A+)
		清华大学、**浙江大学**(A)
		浙江工业大学(A—)
	电子科学与技术	电子科技大学、西安电子科技大学(A+)
		东南大学、清华大学(A)
		上海交通大学、**浙江大学**(A—)

注:加粗部分为已合原作院校。

(四)坚持互惠互动,实现产才高度融合

要构建基于"人才—企业—产业—城市"协调融合的产才融合新模式。在以产引才上,要充分发挥"蓝特光学""麒盛科技""五芳斋"等龙头企业吸引人才的引领作用,聚焦产业发展需求,积极引进产业发展急需人才,促进产业精准引才、产业聚才相结合,提高产业凝聚人才的功能。在以才促产上,要完善由政府、高校、企业共同搭建,共育共享的"多院"人才平台,引导人才平台多关注产业、企业技术攻关需求,增强人才链对产业链促进作用。在产才互动上,要畅通产才互动渠道,加快建设"秀洲生物医药工程师协同创新中心",举办产才融合对接会,将"一区两城三谷多院"人才平台体系聚焦到人才集聚和产业发展上,实现横向上扩大产才融合宽度,纵向上加强产才融合深度的"六位一体"产才互动功能(见图1)。

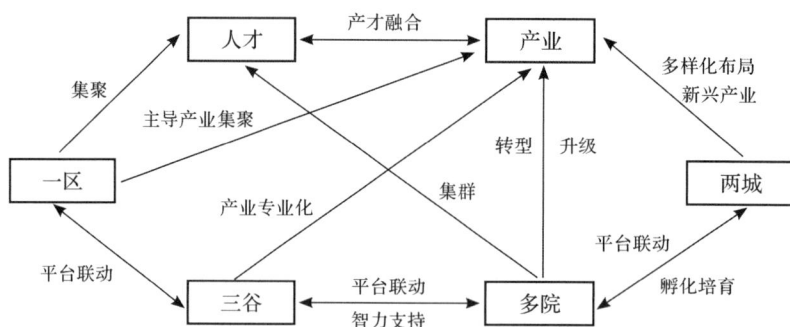

图1 "六位一体"产才互动模型

(五)坚持品质引领,打造最优人才生态

在不断完善人才生态上,坚持以提升城市整体品质为抓手,打造人才品牌"金名片"。首先,要充分发挥"江南水乡"特色、湖泊生态优势,加快秀湖、天鹅湖"世界级科创湖区"打造,常态化举办"悠游秀湖·乐享秀洲"高层次人才活动,持续推动"秀水泱泱·智汇秀洲"品牌建设。其次,要建立全方位人才服务网络,以高标准人才服务体系建设为依托,着力做好人才服务保障工作,完善秀水新区人才之家,持续优化未来科学城创新人才生态圈。构筑人才服务环境高地,形成人才服务环境优势。最后,要营造尊才爱才氛围,进一步加大各类优秀人才表彰力度,树立人才典型,创新宣传方式,扩大宣传范围,充分激发人才的获得感、满意感、归属感,探索开展重才爱才先进单位、先进集体、先进企业评选表彰活动,激发用才主体尊才爱才内生动力。

五、"一区两城三谷多院"高能级人才平台建议

通过系统梳理"一区两城三谷多院"高能级人才平台体系建设现状,结合"三区三城三组团"空间新格局,在借鉴国内外高能级人才平台打造成功经验的基础上,提出"一区两城三谷多院"高能级平台建设总体设想是"头雁领航、雁阵齐飞",具体举措是做强"头雁"、做大"群雁"、形成"雁阵",最终凸显"一区两城三谷多院"高能级人才平台功能的"雁阵效应"。

(一)"头雁领航"(一区)

2015年,秀洲国家高新区获批成为国家高新技术产业开发区以来,全面融入长三角一体化发展,围绕"创新高地、智造基地、生态新城"建设目标,深化体制机制改革,构建主导产业优势,全面提升高新区产业规模、创新能力、城市品质和生态质量,是目前人才平台体系中建制早、基础强的人才平台。

建议将高新区打造为高能级人才平台"领头雁",依托三大支柱产业,全面谋划区内人才、创新、孵育载体,整合人才平台体系相关资源,以龙头企业为引领,在技术人才引进、技术研发与创新、上下游产业拓展等方面,不断创造高新态度、高新力度、高新速度,持续擦亮高新"金字招牌",打造高能级人才平台引领示范区。

(二)"雁阵齐飞"(两城、三谷、多院)

1. 两城

现代版科技孵化之城和天鹅湖未来科学城是秀洲区着力打造的全新人才平台,旨在引进高端人才、凝聚创新要素、促进产业发展方面做出突出贡献。现代版科技孵化之城着眼"高精尖"技术的孵化培育,天鹅湖未来科学城着重高端人才集聚和培养。

建议将"两城"打造成为"雁阵"中高端人才集聚和高端科技成果转化的"双飞雁",充分利用"两城"功能定位和生态优势,突出现代版科技孵化之城"高精尖"技术的孵化培育功能、天鹅湖未来科学城优美的生态环境优势,将"两城"全力打造成为高端人才集聚和高端科技成果转化的示范城。

2. 三谷

"麟湖智谷"作为科技企业孵化器,主导产业为数字经济、人工智能、文化艺术与科技服务等新兴产业。"秀水光谷"依托浙江大学光电创新中心,发挥上市龙头企业蓝特光学的核心带动力,主导产业为光学等高端制造产业。"中国睡谷"以人才企业麒盛科技为核心,主导产业为智能家居和健康链等支柱产业。

建议将"三谷"打造为雁阵中产业人才集聚和产业转型升级的"三雄雁",充分发挥"三谷"产业布局优势,科学选择 1 个首位产业,明确 2—3 个潜力产业,集中资源全力打通上、下游产业链,汇集力量引进和培育产业人才,全力打造"一谷一品"产业转型升级之路,将"三谷"全力打造成为产业人才集聚和产业转型升级示范谷。

3. 多院

"多院"是指已有数年建设基础的长三角(嘉兴)纳米应用技术研究院、长三角(嘉兴)纳米科技产业发展研究院、上海交大嘉兴科技园,以及正在全力打造的北理工长三角研究院、浙大嘉兴研究院、江南大学未来食品研究院、南方科技大学嘉兴研究院等新型研发机构。

建议将"多院"打造为"雁阵"中"人才+研发+孵化+产业"的"飞雁群"。充分利用"多院"高端人才多、研发能力强的优势,引导和鼓励"多院"发挥人才和研发优势,结合区域支柱和新兴产业布局重点领域,成立产业技术攻关联盟等,打造科技创新核心策源地,集中力量攻克产业发展中的瓶颈技术难题,成为"人才+研发+孵化+产业"示范院。

(三)"雁阵效应"(一区两城三谷多院)

在"头雁领航、雁阵齐飞"的基础上,要全力实现"一区两城三谷多院"高能级人才平台体系的"雁阵效应"。

建议在高能级人才平台体系"雁阵效应"的打造上,要遵循由点到线、由线到面、由面到体的整体发力建设思路,实施"一平台一策略",采取做强"头雁",做大"群雁",最终形成 1+1>2 的高能级人才平台"雁阵效应"建设路径。

课题组组长:谢春健

课题组成员:邓宇凡、姚宏伟、关聪威、钱佳荣

宁波加快推进龙头企业和单项冠军企业职称自主评价全覆盖的对策研究

□ 宁波市人民政府发展研究中心

高素质工程技术人员数量已成为衡量一个国家科技进步程度、生产力发展水平的重要指标和依据。宁波要成为浙江建设全球先进制造业基地的标杆城市,建成人才强市和高水平创新型城市,必须强化高素质工程技术人才队伍支撑。深化工程技术人员职称制度改革,加快推进龙头企业和单项冠军企业职称自主评价全覆盖,对于宁波市促进工程技术人员队伍发展,激发人才创新创业活力,加快建设"246"万千亿级产业集群,打造制造业高质量发展先行城市,都具有重要意义。

为深入了解宁波市企业职称自主评价现状,加快工程技术人员提质扩面,课题组召开了由县市(区)人社部门及行业龙头企业、单项冠军企业相关负责同志参与的调研座谈会,实地走访了奥克斯集团、海天集团、圣龙集团等多家行业龙头企业,并面向行业龙头企业和单项冠军企业负责人、人力资源和技术部门负责人、工程技术人员开展了问卷调查,共计回收有效调查问卷 539 份,同时向 84 家企业开展了工程技术人员队伍现状数据调查。课题组在梳理总结有关工作情况和经验做法基础上,对制约企业开展职称自主评价的主要因素进行实证分析,有针对性地提出具体对策建议。

一、加快推进龙头企业和单项冠军企业职称自主评价全覆盖的现实意义

一是优化宁波引才留才用才环境的务实之策。工程技术人员职称制度,是评价工程技术人员业绩贡献的重要手段,是体现工程技术人员技术水平和创新能力的重要标志。开展工程技术职称企业自主评价,有利于破解人才评价社会化程度不高、用人主体自主权落实不够等突出问题,有利于加快政府职能转变、激发市场主体活力,有利于企业用岗位引人、用事业留人。问卷调查结果显示,关于企业开展职称自主评价的具体作

用,企业负责人认为"有利于企业人才引进、促进人才的培养和使用"的占79.7%,排在各选项的首位,而且已开展自主评价的企业比尚未开展的企业高出12.4个百分点;在符合评定职称条件情况下对获取职称的意愿方面,工程技术人员希望获得职称的占88.8%,不希望获得职称的仅占1%。据统计,到2020年底,已开展自主评价的企业平均有教授级高级工程师1.8人、高级工程师43.7人、工程师116.1人、助理工程师217.5人,而未开展自主评价的企业平均分别仅有0.6人、7人、23.8人、33.5人。综上可见,工程技术人员普遍希望获得职称,企业开展职称自主评价有利于人才引进,能够促进人才集聚和持续成长。

二是激发企业人才创新创业活力的必要举措。人才评价是发现人才、使用人才的大前提,更是激励人才、培养人才的重要手段。企业自主开展工程技术人员职称评价,有利于确立用人企业在人才评价中的主导地位,有利于更好地发挥人才评价的"指挥棒"作用,也有利于最大限度释放和激发工程技术人员创新创造创业活力。在实地走访中发现,奥克斯集团、海天集团等已开展自主评价的企业,普遍把工程技术人员职称作为内部晋升的重要条件,有的还对获评职称人员给予一次性现金奖励,这不但激发了人才评聘职称的积极性,在企业内部形成了一种人人自我提升的良好氛围,还推动了科技研发成果持续增加。如2015年奥克斯集团开展职称自主评价以来,科技专利授权量比前五年增长了近7倍,获国家科技进步奖6个、国家级科技项目32个。问卷调查中,企业负责人认为员工获得专业技术职务"对企业有很大积极作用的"占89.1%,其中已开展自主评价企业的负责人认为有积极作用的达100%;企业人力资源和技术部门负责人认为开展自主评价,"有利于推动企业科技发展与创新""有利于企业长远发展"的都占60%以上;工程技术人员认为企业职称自主评价对不断提升技术水平"有明显促进作用"的占61%,"有一定促进作用"的占32.1%。由此可见,企业开展职称自主评价,能够促进人才评价与培养、使用、激励等相衔接,使职称评价工作与重点产业发展紧密对接、深度融合,为人才发挥作用、施展才华提供更加广阔的天地。

三是打破人才评价"四唯"倾向的有效途径。在调研已开展自主评价的企业过程中发现,工程技术职称评价体系更加突出业绩水平和实际贡献,普遍增加了科研项目、专利成果等评价指标的权重,有的还单列了产品开发、工艺革新、技改提案等评价指标,较好地克服了传统人才评价中"四唯"的倾向。问卷调查中,工程技术人员对本企业开展职称自主评价工作的满意度,表示"非常满意""比较满意"的占87.4%;尚未开展自主评价企业中,工程技术人员对本企业"希望开展自主评价"的占74.6%;工程技术人员认为企业开展职称自主评价会提高申报积极性的占93.6%。从数据统计情况来看,2020年开展自主评价企业平均申报工程师30.1

人、评定 21.8 人，未开展自主评价的企业平均申报工程师 3.3 人、评定 2.5 人，两者差距达到了 9 倍左右。由此可见，企业职称自主评价注重考核工程技术人员的履责绩效、创新成果、实际贡献，评价标准更加科学、精准、务实，避免了"一把尺子量到底"、过于学术化等问题。

二、开展龙头企业和单项冠军企业职称自主评价的现状分析

（一）宁波开展企业职称自主评价的总体状况

一是职称自评工程师比重较大。2020 年，宁波市企业新评定的工程师总数为 2008 人，其中已开展职称自评企业新评定的工程师有 578 人，占比高达 28.8%。从抽样的 23 家已开展自主评价的企业统计情况来看，近三年自主评定工程师 1108 人，占这些企业工程师总人数的 43.4%。可见，企业开展职称自主评价，既推动了企业自身工程师数量的快速增加，也为扩大宁波市工程师队伍做出了重要贡献。二是企业职称自评增长空间较大。截至 2020 年底，84 家调研企业共有工程技术人员 78790 人，具有职称的 12300 人，占比仅 15.6%，其中高级职称占 1.9%，工程师占 5.1%，助理工程师占 8.7%。已开展职称自评的 23 家企业，共有工程技术人员 59820 人，平均每家企业 2719.1 人，但有职称的占比仅为 13.9%。可见，宁波市企业职称自主评价具有较大的增长空间（见表 1、图 1）。

表 1　84 家龙头企业和单项冠军企业工程技术人员一览

工程技术人员数量结构	人数	已开展职称自主评价 23 家			未开展职称自主评价 61 家		
		平均（人/企业）	小计/人	占比/%	平均（人/企业）	小计/人	占比/%
教授级高级工程师	75	1.8	39	0.1	0.6	36	0.2
高级工程师	1386	43.7	962	1.6	7.0	424	2.2
工程师	4007	116.1	2554	4.3	23.8	1453	7.7
助理工程师	6832	217.5	4786	802	33.5	2046	10.8
无职称	66490	2340.0	51479	86.0	246.1	15011	79.1
合计	78790	2719.1	59820	100	311.0	18970	100

(二)宁波开展企业职称自主评价的实践经验

1. 积极推行量化评价指标体系

2009 年海天集团开展中级职称自主评价试点,沿用并优化了原内部评审的积分制,建立了工程师职称量化评价指标体系。自主评价逐步推开后,企业普遍采用了量化评价的方式,研究制定切合企业实际、科学精准的量化赋分体系。例如,奥克斯集团建立了由综合能力素质、专业能力素养、代表性成果三部分共 120 分的量化考核赋分体系,申洲针织设立了基本条件、专业技术能力、工作业绩成果三部分指标的百分制评价标准。问卷调查显示,95.3%的企业采用了定量评价方式,其中 60.4%的企业采用了定量与定性相结合的评价方式。

2. 鼓励采用务实有效的评价方法

企业开展职称自主评价,更加注重实际业务能力的考评,更加重视运用能够考出真实水平的评价方式。例如,海天集团突出对工程技术人员完成具体项目的考评,还增加了运用计算机进行统一工艺操作等考试内容。不少企业采用了面试答辩、业绩展示等多种评价方式,如奥克斯集团运用了"述职汇报＋面试答辩"的方式,通过面对面的交流更加深入地了解专业能力水平。问卷调查显示,关于开展企业职称自主评价的主要经验,认为企业组织集中评审时"采用答辩式或路演式面试"的占 49.1%。

3. 探索开展行业企业高级职称联合评价

2016 年海天集团参与制定了塑料机械行业高级工程师评定标准,并于 2018 年开始协助宁波塑机协会开展相关评定工作,至今已组织了 3 批次,共评定高级工程师 77 人。2020 年,吉利汽车集团会同市人社局、杭州湾新区人社局共同组建浙江省汽车行业高级工程师职务任职资格评审委员会,下设整车及零部件开发、动力系统开发、电子电器及智能化开发、生产制造及工艺等 4 个专业学科组,统一制定任职资格评审标准,面向浙江省开展评审工作。首批经初审符合条件参评的有 407 人,其中市外 83 人;评定高级工程师 214 人,通过率 52.6%,开创了企业颁发高级职称证书的先河。

(三)市外开展企业职称自主评价的典型做法

1. 深圳全面实行社会化职称评审

自 2002 年开始依托市装饰行业协会开展行业内初、中级职称评审,深圳 2013 年 5 月启动职称评定职能向行业组织转移改革试点,并于 2014 年实现社会化职称评审全部由行业协会承接。依托专业水平高、服务能力强、影响力大的社会组织承接职称评审,将人才评价权交给市场,有效激励了专业技术人才的职业发展。2019 年度,该市共有 38 家社会组织承接了 303 个专业的职称评审工作,近 1.4 万人参加社会化职称评审。

2.厦门创新产业职称评审

厦门自 2017 年在海沧区生物医药行业和自贸区厦门片区航空维修行业率先开展职称改革试点以来,职称自评改革走向纵深。2019 年首次试点在龙头企业宏发电声开展职称评审,并在航空维修行业试点开展高级工程师评价工作;2020 年依托龙头企业美亚柏科信息和宏发电声,分别开展全市大数据专业和机电元器件专业的职称评审工作。

3.山东开展技能人才自主评价

2019 年 10 月,山东首批 34 家企业开展技能人才自主评价试点,由省人力资源社会保障厅赋予评价机构备案码。试点企业根据备案时提交的评价方案,选择符合企业实际的评价内容、评价方式,对本企业职工开展技能人才自主评价。对自主评价合格的职工,由企业自行发放职业技能等级证书,并按程序将获得职业技能等级证书的人员信息录入山东省技能人才数据库,享受相关待遇。

4.杭州试点大数据类职业能力等级评价

工信部教育与考试中心先前组织开展了工业和信息化领域大数据类职业能力等级评价工作,将人员分为数据归集员、数据处理师、数据资源管理师、数据平台运维师、数据安全师 5 大类,评价等级分为初级、中级、高级,评价对象包括行业从业人员、政府人员、在校学生以及其他个人。杭州相关企业和高校参与了职业能力等级评价标准制定,率先进行大数据类职业能力等级评价改革试点。

三、推进龙头企业和单项冠军企业职称自主评价全覆盖面临的困难

(一)实现企业职称自主评价全覆盖压力较大

一是离全覆盖目标尚有不小差距。宁波市现有 181 家行业龙头企业和单项冠军企业,主要分布在高端装备、汽车制造、关键基础件等产业领域。目前已开展职称自主评价的企业有 38 家,占比为 21%,尚未开展自主评价的有 143 家。对照五年全覆盖目标,推广压力较大。二是不少企业负责人意愿不强。在访谈中,有的企业表示已有内部技术职务晋升体系,再开展工程师职称自主评价没有太大必要;有的企业认为自主评审工作量大,牵涉太多而不愿开展;有的企业担忧工程技术人员提升职称后,反而容易导致人才流失,因此不想开展。三是部分企业工程技术人员数量偏少。据统计,61 家未开展自主评价的企业平均有工程技术人员 311 人,同已开展自主评价企业的 2719 人/企相比差距较大,其中少于 100 人的企业有 28 家,占比近 50%。工程技术人员数量过少,使企业缺乏开展自主评价的"土壤"。在调研中,大多数企业认为,开展自主评价适合以内部专家为主,而未开展自主评价企业现有高级职称技术人员仅 7.6 人/企,也制约了评审专家组

的组建。问卷调查显示,对于未开展工程师职称自主评价的主要原因,选择"工程技术人才数量不足,客观上难以开展自主评价"的占36%,排在第一位。

(二)企业职称自主评价体系建设有待进一步优化

一是制定科学的职称评价标准体系有难度。在访谈中,许多企业表示,制定科学的职称评价标准体系,是开展自主评价的前提条件,也是工作难点。问卷调查显示,关于开展职称自主评价的主要困难,企业人力资源和技术部门负责人选"制定评价体系太复杂"的占46%,选"职称评价体系同企业内部任职资格评定体系难以融合"的占43.5%;关于企业职称自主评价标准存在的主要问题,认为"不同企业的标准差异较大、水平不一致"的占50%,"工程技术人员与高技能人才互通不够"的占37.7%。对于尚未开展职称自主评价的企业,希望在政府相关部门指导下制定评价标准的占48.7%。二是扩大企业评价标准自主权尚有空间。在访谈中,一些企业人力资源部门负责人表示,职称自主评价破格力度还可以再大一些,学历专业等资格条件还可以适当放宽,申报年限还可以适当缩短。问卷调查显示,对于企业职称自主评价标准存在的主要问题,认为"政府规定的破格条件不具个性化,不利于人才脱颖而出"的占50%,认为"政府规定的专业学历等资格条件比较僵化"的占46.7%,认为"企业自定义的权限还不够大"的占44.3%。三是改进企业自主评价方法有待探索。问卷调查显示,对于企业职称自主评价办法存在的主要问题,认为"量化评价办法还不够科学"的占58.7%,认为"评价流程、制度不够细化"的占52.7%,认为"人情因素对评价结果影响比较大"的占44.9%。有的企业反映,由于缺乏规范的评审流程和制度,若企业人力资源部门人员调整,容易出现工作断层,影响自主评价工作的延续性。

(三)企业职称自主评价配套政策保障措施还不够完善

一是激励政策不够有力。在访谈中,有些企业反映对职称自主评价相关政策不太了解,没有引起企业负责人的重视;有的企业还表示,工程技术人员获评职称,对企业没有多大效用。问卷调查也显示,对于未开展职称自主评价的主要原因,选"政府部门没有政策激励,企业和工程技术人才积极性不高"的占33.3%,排第二位。关于推进企业职称自主评价,企业自身可以采取的措施,认为"解决职称自主评价与企业内部人才评价结合的难题,职称评聘与岗位晋升适当挂钩"的占74.1%,排在第一位。二是评审专家、信息化保障措施尚需强化。在访谈中,一些企业的人力资源部门负责人反映,"为开展自主评审做了两年的准备","评审工作复杂,评审成本较高"等。问卷调查显示,关于企业开展职称自主评价的主要困难,认为"组织实施耗费精力太多"的占46%;对于未开展工程师职称自主评价的主要原因,选择"开展职称自主评审工作量太大,企业不愿投入"的占18%;关于企业职称自主评价办法存在的主要问题,选择"信息化、数字化评价方式欠优化"的最多,占 59.4%;关于企业开展职称自主评价碰到的主要困难,认为"评审专家比较缺乏"的占 46.4%,排在第一位。三是监管手段尚欠灵活。在访谈中,个别企业反映,有的地方参照职称评审平均通过率水平,对开展自主评价企业的通过率进行了"一刀切",因行业龙头企业和单项冠军企业的工程技术人员总体素质较高,参加社会统一评审通过率反而要比自主评价高。对比 84 家企业调查情况,近三年企业自主评审工程师职称的通过率为 67%,而未开展自主评审企业的通过率有 81.3%(见表 2)。

表 2　近三年企业职称评价对比

职称评审情况	已开展职称自主评价 23 家				未开展职称自主评价 61 家			
	平均(人/企业)	小计/人	通过率/%	占比/%	平均(人/企业)	小计/人	通过率/%	占比/%
2018—2020 年高级职称申报	11.6	267	83.1		2.8	169	84.6	
2020 年高级职称申报	6.2	142	76.1	53.2	0.9	54	75.9	32.0
2018—2020 年工程师申报	71.9	1654	67.0		8.8	534	81.3	
2020 年工程师申报	30.1	692	72.5	41.8	3.3	200	75.0	37.5
2018—2020 年助理工程师申报	22.4	515	90.9		13.8	843	87.1	
2020 年助理工程师申报	9.0	206	92.2	40.0	7.5	459	87.6	54.4

四、加快推进龙头企业和单项冠军企业职称自主评价全覆盖的对策建议

(一)建立健全工程技术人员职称评价标准

一是研究开发按岗位性质分类的职称评价基本标准。将工程技术人员分为研究设计型、应用实践型和成果转化服务型 3 类分别予以职称评价。对照国家相关部门制定的评价标准,吸纳近些年企业自主评价试行标准的有益指标,开发符合研究设计型、应用实践型和成果转化服务型等岗位特点的分类职称评价基本标准。具体工作建议由市人社部门牵头,经信部门参与,可委托相关研究机构具体实施。二是制定完善分行业、专业的职称评价通用标准。聚焦宁波产业集群布局和未来产业发展方向,面向工程技术人员集中度高的专业门类,制定更具针对性、操作性的职称评价通用标准。在总结近几年企业自主评价经验基础上,由行业协会牵头,行业龙头企业和单项冠军企业参与,共同制定相关专业评价标准,设置体现行业特色的评价模块、考核指标和评审标准。三是建立评价标准动态更新调整机制。坚持边推广边总结边完善,每三年一轮对职称评价通用标准进行修订,允许企业顺应产业发展趋势,动态调整相应评价标准。聚焦战略性新

兴产业,指导企业做好新兴职业领域人才评价标准开发工作,促进专业设置、评价标准与产业发展同步。

(二)探索建立科学、简便的量化评价体系

一是全面量化赋分评价指标。按职业道德、专业技术能力、专业工作业绩等板块,对各项评价指标分别予以赋分或者积分,充分反映工程技术人员的实际工作能力和业绩水平。二是科学分配指标分值权重。职称评价量化体系适宜采用百分制,建议职业道德、技术能力、工作业绩各指标分值分别在 10—20 分、21—39 分、40—60 分。三是合理认定团队成员贡献。完善业绩指标中团队成员的评分标准,尊重认可团队所有参与者的实际贡献。对于职称评价的业绩指标,采用加权计分,项目负责人加权值为 1,主要参与者加权值适宜在 0.4—0.7。获得省部级以上奖项的,团队主要成员都可将其当作标志性业绩。

(三)改进完善符合自主评价需求的多元评价办法

一是完善业内评价机制。鼓励企业组建专业分布合理的评审委员会,制定好具体评审办法。实行评审专家公开举荐制度,对不具备学历和资历规定但自评分达到规定分值的人员,可由 2 名本行业专家举荐参加评审。二是丰富职称评价方式。结合不同行业专业特点,综合运用能力测评、面试答辩、实践操作、业绩展示等多种评价方式,提升职称评价的科学性和针对性。三是引入市场评价和社会评价。充分发挥市场在人才评价中的基础作用,鼓励企业将开发产品销量、个人薪酬等纳入评价标准。积极推进企业职称社会化评价,对牵头制定职称评价通用标准的行业协会,支持其承接行业企业职称评审工作。

(四)积极调动企业和人才职称自评参与积极性

一方面,提高企业开展职称自主评价积极性。支持推动职称评价同人才评价、项目评审、机构评估有机衔接,同科研项目立项、平台基地建设、科技资金申请等挂钩,作为企业参评有关项目和荣誉的考核内容,调动企业积极性。加强职称评审工作信息化建设和评审专家库建设,提升评审效率。改变职称评审通过率"一刀切"的做法,允许通过率不设上限,对职称评审质量高的企业适度提高通过率。另一方面,提高工程技术人员申报积极性。合理设置职称评价条件和程序,简化申报手续和审核环节,让技术人员少跑腿、少填表、少准备资料。探索推进职称评价同企业岗位聘用、薪酬待遇等制度相衔接,引导企业设置激励措施,设立职称补贴或奖励,对获评职称人员给予一定奖励或月度补贴。

(五)推进企业职称自主评价有序扩面

一是制定职称自主评价全覆盖五年计划。按照五年内实现全覆盖的目标,制订分行业分专业分区域推进五年计划。充分发挥行业协会作用,加快职称评价标准制定,推动企业开展职称自主评价。二是建立向行业企业延伸的联评机制。探索开展职称联评试点,扩大职称自主评价企业数量。从已开展职称自评的企业中遴选示范性企业,牵头开展本区域同行业骨干企业的职称联合评审。三是探索向其他领域企业拓展的办法。选择自主评价成效较好的行业,由行业协会或龙头企业、单项冠军企业牵头,开展行业内设计研发、生产性服务业工程技术人员职称联合评审试点。选取工程技术人员较多的交通建设、农业生产等其他领域大型企业,稳步推进职称自主评价试点。

（六）扩大企业职称自主评价整体效应

一是建立职业技能等级认定与专业技术职称评审贯通机制。打通高技能人才与工程技术人员职业发展通道,实现职称制度与职业资格制度有效衔接。探索适应高技能人才的评价办法,符合条件的高技能人才可参加专技人才职称评审,同时鼓励专业技术人才参加职业技能评价。二是稳步推进高级职称自主评价试点。依托产业发展优势,积极向省人社部门争取制造业领域工程技术高级职称评审权。在已开展中级职称自主评价的龙头企业和单项冠军企业中,选择行业影响力较大、高层次人才较多的企业,进行改革试点。三是探索建立企业职称评价与内部技术职务聘任有效衔接机制。鼓励企业将职称自主评价结果列入相应层次内部技术职务聘任的必要条件,推动实现职称评价结果与工程技术人才聘用、考核、晋升等用人制度的紧密衔接。

（七）加强企业职称自主评价有效监管

一是健全企业职称自主评价综合监管体系。坚持和完善企业职称自主评价公开制度,全程接受社会和员工监督。建立健全企业职称自主评价复审评估、重点抽查、投诉核查机制,确保企业自主评价"放而不乱"。二是探索建立企业职称自主评价资质等级制度。组建企业职称自主评价质量评估小组,定期进行职称评价工作质量评估,评定企业职称自主评价资质等级,并实行动态调整、能升能降。优化职称评审比例调控,将资质等级与职称评审通过率挂钩,适当提高资质高等级企业的职称评审通过比例。三是强化职称评审倒查追责和失信惩戒制度。明确评审委员会工作人员和评审专家责任,实行评审专家退出和追责制度。建立职称申报评审诚信档案,对申报评审中弄虚作假的,严格按规定给予取消资格、三年内不得申报等处理,并将有关情况记入档案,在项目申报、奖项评审、评先评优等方面实施联合惩戒。

课题组组长:王明荣

课题组组员:徐毅

围绕共同富裕坚持产才融合加快推进泰顺"石产业"聚才平台研究

□ 中共温州市泰顺县委组织部课题组

2021年8月17日,习近平总书记在中央财经委员会第十次会议上提出,共同富裕是社会主义的本质要求,是中国式现代化的重要特征,要坚持以人民为中心的发展思想,在高质量发展中促进共同富裕。2017年2月14日,浙江省委副书记袁家军莅泰专题调研"三农"工作。当日晚间,袁家军副书记提出调研泰顺"石产业"发展工作,抵达泰顺石文创园,与潘成松、陈小甫等6位石雕大师亲切交谈,并指出,泰顺石发展要加强资源保护开发和利用,要高质量推进人才队伍建设,要全力做好品牌宣传打造。共同富裕道路上,山区县是不容忽视的一环。怎么推进?浙江泰顺紧紧围绕袁副书记重要指示精神,精准把握实践路径,坚持产才融合,找准着力点和突破点,唯实唯先、善作善成,全力推进"石产业"高质量发展,为打造"浙南明珠·最美山城"提供坚实的平台基础和人才保障。

一、泰顺推进"石产业"聚才平台建设的重要意义

时代更迭,传统文化的产业化在现代经济社会舞台上逐渐绽放异彩,愈加成为一股强势力量。在我国传统文化中,石雕刻艺术属于重要组成部分,随着千年来的发展,石雕产业已经成为人们十分重视的产业,它不但能促进经济与社会发展,提高就业水平,丰富人们的精神生活,而且打开了对外交流的窗口,这对弘扬民族文化而言意义非凡。而泰顺石雕是泰顺传统文化和传统工艺的优秀代表,研究泰顺石文化产业的发展路径,推进泰顺"石产业"不断发展壮大,对于泰顺传统文化传承与振兴,以及县域经济崛起发展和居民创业创新都具有十分重要的意义。

(一)实施文化强国战略的实践需要

文化产业未来发展前景广阔而美好,它的发展不但能够增强城市竞争力,还优化了

产业结构,转变了发展方式。文化和旅游部早在"十三五"规划中就明确提出了"必须重点发展文化产业,让其成为国民经济中的支柱性产业,在发展过程中,要设法实现创新创业,大力建设文化企业孵化器、众创空间,帮助我国相关的中小微企业在发展中有所突破"。文化产业的发展实质上是希望文旅结合、融合发展,增加发展新动力。泰顺"石产业"在这一机遇中,具有了时代发展意义,如何把握时代脉搏,勇立潮头,开疆辟土,已然成为泰顺发展的时代之要。

(二)泰顺县全域旅游发展的战略要求

近年来,泰顺确定了以文旅融合为发展目标,依靠自身生态优势,大力发展旅游事业,努力朝着旅游经济强县的目标前进。在"十三五"时期,泰顺县对外实施了百亿旅游工程,泰顺石文化创意园、人和旅游集散地、南浦溪风景名胜区、云湖天地颐养中心等众多项目相继建成落地。泰顺县本身就有着多处傲人景点,凭借着"大旅游、大产业、大景区"的理念,现阶段的目标已经确定为建设国家全域旅游示范县。在整个产业体系中,泰顺石文化产业也是至关重要的一部分,为全域旅游发展统筹规划服务。

(三)泰顺"石产业"发展的转型需要

推进泰顺"石产业"不断发展壮大,亟待我们通过石产业平台的建设,形成人才集聚效应,从而推动县域经济发展。近年来,在泰顺县委县政府的领导下,泰顺"石产业"获得了较快发展,初步显示出成为县域新增长点的潜力与趋势。但泰顺"石产业"在进一步发展过程中面临资源保护与高效利用的矛盾,为了持续充分保障泰顺"石产业"发展,泰顺"石产业"发展迫切需要全面升级,实现"石产业"向石文化产业的蜕变。在原有基础上,政府要进一步引领泰顺石的保护和利用,健全泰顺石文化产业链,将其培育成为泰顺县主导产业,从而打造区域品牌,更好地应对周边地区的竞争。

二、当前泰顺"石产业"聚才平台的状况分析

(一)基本情况

为加快推进泰顺石全产业链长远发展,泰顺县委县政府加快实施"一园一校一街一中心"产业发展平台建设。一是建立泰顺石文化创意园。该园于2016年7月投入使用,占地面积5500平方米,现入住石雕工作室51家,汇集国家级大师2人、省级大师10人、市级大师23人、学徒80多人。二是成立泰顺县石雕艺术学校。依托县职教中心平台,2016年4月,挂牌成立了温州市目前唯一一所公办全日制石雕艺术学校,年招生规模100人左右,设立3个班,并在校内设立石雕工作室、石雕艺术馆,引进校企合作企业1家。截至目前,已累计招生500人。三是建成泰顺石文化创意街区。该街区集聚了文化

企业 5 家、工作室 77 家、经营商铺超过 40 家,是集泰顺石创作、传播、展示、科普、体验为一体的主题文化创意街区,被省、市委宣传部列为重点文化创意街区。四是建设泰顺石文化展示中心。2020 年,在泰顺石原产地的龟湖镇投资 1500 万元,建成面积 3500 平方米集原石公盘交易、石雕创作与展览、原石博览等功能于一体的泰顺石文化展示中心一期,并立足该中心打造面积达 400 平方米的泰顺石原石博物馆,完成八大系列的 300 余件泰顺石展陈,填补了省内原石博物馆的空白。五是创成国内首个"中国石雕小镇"。2018 年 11 月,中国轻工业联合会、中国工艺美术协会联合授予泰顺县"中国石雕小镇"的荣誉称号,这是目前国内首个获此殊荣的区域,对培育泰顺石产业工作起到了积极推动作用。

（二）发展现状

泰顺一贯重视人才平台的建设工作,出台了一系列配套支持政策,积极引导各类创新创业资源向人才平台集聚、各类政策试点向人才平台倾斜,有效激发了各类人才平台的发展活力,体现在泰顺"石产业"平台上,主要是推动"石产业"发展逐渐成为拉动本地区创新与发展的重要举措。

1. 针对性政策进一步优化

一是因地制宜,出台产业扶持政策。为保障招才引智和培育产业企业,2016 年,泰顺县政府出台了《泰顺县扶持泰顺石文化创意产业发展的若干意见》,县财政每年安排不少于 1000 万元专项扶持资金用于鼓励和扶持泰顺"石产业"发展。2019 年,依托"两个健康"先行区创建工作,结合泰顺"石产业"发展实际,修订完善并实施了新一轮《泰顺县扶持泰顺石产业发展的若干意见》,加大提升扶持范围和力度。据统计,2017 年至2021 年,借助扶持政策面向泰顺石雕工作室及泰顺石商铺补助财政资金共计 3910 万元,其中 2020 年 847 万元,2021 年 931 万元。二是凸显优势,编制产业发展规划。围绕建设"一园一校一街区"和打造"中国名石"的目标,制定并实施《泰顺石名石打造三年行动计划（2016 年—2018 年）》;2018 年,启动并完成编制了《泰顺石文化创意产业发展规划》《泰顺石文化创意园概念规划》,全面规划泰顺石产业近中远期发展目标（2018—2050年）。

2. "石产业"平台人才加速集聚

截至目前,泰顺县从事泰顺石产业的人员达 1600 多人,与 2017 年初相比,增加从业人员 1000 多人,增幅 166.67%,其中,国家级大师 2 人(潘成松、陈小甫),实现零的突破;省、市级大师 49 人,与 2017 年初相比,增加 22 人,增幅 81.5%;助理工艺美术师达 500多人,在泰创办石雕工作室 81 家,开设泰顺石经营商户近 200 家,与 2017 年初相比,均实现了大幅度的增长。一是石雕学校启蒙一批。成立泰顺县石雕艺术学校,先后开设泰顺石雕刻、工艺品设计与制作、市场营销等专业,聘请国大师到人才学校定期授课,现有在校学生 300 多人。二是"泰智汇"导师孵化一批。2020 年,出台"泰智汇"导师计划,成立"泰智汇"石雕班,先后开展培训 18 期,聘请 9 名国内顶尖人才为"泰智汇"导师和 30 多名县内石雕人才结对孵化。三是"本土化"工匠培育一批。2021 年,《泰顺"廊桥工匠培育工程"实施方案》出台,石雕工匠为十大工匠之首。四是"走出去"培训成长一批。积极组织石雕人才参加中国美术学院工艺美术师研修班、温州市突出技能人才暨第四轮名师名家赴南开大学培训班等培训活动。五是大赛评选选拔一批。积极组织泰顺石雕大师参加 2020 年全国行业职业技能竞赛·总决赛等国内外各级平台参展参评活动 45 场次,共获得国际级工艺美术"艾琳奖"、国家级工艺美术"百花杯"、国家级宝玉石"天工奖"、国家级民协"山花奖"、浙江省民协"映山红"等各类奖项 1900 余项。组织泰顺石雕作品赴老挝、越南、泰国等国际性平台展览。

3. 平台人才引育成效进一步凸显

一是合力助推工艺美术大师评定。2018 年 12 月,推荐泰顺县省级石雕大师潘成松获评"第七届中国工艺美术大师"荣誉称号,同时,陈小甫作为泰顺县引进人才也荣获"中国工艺美术大师"荣誉称号,实现泰顺县国家级大师零的突破。目前,经泰顺县推荐获评"工艺美术大师"的包括国家级大师 1 人、省级大师 2 人、市级大师 13 人,其余 31 位"工艺美术大师"均通过人才引进入泰、返泰创业发展。二是实施"泰智汇"系列育才行动。在县委组织部(县人才办)的指导关心下,建立健全泰顺石雕人才信息数据库,编制完成了《泰顺石雕人才素质三年行动计划(2020—2022 年)》,持续抓好从业人员学理论、提技艺,求创新的良好氛围。组织开展"泰智汇"导师结对和授课活动,邀请工艺美术界的国家级评委、大师与泰顺县石雕从业人员结对,建设一支富有泰顺石雕特色的"合伙人"队伍。三是积极开展技艺技能比武。立足资源和人才优势,陆续举办了"廊桥杯"温州市首届石雕技能大赛、首届泰顺石文化博览会、泰顺石文化创意设计大赛等活动 11 场次。特别是 2020 年,泰顺县首次成功举办了国家级石雕职业技能竞赛和首届浙江省石雕技能大赛两大赛事,泰顺县 4 人获"全国技术能手"等荣誉称号。截至目前,全县泰顺石从业人员达 1600 多人,其中,国家级大师 2 人、省级大师 15 人、市级大师 30 人、助理工艺美术师 170 人、学徒 600 多人。泰顺石雕人才中陆续有 43 人次喜获"浙江省高技能领军拔尖人才""最美工匠""玉石雕刻大师"、劳模等荣誉称号;11 人获市劳模、"四个一批"人才荣誉称号;24 人获"县工匠""杰出人才"荣誉称号,石雕人才队伍质、量得到双提升。

(三)平台在泰顺"石产业"品牌打造上取得的成效

1. 市场和品牌培育

借展促进,参评参展荣获佳绩。积极组织泰顺石雕作品参加国内外各级平台参展参评活动 45 场次,共获得国际级工艺美术"艾琳奖"、国家级工艺美术"百花杯"等各类奖项 1900 余项。特别是 2017 至 2018 年,组织泰顺石雕作品赴老挝、越南、泰国等国际性平台展览,受到国内外业界人士的高度赞誉。

2.借力赋能,市场培育成效明显提升

积极谋划实施让泰顺石走出去的发展路径,在杭州西泠印社美术馆设立泰顺石印石专柜等,加大推广应用统一的泰顺石商铺标志装修风格和标识,鼓励实体经营,以点带面不断开拓泰顺石市场。截至目前,在福建、广东等省外地区开设泰顺石雕展销馆 7 家;省内主要在罗阳、泗溪、龟湖、青田等地开设泰顺石雕展销馆达 106 家。据初步统计,工艺产业年产值 2000 余万元,2017 年至 2021 年底,工艺产业产值达1.21 亿元。

3.借势促宣,品牌知名度不断增强

当今网络时代高速发展和数字化广泛应用,泰顺石品牌宣传的快捷性、覆盖面得到质的飞跃,通过微信公众号、抖音等网络载体做好每日一图和小视频信息发布,累计发表宣传信息 1000 余篇,逐步建立完善泰顺石雕作品二维码信息制度,公众扫码即可了解作品的原石种类、寓意、售价及作者信息;精心组织泰顺石雕文化进校园、进机关、进家庭、进酒店、进交通场站的"五进"宣传推广活动,使泰顺石品牌效应持续增强。

4.量化标准,提升品牌核心竞争力

2020 年,泰顺石产业研究院委托浙江省地质矿产研究所制定泰顺石定名及分级标准,现已通过浙江省分析测试协会发布正式的《泰顺石鉴定、分级及命名》(标准编号:T/zZJATA 0003—2020)浙江测试团体标准,分为青玉冻、红花石、金玉石、紫藤、木纹石、多彩石、青花石、花乳石八个系列,进一步规范了泰顺石名称和市场认定标准,为倾力打造泰顺绿色、朝阳支柱性石文化产业奠定了坚实基础,填补了一直以来泰顺石鉴定方法及分类命名标准的空白。

三、当前泰顺"石产业"聚才平台建设所面临的问题

总体来看,泰顺"石产业"平台的打造,助力泰顺在叶蜡石矿开采和产业发展方面,充分借鉴了其他地方的经验和做法,控制了矿石开采规模,扭转了无序开采加工的局面,旨在从行业管理、财政税收、品牌推广、平台建设、人才招引、开放合作等方面,培育高附加值的石文化产业,且取得了较好的成效。但与青田石、寿山石、昌化石等既有名石相比,泰顺石文化产业在品牌建设、企业和产品规模等方面均相对落后,赶超发展过程中将面临先发地区的挤压。早在 2016 年,青田石产值就接近 32 亿元,共有各类

商铺 800 家和石雕企业 200 余家,其中规上企业 14 家,亿元以上企业 6 家。随着国内其他地区叶蜡石雕刻产业的崛起,市场竞争将更加激烈。除去泰顺石雕产业起步晚、规模小、实力弱等客观原因外,主观上,泰顺县政府在扶持泰顺石文化产业发展中的职能发挥方面,相对而言还是依然存在较大不足,特别是在矿石开采、保护、监管,原石及石雕作品交易市场的规范,雕刻人才队伍的"引、育、留"等方面均暴露出短板。

(一)政府的组织监管不够完善

监管缺位导致矿石粗放开采资源浪费严重。目前,尚未建立泰顺石专业开采矿区(点),泰顺石主要从叶蜡石开采过程中拾得。其粗放式开采存在采矿点设置不合理、开采方式粗放、开采量偏大等三个方面问题,导致资源浪费严重。根据统计资料,龟湖镇已(在)开发的叶蜡石矿区主要有龟湖矿区和白岩矿区,分别由浙江龟湖矿业、泰顺县华日矿冶等企业划定的开采范围面积为 0.6336、0.0634 平方公里。其中,龟湖矿区共设有 5 个开采点,分别是牛头颈、草岗、仰天湖、龙井坑、五重垟,设计开采规模合计 50 万吨/年,年实际开采量 25.16 万吨。此外,与叶蜡石伴生的绢云母矿双临矿区年实际开采量 4.34 万吨,由龙垟村矿区流纹岩饰面石材矿年实际开采量 0.77 万吨(见表1)。

表1 叶蜡石开采企业基本情况

开采公司	所在矿区	矿石类型	矿区面积/平方千米	保有资源储量/万吨	设计开采规模(万吨/年)	采矿许可证	实际开采量(万吨/年)
浙江龟湖矿业有限公司	龟湖矿区	叶蜡石矿	0.6336	889.8	45	2010-12-13—2024-08-29	24.24
泰顺县华日矿冶有限公司	白岩矿区	叶蜡石矿	0.0634	33.17	5	2011-12-12—2019-06-13	0.92
泰顺县绢云母矿有限公司	双临矿区	绢云母矿	0.0273	19.76	5	2013-07-22—2019-09-19	4.34

资料显示,龟湖矿区现为优质泰顺石产区,且是工业用叶蜡石主要开采区,导致工业用、雕刻用矿石存在紧张矛盾关系。由于叶蜡石主要用作工业原料,工业化开采必定造成资源大量浪费,泰顺石主要由当地村民在工业石开采过程中选取得到,而青田石、寿山石、昌化石等雕刻石主要来自矿洞开采。此外,如果采用爆破的方式进行开采,可能会造成原料震碎损坏的后果,原材料无法用于大型的雕刻作品,这无异于是一种极大的资源浪费。通过整顿,叶蜡石年供应量仍然高达 25 万吨/年,市场供应量过大导致市场价格过低,矿产低效利用,资源经济价值难以体现,社会环境成本偏高,企业效益不高致使工艺技术和产品创新不足。

(二)对平台的服务保障不够到位

总的来看,随着产业的发展和外部社会发展环境的改变,土地、资金、工艺创新等要素制约的瓶颈日益凸显,政府在泰顺石文化产业发展中的供给不足,金融保险、商务会展、科技创新、教育培训、要素保障等配套服务不到位、不周全,在一定程度上阻碍了泰顺石文化产业的可持续发展。

1. 对传统雕刻工艺保护和传承创新不够

雕刻工艺的突破性进展是青田石成功走向工艺品的关键性前提。泰顺石雕技艺多为祖传或通过师徒制方式承传,传统的文化技艺逐渐衰退甚至濒临失传,且大多数雕刻人才缺乏系统的工艺美术理论教育和培训。当前,雕刻艺术不断大胆创新,文化品位日益提高,在这种大背景下石雕反而显得跟不上节奏,石雕作品创作很难创意创新。同时,泰顺石雕人才大多从外地回流,已经形成了与其他名石相仿的流派和风格。政府在泰顺石传统雕刻工艺的保护、传承和创新方面还需下苦功,引导形成具有泰顺石文化地方特色的雕刻技艺、流派和产品的任务迫在眉睫。

2. 人才供给与保障工作不够

一方面,尽管近些年泰顺石产业从业队伍不断壮大,从业人员数量猛涨,但高端人才数量不足的问题亟待解决,需要引入诸如玉雕、美术设计、计算机编程等方面的高端人才。产业迅猛发展的背后,没有人才的支撑肯定是不行的,泰顺县内在规划设计方面的人才非常稀缺,在经营管理、市场营销等方面的复合型人才也同样急切需要。政府在泰顺石文化创意产业人才队伍的建设上仍停留在浅层,亟待建立一支全方位、高层次的人才队伍;另一方面,虽然政府极力营造一个良好的本土石雕人才成长环境,加大了泰顺石雕学校学生的培育力度,石雕学校学生数有了极大增加,但是在石雕学生(学徒)就业方面却探索不足。很多学生因在县内无法依靠石雕技术谋生,选择出走青田等石雕文创产业较为发达完善的地区,或干脆放弃石雕业,造成后备人员流失严重,人才断层。众所周知,培养一名石雕从业人员所耗费的时间较长,所需精力、财力都较大,本土石雕学生(学徒)的流失,对泰顺县石雕人才队伍建设而言是极大的损失。

3. 宣传推介力度还不够

因宣传推介力度不大,泰顺石始终尚未形成较为健全、规范的市场品牌,多层次的商贸产业体系未能建立。原石交易市场散而乱,石雕产品流通不畅,线上线下交易平台不健全等问题阻碍了泰顺石文化产业商业价值的实现,这也间接导致了泰顺县石雕大师作品销售难题,在一定程度上降低了大师创新创作的积极性。另外,泰顺石还未能打造出强有力的品牌效应,市场中泰顺石仍属于小众,其认知度不高,传播范围很小;大规模的企业并不多,中小企业则实力不足,泰顺石文化产业大发展、大繁荣的局面还未真正打开。总的来看,打造泰顺石大品牌、大市场还存在诸多瓶颈因素,具体表现在品牌宣传经费紧张、县外展销平台拓展不足等。

四、泰顺推进"石产业"聚才平台建设中发挥政府职能的对策建议

从产业发展和资源保护共存共生的角度出发,补齐政府在泰顺"石产业"发展中所存在的短板,进一步加强资源整合,建立健全政府主导、市场参与的工作格局,突破泰顺"石产业"发展存在的瓶颈,促进泰顺石文化产业可持续发展。

(一)加大政府对矿石开采的监管力度

根据国家和省市产业政策及资源环境保护的要求,结合本地"生态、生产、生活"融合发展的需求,严格按照要求划定禁止开采区。完善矿山开采工艺准入条件,拉高矿山准入门槛。根据开采矿区、停产矿区、废弃矿区等分类,针对性加强绿色矿山建设。针对现有叶蜡石粒子加工厂和磨粉厂可能出现的环境污染问题,以及产品价值低等不足,依托叶蜡石产业园区建设一批符合矿石生产加工要求的标准厂房,同步建设完备的环境保护设施,限制原有企业原地进行技术改造和产能扩充,引导加工企业进行整合,加大绿色矿区至加工园区之间的道路交通设施建设力度,强化交通沿线两侧绿化隔离带建设,减少交通运输对周边居住生活的影响。

(二)强化泰顺"石产业"平台建设

石雕设计创作是石雕文化产业的核心环节,坚持发展园区化、管理规范化、经营市场化的产业发展理念,确保石雕设计创作由低端产业向高端产业和外向型产业发展,引导生产户由块状向集中转变,初步形成新的石雕加工产业集群。截至目前,泰顺县石雕工作室有77家,较为分散,大部分石雕工作室入驻的泰顺石文化创意园仅仅进行基础孵化,定位不高,无法满足产业发展需求,且每年租赁费加上租金票税达93万元。建议重新规划地块,一期面积约2万平方米,用于建设集加工、展销于一体的泰顺石雕园。其中包括石雕工作室(包含石雕大师的创作工坊和展示销售平台)、切石坊、办公场所及展销馆,以及其他配套设施。石雕设计创作区建成后,可为石雕设计创作企业和客商提供生产贸易平台,集中本地石雕加工技术人才及石雕加工基地,使集聚区成为泰顺石雕艺术品的大型创作基地。

(三)加大对泰顺"石产业"发展企业的支持力度

通过近几年的发展,泰顺"石产业"中的原石、文创产品、石雕作品都有大量的提供,但总体上还处于小、散等状态。把泰顺"石产业"做大,首先必须培育几家规模较大的龙头型企业,极大地提高产品供给。综合县内情况,建议将现行业务已实体化运行,在培育公开、透明及壮大市场上发挥了一定作用的企业,作为县内泰顺石的龙头企业进行培育,加快助推泰顺"石产业"形成创新创作和销售分离、文化和商业共赢的发展新模式。

一是国资分批适度补充资本金,增强运营能力;二是定编,核定公司正式企业员工编制,根据经营情况,定人及增扩编。

(四)围绕共同富裕目标做强石文化旅游业

衔接泰顺全域旅游谋划,借鉴青田文化旅游经验,依托现有的泰顺石文化创意园、龟湖产业园等各种产业平台,创新文化旅游产品,完善旅游接待服务,培育石文化旅游成为泰顺石文化产业和全县生态休闲旅游产业发展的新引擎。以工艺石利用为主,工业石加工为辅,构筑以原石供应、产品生产加工、市场交易、品牌宣传为重点环节的泰顺石全产业链,打造加工总产值、石雕产品产值、石雕产品销售收入、旅游及其他配套产业综合收入合计超百亿的泰顺石产业集群,培育成为泰顺县主导产业。利用泰顺石文化塑造城镇景区形象。以"山区最美县城"罗阳、茗石龟湖特色小镇和4A级以上旅游景区为重点,通过采用城市雕塑、石雕装饰、宣传手册、石雕商铺等途径,引导石文化元素融入城镇建设和旅游景区景观塑造,营造石文化特色和文化旅游氛围。积极谋划建设中国名石旅游线路,形成多重功能且独有的旅游路线。

(五)进一步加强石雕人才队伍建设

培育一批领军人才。主要目的是打造出一大批省级以上的工艺大师,实施"泰顺县领军人才培育工程",从住房补贴、优秀作品推介、项目审批、帮助借贷等方面给予帮助。在扶持省级非物质文化遗产传承人上,与省级工艺美术大师的扶持标准对标。将市级水平的工艺美术师作为重点培养对象,建立领军人才培养库,支持创业创新。鼓励工艺美术大师以及中级职称人才前往艺术学校继续深造。加强专业人才培养。鼓励泰顺县石雕艺术学校与中国美院等高等院校合作办学,以师徒制的方式,实现工艺的传承,以"政府引导、企业自主、个人自愿"的原则建立人才培养机制,定期开展相关的技能培训教育工作。改善人才发展环境。积极兑现落实人才新政政策,在泰顺石文化创意园和泰顺石(龟湖)产业园建设人才公寓、大师楼等人才集聚生活区,提高这些群体的生活待遇,定向委托培育中高层人才,吸引雕刻优秀毕业生到泰创业就业。

(六)进一步加大对泰顺石品牌的宣传推介

塑造泰顺石品牌体系。围绕"中国名石"品牌塑造,深入实施"名师、名企、名品"三位一体品牌战略,造就一批国内外知名的工艺美术大师、石雕企业和石雕艺术品。开展泰顺石品牌策划,设计出台"泰顺石"主题词、专业标志、泰顺理念及泰顺石文化、泰顺石雕宣传词。申报"泰顺石"地理标志证明商标,制定相关的商标使用规则,对泰顺石雕产地商标进行规范管理。每隔若干年在泰顺县举办一次高规格的泰顺石文化展览会,组织相关的企业携带产品参加展览会、展销会等活动,亮相品牌。运用各类媒体,加大宣传力度,尤其是要大力宣传有关矿产资源开发与保护的各项法律法规,让全民建立起相应的法律意识,让矿业权人明确矿产资源均为国家所有,必须依法、依规开矿,而且可以加大对各种矿业知识的普及宣传力度,让民众深入了解自己家乡的矿业发展历程,自觉保护资源,形成正确的资源保护价值观,让科学开发、保护资源的理念深入人心。

课题组组长:周碧素

课题组副组长:林伟强

课题组成员:夏克峰、范丽娟、张海丹(执笔)

人才科技融合发展助力共同富裕
目标任务和重要举措研究

□ 中共丽水市委组织部人才工作处

为全面落实中央、省委、市委决策部署,大力推进"双招双引"战略性先导工程,加快人才科技工作融合发展,2020年11—12月,丽水市、县两级组织部门会同市经信局、市科技局等有关单位抽调精干力量,成立人才科技融合工作调研组,实地走访9个县(市、区)、7家市直单位和院校、47家企业,访谈或座谈106位人才代表,发放并回收调查问卷235份,进一步摸清丽水市人才科技工作现状、问题短板、现实需求和融合方向,并将其作为谋划下阶段丽水市人才科技融合工作的重要参考,努力为丽水市建设共同富裕美好社会山区样板提供人才科技支撑。

2020年9月,中央人才工作会议提出"加快建设世界重要人才中心和创新高地"的宏伟目标。12月,省委人才工作会议提出"努力成为世界重要人才中心和创新高地的战略支点"的战略目标。为深入贯彻落实中央、省委人才工作会议精神,在浙江省加快打造世界重要人才中心和创新高地战略支点的征程中把握丽水方位、找准丽水路径、做出丽水贡献,市委组织部牵头成立课题组,围绕"人才科技融合发展助力共同富裕"主题开展调研,深入分析丽水人才科技工作面临的新形势新要求,梳理问题短板,明确发展路径,系统谋划当前和今后一个时期丽水人才科技融合发展的目标任务和重点举措,在此基础上形成了课题报告。

一、新时代人才科技工作面临的新形势

当前,世界正经历百年未有之大变局,人才和科技已经成为影响和改变全球竞争格局的关键变量。我国转向高质量发展阶段,对人才和科技实力提出了更高更迫切的要求。丽水要建设成为共同富裕美好社会山区样板,基础支撑在产业,潜力后

劲在科技,关键引领在人才。面对新形势新任务,需要把握阶段性特点,推动人力资本跨越发展、科技动能持续涌入,为共同富裕示范区建设开局起步提供强有力的人才科技支撑。

(一)深刻把握世界人才中心转移的黄金期

当前,全球创新链、价值链、产业链与人才链系统重塑。中央人才工作会议提出"加快建设世界重要人才中心和创新高地"的战略目标,浙江省委人才工作会议明确提出"加快打造世界重要人才中心和创新高地的战略支点"的战略目标。丽水要准确把握加快跨越式高质量发展、扎实推动共同富裕的深刻内涵,主动融入新时代人才工作的宏大布局。要走好人才科技融合发展的新路,在示范区建设中充分彰显人才科技工作的实践优势,为全国其他地区提供人才科技融合发展的丽水经验示范。

(二)深刻把握人才科技发展变革的窗口期

新一轮科技革命和产业变革加速演进,随着人工智能、智慧工厂、仪器装置等软硬件的进步,人才科技赋能作用更加突出。同时,人才要素和科技要素向大都市、大平台、大战场集聚的趋势进一步凸显,科技创新的价值含量日益增长,人才诉求趋向多元化、个性化,各地人才科技竞争千帆竞发。实现人才科技融合发展助力共同富裕,需要对理念、机制、手段、方法等进行全方位系统性重塑,既要着眼当前推动人才效能和科技活力充分释放,又要面向未来激活人才潜能、培育科技势能;既要谋划具体性工作,也要坚持系统观念,打造以人才科技为核心的创新创业生态。

(三)深刻把握共同富裕示范区建设的机遇期

近年来,丽水市人才科技工作上升势头明显,为共同富裕示范区建设开局起步提供了强有力的人才科技支撑。但从客观上看,丽水人才科技发展整体水平居于浙江省后位,战略科技力量、战略人才力量储备严重缺乏,人才政策、人才生态的竞争力薄弱。完成从弱到强、从无到有的历史性跨越,需要对过往的发展理念、发展路径有所扬弃。特别是在政府与市场的关系问题上,要改变跟跑阶段的发展策略,集中资源做好后端服务供给、重点平台打造和关键技术科技人才队伍引育;同时进一步放大市场侧优势,引导产业和企业向产业链上游、价值链高端攀升,打造创业创新生态圈、高端人才朋友圈和产业规模辐射圈。

(四)深刻把握体制机制改革的关键期

随着体制机制改革进入深水区,以"放权松绑"为主要特征的普惠式改革进入瓶颈期,需要通过差别化政策建立更加有效的激励约束机制。加快推动人才科技融合发展,要把关注重点从"重不重视"向"专不专业"转变,以提升工作的统筹性、精细化为重点,构建适应新发展阶段的组织动员体系。推进政府、市场、社会、人才、科技多元共治、同频共振,促进"产学研用金、才政介美云"等要素充分连接、集聚裂变,构建整体智治、高效协同的人才科技治理体系。

二、丽水人才科技工作存在的主要问题

调研组通过发放问卷、实地走访、座谈交流、个别访谈等方式,重点发现以下几个问题。[①]

(一)平台基础薄弱

平台建设基础弱、起步晚,产业对人才的承载力吸附力不足,高校院所人才蓄水池功能发挥有限。企业招才引智主体作用发挥不充分,大部分企业几乎没有对硕士以上学历的需求,规上企业、龙头企业一方面反映"缺人才",另一方面较少参加对外招聘活动,对人才的认识还停留在"够用就行"的层面,没有考虑转型升级和比较优势;对于中小企业和传统制造业企业,需求以操作工人为主,对创新研发的认识缺乏有效引导。高新技术企业引才"基本盘"较小。截至2020年末,丽水市共有高新技术企业455家,仅占浙江省总数的2.1%,尚未培育形成省级创新型领军企业、省级新型研发机构。高新技术产业增加值占工业增加值比重为43.79%,较全省平均低18.02个百分点。以丽水开发区为例,规上企业数只占企业总数的19%,国家高新技术企业只占8.9%。高校院所建设存在短板,2020年丽水市企业研发机构设置率为18.9%,远低于全省平均水平36.1%。本科层次院校只有丽水学院一所;拿得出硬核成果、引得进顶尖人才、招得了高端团队的科研院所几乎没有。博士、清北生、"双一流"毕业生多集聚在体制内,落到科研、教学、生产一线的很少。

(二)理念观念制约

有的地方没有树立"人才引领发展"的理念,认为产业不强人才科技工作就做不好。没有切换视角以人才科技助力产业发展,主动找出路、寻抓手的决心不够强。有的地方和部门对人才科技工作的认识程度不够深入,认为人才投资见效慢、风险大,以项目式思维对待人才科技工作,或者在工作中观望多、当主人的少。部门没有树立"行业人才由行业主管部门主抓"的意识,还存在工作推一推、动一动的情况,各方力量齐抓共管,协同构建人才科技创新生态的格局还没有形成。

---

① 调研组发放问卷235份,回收有效问卷235份,问卷填写对象覆盖9个县(市、区)和开发区,医院、高校等平台人才代表。其中,大专及以下学历占9.83%,本科学历占40.17%,硕士研究生学历占20.09%,博士研究生学历占29.91%,高级职称以上人才占60.25%。

（三）体制机制存在不适应

各地人才科技工作普遍存在"动作跟不上意识"的问题，体制机制方面的痛点堵点成为制约人才科技工作的一大短板。比如在政策的衔接上，新的引才政策越来越好，但是在丽水工作多年以上的人才获得感不强。也有用人单位反映，目前丽水人才分类目录对标杭甬，但落到企业时操作性不强，一些企业认同度高、干出实绩的人才因为缺少学历头衔帽子，无法纳入相应人才目录，享受不到支持政策。重短期轻长期、重引进轻培养、重指标轻发展等问题不同程度存在。有的地方存在为指标而引的情况，但对为什么引、引来怎么用考虑不多，导致人才引进后落地率低，人才科技与发展结合度不够紧密。在科研方面，人才反映受考核、报表、报销等事务性工作困扰较多，科研时间被挤占。科研经费普遍参照公务经费管理，同人才创新规律不匹配。青年人才科研项目启动资金、公益性科研项目等经费保障少、管理制度不灵活（见表1）。

表1　人才眼中妨碍其从事科研工作的主要因素统计

选项	小计/人次	比例/%
难以获取所需科研数据信息	91	38.89
应付各类项目考核	127	54.27
填写各类报表	105	44.87
经费报销	100	42.74
专家评审	25	10.68
座谈、调研、论坛等活动	32	13.68
其他	30	12.82

注：本题有效填写人次为235人次。

（四）人才创新创业生态不够健全

对标省内人才科技事业发展较好的地区，丽水在人才薪酬待遇、子女入学、购房安置等方面政策竞争力不足。以丽水开发区为例，人才和企业普遍反映周边生活配套、人才公寓、优质教育等资源紧缺，人才留不住问题突出。在人才事业发展上，围绕人才创新创业全周期全过程的举措还不够多，金融支持体系相较杭州、湖州等地有较大差距，科技成果转化渠道待进一步畅通。调查问卷显示，59.83%的人才还没有科技成果转化经历，人才对科技成果转化的支持需求主要体现在资金保障（65.38%）、落地平台（55.13%）、政策解读（42.74%）和程序代办（32.91%）方面。一些单位把主要精力放在分钱分物定项目上，在科技成果定价、科技成果孵化投资、科技成果收益共享等方面的创新举措不多（见表2）。

表 2 人才反映最需要的支持政策情况统计

选项	小计/人次	比例/%
职称晋升	142	60.68
薪酬待遇	192	82.05
科研项目	121	51.71
研究平台	112	47.86
经费保障	118	50.43
学术交流	63	26.92
住房保障	99	42.31
子女入学保障	94	40.17
交通出行保障	9	3.85
医疗保障	45	19.23
其他	3	1.28

注:本题有效填写为 235 人次。

(五)人才工作者队伍建设不够到位

丽水人才科技工作者队伍在理念、业务、作风等方面同发达地区还存在一定差距,主要表现在"换得快、学得少、干得慢、想得晚"。人才科技工作是政治工作,也是经济工作,综合性和业务性强,对干部整体能力素质要求较高。调研发现,县级人才科技工作队伍梯队结构有待进一步优化,有的地区"青黄不接",导致一些日常性、基础性工作难以开展。还有的干部主动学习意识有待加强,对经济规律、科技常识、论文职称等不够了解,和人才谈不上话、交不了心。很多工作出发点是好的,但方式方法、话语体系同人才不匹配,导致落地困难。

三、做好人才科技工作需要重点把握的几个问题

发展理念是发展行动的先导,是管全局、管根本、管方向、管长远的东西,是发展思路、发展方向、发展着力点的集中体现。加快推动人才科技融合发展,助力共同富裕,必须深刻领会、对标对表习近平新时代人才工作新理念新战略新举措,进一步统一思想、凝聚共识,更好指导实践。

(一)要有"山区也能干好人才科技工作"的信心和决心

高质量发展建设共同富裕示范区是丽水迎来的历史性发展机遇。人才和科技要素对区位条件的依赖减弱,丽水生态价值和环境优势的吸附力逐步提升。"五大主导产业"

布局初步呈现，人才科创赋能成效明显，新技术、新产业、新业态、新模式开始涌现。同时，丽水的后发优势也决定了对新兴产业、未来产业的高度包容。

（二）要真正树立"人才科技引领发展"的意识

人才引领创新、创新驱动发展，是习近平总书记对新发展阶段特征的深刻洞察，对发展动力机制转换做出的重大判断。要把人才科技引领发展贯穿到经济社会发展的各方面全过程，进一步提升重视程度、工作力度、投入强度。要把人才密度、科技浓度、创新强度作为项目准入的重要参考，把人才绩效、创新实效作为资源配置的重要标准，做到人才科技工作优先谋划、人才科技要素优先配置、人才科技投入优先保证、人才科技需求优先满足、人才科技氛围优先营造。

（三）要有差异发展、创道超车的前瞻布局

丽水 9 个山区县资源禀赋、产业特征、发展阶段各不相同，想要实现跨越式高质量发展，不能停留在传统的劳动密集型工业结构，必须抢抓绿色低碳转型、山海协作等发展机遇，找准发展赛道，增强发展的平衡性、协调性、包容性，走好差异化发展之路。

（四）要系统集成构建人才科技创新创业生态

人才科技创新创业生态的整体水平决定了一个地区的发展核心竞争力。要强化党对人才科技创新创业生态的统筹协调，汇聚最优政策，最大力度供给人才、服务科技。要依托数字化改革，以人才是否满意、科创成果是否活跃来评价改革成效，构建人才诉求常态受理、及时交办、限期反馈、分级评价、考核督促的工作闭环，打造以人才为核心的创新创业生态系统。

（五）要充分尊重人才科技事业成长的规律

要充分遵循人才发展规律、科技创新规律和科技管理规律，完善人才管理、改革、评价、激励制度，防止用抓项目的逻辑抓人才、用管干部的方法管人才，导致人才产生无效时间、增加无用成本。

四、丽水人才科技工作重点举措

（一）凝聚人才科技工作力量

加强党对人才科技工作的全面领导，充分发挥用人单位的主体作用，更好发挥政府作用，突出市场配置、数字赋能、整体智治，积极构建科学规范、开放包容、高效协同的人才科技治理体系。

1. 坚持党委集中统一领导

坚持党管人才原则，发挥党委（党组）总揽全局、协调各方的领导核心作用，落实"一把手"抓"第一资源"职责,做到主要领导带头重视创新、带头招引人才、带头服务人才。健全市委人才科技工作领导小组运行管理机制,常态化实施党政领导联系高层次人才制度,聘请顶尖人才和科技领军人才担任人才科技工作顾问,兼任市委人才办和市委科技办副主任,建立重大人才科技政策咨询制度,提升人才科技工作科学化水平。

2.强化牵头部门牵头抓总作用

进一步增强人才科技工作力量,围绕重大平台建设成立工作专班。切实履行组织部门、科技部门牵头抓总职责,各县(市、区)组织部、科技局应足额足编配齐配强人才科技工作干部。根据新时代人才科技工作特点,在宏观上做"加法",组织部门和科技部门多研究重大人才科技政策,多出台重点改革举措,多协调重要人才科技事项;微观上做"减法",牵头不包办、抓总不包揽、统筹不代替,更好发挥牵头抓总作用。

3.压实职能部门和县(市、区)工作职责

优化人才科技工作考核机制,压实行业领域主管部门抓人才科技工作的主体责任,在宣传、经信、教育、人社、卫健、农业农村、国资、金融等部门设立人才科技工作处室,增强人才科技工作力量。推进政府部门与高校科研院所专业人才的常态化交流机制提升专业化能力。以实绩、实效为导向,优化县(市、区)人才科技工作考核,既考核人才增量、科技含量,也考核人才实际到岗率和作用发挥情况。

4.引导社会力量积极参与

发挥企业创新主体作用,支持企业、行业协会设立具有辨识度和行业影响力的人才科技大奖,组织人才科技论坛,开展人才科技项目合作。推动国有资本更多投向人才项目和科技创新领域。支持社会力量参与设立人才创投基金、高校公益基金、人才奖励基金。促进资源回流,在留丽毕业生就业创业方面给予政策支持。加强人才科技工作理论研究,培育人才科技工作智库,加大对人才科技领域研究项目支持力度。

5.构建人才科技工作整体智治格局

以数字化手段推进人才科技治理全方位、系统性、重塑性变革。谋划搭建人才地图、科技地图、产业地图"三张地图",并加快运用要素叠加成果,着力破解制约人才科技工作推进、产业转型升级的难题瓶颈。要推动人才码迭代升级,以丽水人才码为核心,归集涉人才科技事项流量入口,实现工作"一张网"、服务"一个码"、数据"一个库"。

(二)打造人才科技创新平台

以浙西南科创走廊建设为主阵地,规划建设一批重大科技基础设施,引育一批新型研发研究机构和高水平实验室,布局建设一批人才科创"飞地",推动各级创新产业园区整合升级、二次创业,提升创新平台对人才科技要素的承载力和吸引力。

1. 聚力打造浙西南科创走廊

构建以市区为核心、瓯江为轴线的"一心一带三区多点"人才科技布局。"一心"即以中心城区为核心。按照"七子连珠"空间布局,深入推进浙西南科创产业园项目,谋划建设浙西南生态科技城,培育国际化双创人才特区(人才管理改革试验区)、中国未来建筑科创小镇、富岭科技城、七百秧科创服务核等科创集聚平台。"一带"即打造科创发展示范带,推进东部莲青缙 3 个县(区)和丽水经济技术开发区同城化发展,大力实施"一体两高"战术支持开发区和丽水学院建设,全力构筑集人才链、创新链、产业链、投资链、服务链于一体的创新创业生态。"三区"指支持龙庆经典文创、遂松乡村振兴、云景特色风情三个聚落区块的特色发展,积极构建各具区域特色的人才科技协同创新发展新机制,市县联动谋划布局一批"人才+科技+特色产业"生态智创平台,共同打造区域性人才科创基地,推动各县(市、区)规划建设人才科创产业园。

2. 加快建设高能级创新平台

引领构建浙西南重大科技基础设施网络,探索在人工智能、集成电路、新能源、生物医药等领域布局一批区域型、引领性公共平台和科研机构。重点培育建设丽水学院重点学科、龙头企业、省部共建等省级以上重点实验室。推动园区平台扩容升级,同步推进平台基础设施建设、小微园建设和产业基金谋划。充分发挥产业创新服务综合体功能,引进和打造更多重点实验室、院士和博士后科研工作站、企业研发中心等平台。促进数字经济头部企业研发中心落地丽水,推动产业链关键环节企业建设国家级、省级产业协同创新中心和企业研究院。依托丽水开发区建设先进半导体材料与芯片研究中心,打造一批体制机制灵活、投资主体多元化、创新服务能力强,具有重要示范效应的新型研发机构。

3. 多点布局建设人才科创飞地

多点布局科创、人才等各类飞地,持续打造山海协作升级版。优先在国内谋篇布局,创新合作模式,鼓励以资金、技术成果、品牌、管理等多种形式参与飞地建设,大力推进以杭州丽水数字大厦、上海张江科技园人才飞地为示范的引才载体建设,持续探索在深圳、武汉、西安等国内知名创新城市建设创新载体。支持各县(市、区)及丽水开发区在北上广或海外人才创新高地落地飞地,飞入地人才可纳入本地招引人才指标。鼓励支持有条件的企事业单位在国际创新前沿阵地布局一批"离岸孵化器""人才驿站",构建全球引才格局。探索"飞地互飞"模式,通过空间互换实现优势互补,把发达地区的资金、技术、人才优势和丽水的生态、资源、成本优势有机结合起来,实现互惠互利、长期合作、共赢发展。

(三)优化本土人才培养

充分调动高校院所、企业等用人主体的积极性,坚定人才培养自信,加大人才培养投入,创新人才培养模式,提升人才培养质量,营造人人皆可成才的浓厚社会氛围。

1.加快卓越企业家队伍建设

深入开展"丽商名家""丽商精英"和"丽商新秀"培育行动,选拔培育一批战略企业家、企业家中坚力量和优秀青年企业家,形成一支与丽水市经济社会发展相协调的创新型丽商梯队。联合高校、咨询机构,开展"订单式"培训和"双自主"培训,实现规上工业企业的企业家轮训全覆盖。完善行业职业经理人培训体系、能力素质测评体系,健全经营管理业绩评价方法,全面提升职业经理人职业素养和业务能力,重点培育一批懂计划、会组织、善管理、有眼光的高级职业经理人队伍。

2.不断壮大绿谷技能人才队伍

深入实施"百名大师、千名高徒"结对培养工程,通过大师深度结对带高徒、学校选派优秀教师参与制定培养方案的"双导师"制,联合培养一批符合丽水产业发展需求、技艺精湛的青年"匠苗"。以"金蓝领"职业技能提升行动为抓手,实施万名"匠才"职业技能培训行动,培育一批智能制造、生态制药等产业技能人才和"丽水三宝""西餐师傅"等特色技能人才。加大对技工院校发展的支持力度,争取技工院校在校生规模翻两番,丽水各县(市、区)技师学院全覆盖并争创高水平。引导校企在人才培养方面开展深度合作,对职业院校"订单式培养"提供补助。积极开展新时代浙江工匠、绿谷工匠的遴选和培育,组织开展技能人才比武、竞赛等活动,完善技术技能评价制度和补贴制度,鼓励企业建立高技能人才职务津贴和特殊岗位津贴制度,贯通技能人才与专业技术人才职业双向发展渠道,进一步提高技能人才的经济待遇和社会地位,拓宽成长空间。

3.着力培养高水平工程师队伍

立足丽水主导产业,深入开展特色产业工程师协同创新中心建设,推进工程师协同创新中心县级全覆盖。深化丽水中德"双元制"职业教育基地建设,加强重点产业技能人才引进和培养,建立创新培训的长效机制,打造共性技术平台,提升产业链供应链现代化、自主化水平。

4.做强做大农村实用人才品牌

巩固提升"缙云烧饼师傅""青田西餐师傅"等21个特色产业人才品牌效应。深入办好乡村人才专项进修班,探索构建特色产业人才学历提升、职称晋升、资格认定等成长通道。开展农民技术人员、农民高级技师等相关职称评定,组织开展市级农村科技示范户认定工作。

（四）提升人才招引成效

抢抓全球人才流动窗口期，实施更积极、更开放、更精准的人才引进集聚政策，更加有效地引进海内外高层次人才和创新团队，聚天下英才融入丽水、发展丽水。

1.大力引进高层次创新创业人才

聚焦未来产业发展，全力争取"鲲鹏行动"计划突破，深入实施"绿谷精英·创新引领提升计划"，探索与海外知名高校、研究院所、高端猎头、人才服务机构直接合作的引才新模式，着力引进活跃在产业应用领域一线的顶尖人才、团队和项目。大力引进外国高端人才，推动企业和人才申报外国专家工作站及海外工程师。发挥生态优势，用好柔性引才，吸引院士等高层次人才来丽疗休养，与丽水用人主体开展对接，实现最美生态、最优人才、最强科技携手联姻。统筹谋划、同步推进"双招双引"工作，在招引项目中同步引进关键人才，在引才中挖掘人才掌握的潜在项目。

2.强化国际人才交流与合作

鼓励和支持丽水各类创新主体、社会团体和其他机构等与国（境）外机构开展人才、技术和项目合作交流。鼓励在国际创新人才密集区和"一带一路"沿线国家布局国际科技合作网络。积极培养推送优秀人才进入国际组织。提高政府公派出国留学人员数量和资助标准，每年选派优秀中青年骨干教师、科技工作者、医务工作者、博士后研究人员以及企业经营管理人员，到国（境）外知名高校、科研院所、医疗机构、企业等培训进修。

3.打响"智汇丽水"人才科技品牌

推动"智汇丽水"人才科技峰会迭代升级，不断扩大品牌美誉度和影响力。邀请海内外高层次人才和知名引才机构参加人才科技峰会，通过顶尖人才智汇论坛、人才洽谈对接会、人才项目路演、实地考察等系列活动，打造人才活动"嘉年华"，努力将人才科技峰会建设成为浙西南招才引智的"金名片"。

（五）健全人才体制机制

遵循人才成长和发展的客观规律，以激发人才活力为根本，以授权松绑为主要手段，以助力科技创新为目标，不断深化人才发展体制机制改革。

1.深化人才管理体制改革

通过"揭榜挂帅""赛马""联合出资挂榜"等多种方式，激发科研人员积极性。给予高校、科研院所保底性经费，用于支持基础性、公益性科研项目。深化科研经费管理改革，优化经费申请、审批、使用流程，赋予项目负责人更大的自主权。改进科研人员因公出国（境）管理方式，允许高校和科研院所自主制定"横向经费使用和管理办法"。建立审慎包容的监管体系，制定科研人员专项管理办法，鼓励创新、宽容失败。健全人才信用管理体系,建立责任清单、负面清单,严肃查处学术不端、学术腐败等行为。

2. 深化人才评价体系改革

规范各类人才称号和学术头衔管理。完善人才评价标准,建立健全以创新能力、实绩、贡献为导向的人才评价体系,推动人才评价权限更多向用人主体倾斜。克服"四唯"倾向,不把职称、头衔、获奖情况等作为人才计划评审、科技项目评价的参考依据。把服务乡村振兴、助力产业发展的实际成效作为科研院所、高校科研人员职称评聘条件之一。科学设置人才评价周期,探索实施聘期评价制度,适当延长基础研究人才、青年人才等评价考核周期,鼓励持续研究和长期积累。

3. 深化人才激励机制改革

制定出台人才科技新政,强化平台赋能、要素集聚、金融支持、生态涵养,兼顾落实物质和精神、当前与长远、内部与外部的激励力度。坚持不拘一格用人才,针对社保不在丽水,但为丽水工作并做出实际贡献的人才给予一定政策支持。赋予高校、科研院所科技成果使用、处置和收益管理自主权,落实"三个区分开来"原则。加强事业编制管理,通过设立"编制池""编制银行"等方式,为优秀人才提供晋升"绿色通道"。同时加强精神激励,开展杰出人才、最美人才科技工作者等各类荣誉评选。

（六）打造最优人才生态

以不断提升人才成就感、幸福感和归属感为目标,提供全周期、全过程、全方位服务,在社会上营造重才、爱才、敬才的浓厚氛围。

1. 强化人才政治引领和吸纳

坚持党管人才,深化实施党政领导干部联系高层次人才制度,常态化开展"弘扬爱国奋斗精神、建功立业新时代"活动,发挥丽水红色文化资源优势,组织好人才国情研修和教育培训,引导广大人才坚定理想信念、增进政治认同。注重从高层次人才中发展党员,做好"两代表一委员"推荐工作。加强对人才自治组织的指导和引导,完善自我管理、自我约束、自我服务机制,增强学会、协会、联谊会等组织的吸引力、凝聚力。

2. 完善创新创业全周期服务

持续完善人才科技新政,出台更具竞争力的人才科技政策,建立成果奖励、项目奖励、特殊津贴相结合的人才支持激励体系,加大人才住房、就学、医疗等方面的配套保障。大力推进丽水"人才码"应用完善,以"人才码"为载体优化整合人才政策和服务事项,实现人才创新创业全生命周期"一码通办",通过数字赋能,变"人找政策"为"政策找人",提升政策的可及度。建设若干集招引、服务、赋能等功能于一体的人才创新创业服务综合体、人才之家,优化人才生态,让人才在丽水"无难事,都能办"。落实外籍人才及其家属国民待遇,完善人才出入境和居留落户便捷服务。设立丽水人才科技基金,创新"人才贷""人才投"等各类融资模式,做大做强人才科技发展集团和人才科技银行,加强对人才创新创业的金融扶持,加速人才企业创新发展。

3. 合力营造创新创业氛围

大力弘扬科学家精神、工匠精神,在人才公园、人才大道、人才林等载体中融入科普教育、院士寄语等元素,激发全社会创新创业热情,营造尊重人才、尊重创造、鼓励创新、宽容失败的浓厚氛围。实施知识产权战略,加强知识产权保护,鼓励加快科技成果转化。加大创新创业文化宣传,支持双创示范基地、众创空间等各类双创载体承办行业性、全国性和国际性的创新创业活动、创业大赛。优化改进表彰体系,表彰一批重才爱才育才引才先进典型。

课题组组长:陈科强
课题组成员:周小河、张凯、陈亚辉

人才队伍篇

RENCAIDUIWUPIAN

宁波打造产业工程师集聚高地的对策建议

□ 宁波市人民政府发展研究中心

2018 年 3 月 7 日,习近平总书记在广东代表团参加审议时强调,"发展是第一要务,人才是第一资源,创新是第一动力",要"聚天下英才而用之"。十九届五中全会指出,要壮大高水平工程师和高技能人才队伍。在逐步迈向经济社会高质量发展的新阶段,浙江省正着力打造全新的工程师"金名片"。面向坚定实施人才强市战略、制造强市战略和创新驱动发展战略的需求,打造产业工程师是宁波市"栽树工程"的重要组成部分,对贯通产业链、创新链、人才链、价值链,解决产业前沿技术关键问题,推动原创性技术开发和成果转化,加速特色产业提级赋能与转型升级具有重要意义。课题组聚焦加快推进宁波市产业工程师队伍建设,立足"246"万千亿级产业集群,借鉴国内外产业工程师建设经验,结合典型企事业单位调研,遵循特色产业体系及其科学技术要求,明确产业工程师的概念内涵,围绕产业工程师的界定、评价、激励,进一步打造宁波市产业工程师创新服务平台,为宁波市当好浙江建设"重要窗口"模范生构建一支强大的产业工程师队伍。

一、构建一支优良的产业工程师队伍的紧迫性

产业工程师是以推动产业发展为导向,围绕产品设计、生产制造、技术升级等环节,开展应用研发和工艺改进的工程技术人才,是引领和支撑产业发展的重要人才资源。宁波市是制造大市,制造业是立市之本、强市之基,大力培养产业工程师,集聚一大批能够突破关键技术、改进产品工艺,与产业发展需求精准匹配的产业工程师人才,突围破解"卡脖子"难题,关系着制造业转型升级,关系着经济高质量发展,因此至关重要。

(一)产业工程师对创新和经济发展意义重大

工程师创新为社会进步做出了巨大贡献,国内外重大技术革命都是工程师创新成果的应用。技术工人、高技能人才、产业工程师是支撑中国制造、中国创造的重要基础,

对推动经济高质量发展具有重要作用。2019年9月23日,习近平总书记对我国技能选手在第45届世界技能大赛上取得佳绩做出指示,他指出,要在全社会弘扬精益求精的大国工匠精神,激励广大青年走技能成才、技能报国之路。

浙江省正着力打造全新的工程师"金名片",尤其在全省布局建设产业工程师协同创新中心,通过集聚一批海内外科研院所、高校、企业等相关领域的工程师,共享技术、成果、人才等资源要素,为地方特色产业装上"最强大脑",助推浙江产业转型升级。

当前,智能制造、信息技术、光电新材料等一大批特色产业是浙江省2020年14个省级试点产业工程师协同创新中心的首要关键词(见表1),以"成熟型技术应用与推广服务"为主攻方向,强化解决企业和产业发展的痛点难点和"卡脖子"问题。目前借助产业工程师协同创新中心已集聚各类工程师2300多名(含海外工程师、星期天工程师),服务企业1400多家,逐渐成为推动浙江产业升级、确保产业自主可控、提升平台能级、补齐人才短板的一个强力支点。到2025年,浙江将建设15家左右省级产业工程师协同创新中心,集聚高水平工程师1500名。

表1　浙江省级特色产业工程师协同创新中心试点单位

序号	特色产业工程师协同创新中心名称
1	杭州(余杭)未来制造产业工程师协同创新中心
2	杭州(萧山)信息技术产业工程师协同创新中心
3	宁波(北仑)高端装备产业海外工程师协同创新中心
4	温州(乐清)智能电气产业工程师协同创新中心
5	温州(瑞安)智能汽车零部件产业工程师协同创新中心
6	嘉兴(平湖)光电和智能制造产业工程师协同创新中心
7	湖州(德清)航空航天智能制造产业工程师协同创新中心
8	绍兴(柯桥)印染产业工程师协同创新中心
9	金华(义乌)信息光电产业工程师协同创新中心
10	衢州(绿色产业集聚区)氟硅钴产业工程师协同创新中心
11	舟山智慧海洋产业工程师协同创新中心
12	台州(温岭)机电产业工程师协同创新中心
13	台州(天台)大车配产业工程师协同创新中心
14	丽水(龙泉)汽车空调产业工程师协同创新中心

宁波是制造业大市,在2018年中国先进制造业竞争力城市中位列全国前8。当前,宁波市正在全力打造"246"万千亿级产业集群培育、"225"外贸双万亿行动、"3433"服务业倍增发展行动、"4566"乡村产业振兴行动等重点产业行动计划,以及

工业互联网、"5G＋"、数字经济、智能物流等重点领域新兴产业的培育和繁荣计划。面向宁波市万千十亿级高能级产业体系,迫切需要建立一支规模合理、素质精良、专业匹配、成效显著的产业工程师队伍,支撑宁波特色产业与新兴产业培育壮大,以及传统产业的转型升级,加快打造宁波智能制造高质量发展新高地,为宁波当好浙江建设"重要窗口"模范生,推动"制造业大市"向"制造业强市"转变,提供强大的产业工程师支撑。

(二)新时期产业工程师的发展新趋势

一是社会经济与空间布局的加速推动和调整,尤其在中国制造2025、长三角一体化等国家战略的引导下,加快产业工程师队伍建设,增强自主创新能力和实力,努力实现关键核心技术自主可控,构建企业、城市、区域、国家之间更加紧密的产业联系网络与创新体系将更为重要。

二是产业工程师服务体系构建将在推动形成以企业为主体、市场为导向、产学研深度融合的创新体系上发挥更重要的作用,对加快建设创新型城市具有重要意义。构建产业工程师队伍,有利于坚持以企业为主体,通过打造一大批创新型工程师,大、中、小、微梯次分布的创新企业集群和优质领军企业来提升整体创新实力和技术实力,不断推动产业创新发展。

三是在新时期综合性智能制造产业体系下,不同产业、不同企业的产业工程师之间创新交流更加频繁。随着产业链、创新链、人才链、价值链的不断延伸和优势,人工智能(云计算、物联网、大数据、智能制造)、生物医药、纳米技术、新材料、新能源、节能环保、技术先进型服务外包等研发、生产、经营企事业之间的产业工程师的创新交流将有助于夯实创新和技术基础,推动智能制造产业体系优化升级。

四是产业工程师评价体系的动态化调整。中共中央办公厅、国务院办公厅《关于深化职称制度改革的意见》,人力资源社会保障部、工业和信息化部《关于深化工程技术人才职称制度改革的指导意见》指出,建立科学分类、合理多元的评价体系,遵循工程技术人才成长规律,健全符合工程技术人才职业特点的职称制度,实现职称制度与职业资格制度有效衔接,激发工程技术人才创新潜能,以培养造就素质优良、结构合理、充满活力的工程技术人才队伍。因此,根据行业职业特点,坚持以用为本、业绩导向,加快形成导向清晰、评价科学、管理规范的产业工程师评价体系,能有效促进行业规范管理,推动行业人才队伍建设。

(三)构建产业工程师队伍的先进经验

产业工程师在推动美国、德国、日本等国家的创新产业引领、先进技术研发和经济高质量发展方面发挥了重要作用。例如,日本在每个县都设立了产业技术振兴中心,涵盖不同产业领域,集中为中小企业服务。

在大国工匠、新型智能制造、高技能人才队伍建设等推动下,全国各城市积极构建产业工程师队伍。例如,作为长江三角洲重要的中心城市之一、国家高新技术产业基地的苏州市,在苏州工业园区积极构建产业工程师技师服务体系。2016年8月,苏州工业园区产业工程师技师协会成立,致力于成为产业工程师共同的家园,为产业工程师的能力提升、自我展示提供一站式服务,面向产业工程师队伍开展技术交流、培训服务、咨询服务和学术研究等工作。协会联合实训基地、企业、院校和社会机构等载体资源开展技术沙龙、主题论坛、商务会展、技术巡诊、项目创新等活动,指导实训基地内涵建设,承接政府部门相关工作,建立区域产业工程师、技师人才信息库,做好产业人才培育、使用、评价和激励等工作,为人才、产业、科技和招商等政府部门提供决策咨询及标准研制等服务。

广东省江门市聚焦重点产业布局,着力推进人才强市建设,实施产业工程师集聚计划,自2019年实施以专利直接申报中级职称政策以来,已评定两批次共60名产业工程师,破除了由于学历、资历不符合国家和省现行直接申报中级的条件而无法申报职称的政策障碍。

二、产业工程师将成为新发展阶段人才开发重点

(一)工程师红利就是第二次人口红利

所谓工程师红利,是指处于劳动年龄的工程师数量庞大,为发展创新型经济创造有利的人才条件。第七次全国人口普查显示,我国老龄化程度加深,60岁及以上人口占比达到18.7%,比2010年上升5.44个百分点。据预测,到"十四五"末,我国将进入"中度老龄化"社会,60岁及以上老年人口占比将超过20%,"人口红利"逐渐消退,劳动力成本不断上升。与此同时,"十四五"期间,我国每年毕业大学生超800万人,理工科类毕业生占一半以上,到2025年存量工程师将达到1亿人。但数据显示,年轻工程师的薪酬水平并没有明显同步增长。高校扩招积累的"工程师红利"加速释放,这将成为我国经济社会高质量发展的第二次人口红利,有力支撑我国新兴产业发展。

(二)产业工程师符合未来人才培养趋势

我国是人力资本大国,但是人力资本在现实中能否发挥作用,还取决于人力资本的专业结构。近年来,我国不断提升人力资本与产业发展的匹配度,将工程师作为人才培养的重要方向。2021年9月,习近平总书记在中央人才工作会议上提出,要培养大批卓越工程师,努力建设一支爱党报国、敬业奉献、具有突出技术创新能力、善于解决复杂工程问题的工程师队伍。教育部致力于新工科建设,提出"复旦共识",即"高校人才培养要

对地方经济发展和产业转型升级发挥支撑作用",并提出卓越工程师培养计划,着力培养现场工程师、设计开发工程师和研究型工程师等。人社部也高度注重产业工程师人才培养,鼓励各地建立专业设置动态调整机制,聚焦新技术、新工艺、新装备、新材料等战略性新兴产业,对工程系列相关评审专业进行动态调整,促进专业设置与产业发展同步。人社部还将工程师培养作为打通高技能人才与工程技术人才职业发展通道的重要手段,鼓励高技能人才申报产业工程师。

(三)产业工程师是产业创新发展的关键支撑

工程师创新为社会进步做出了巨大贡献,重大技术革命的标志性成果,很多都源自工程师的创新实践。进入新发展阶段,新技术新工艺将越来越广泛地应用于产业发展,推进产业结构转型升级。在产业技术迭代升级进程中,"Know How"型人才,即懂得如何进行关键工艺改进、善于解决复杂工程问题的工程师人才显得愈发重要。国家"十四五"规划提出,加强创新型、应用型、技能型人才培养,实施知识更新工程、技能提升行动,壮大高水平工程师和高技能人才队伍。面向未来产业发展需求,需要充分发挥工程师的重要作用,有力促进高端技术成果快速转换,降低企业创新成本,推动产业跨越式发展。

三、宁波市要旗帜鲜明地建设产业工程师集聚高地

(一)宁波市具有深厚的工程师情结

改革开放40多年来,各类工程师人才一直是支撑宁波市发展的重要力量,"星期天工程师""海外工程师"成为宁波市人才开发的标志性成果。在改革开放初期,宁波乡镇企业转型缺乏技术,本地产业技术人才供给不足,来自上海的"星期天工程师",成了重要的技术来源。据统计,20世纪80年代中期,每年有数千名"星期天工程师"往返于沪甬之间,服务宁波发展。21世纪以来,面对企业欠缺高精尖技术支持现状,宁波注重开发利用国际技术资源,出台专项政策鼓励企业引进海外工程师。截至2020年底,宁波市累计引进海外工程师2106名,帮助企业新增专利申请6044项,开展新产品研发和设计项目18877个,推动企业直接新增产值410.17亿元,增加利税38.63亿元。北仑成为全国首个国家级引进国外智力示范区。进入新发展阶段,宁波市要继续用好工程师这块金字招牌,推进产业工程师队伍开发建设。

(二)宁波市具有良好的基础条件

宁波市拥有高技能人才55.1万人,2020年宁波市在企业中评定工程师2008人,助理工程师6289人,产业工程师队伍建设基础较好。另外,宁波市获评国家产教融合试点

城市,正在加快探索产教融合的新型人才培养模式。如宁波工程学院成立汽车学院,专门用于培养企业产业工程师,近5年培养本科毕业生2500名,80%以上的学生进入汽车相关行业就业,1/3左右的学生进入大众、吉利等杭州湾新区企业。宁波大学科技学院与慈溪地方龙头企业合作,设立公牛学院、慈星学院等,采用联合授课、定期赴企业实习、设立企业奖学金等方式,联合培养工程技术类人才。宁波市还拥有71家产业技术研究院、1657家企业工程(技术)中心、194家企业研究院,能够培养集聚大量工程师人才。各区县(市)也在积极推动产业工程师队伍开发,如江北区拥有产业工程师人才近6000人,每年解决产业技术难题1300余项。

(三)宁波市企业(产业)对产业工程师需求迫切

宁波市拥有各类企业主体30万多家、制造业企业10万多家、规上工业企业8300多家。随着新兴产业蓬勃发展和传统制造业转型升级,对产业人才的需求层次也在不断提升。《2020年宁波人才开发指引》对"246""225"相关的13个产业进行大数据分析显示,宁波市相关企业对大专以上学历层次人才需求占比超过90%。对于"246"产业中处于人才紧缺状态的10个产业,排名前五类的紧缺岗位中,产业工程师占比超过64%,最紧缺的是Java开发工程师和机械工程师等。

(四)相关城市日益重视产业工程师人才开发

产业工程师已经成为各地日益重视的一支人才队伍,各地通过搭建高校平台、实施专项计划、构建专门服务体系等方式,集聚产业工程师队伍。如深圳成立深圳技术大学,培养应用型工程师人才。苏州市积极构建产业工程师服务体系,成立产业工程师协会,为产业工程师的能力提升、自我展示提供一站式服务。青岛、烟台等城市将人才争夺环节前置,优化调整本地高校学科,加强设置与本地产业相匹配的学科,吸引理工科学生,形成产业工程师人才"蓄水池"。

(五)现有工程师体系逐渐不适应产业发展需要

现行工程师体系形成时间较早,是基于工种、技术专业分类的体系,而不是基于产业分类的工程师体系。传统分类方式已经逐渐不适应当前产业分工和新兴产业发展的需要。对于传统产业,如汽车产业,只有笼统的汽车维修工程师一类,而没有覆盖汽车研发、设计、整车生产等领域,这些领域从业人才只能评定为机械、机电工程等类型工程师。对于新兴产业,如工业互联网、新材料,现有工程师体系中难以精准找到对应人才,企业招聘时只能寻找传统的计算机工程师、化工工程师,难以通过精准引才、精准育才推动产业高质量发展。目前工程师人才评价体系与产业匹配度不高,对产业发展的支撑和促进作用无法真正体现。

（六）有利于宁波市率先集聚优秀产业工程师人才

宁波市已经在塑料机械和汽车产业两个领域开展产业工程师评审探索，去年有500多人在宁波市申报汽车类高级工程师评审，已经具有了先行先试的试点经验。建设产业工程师集聚高地，争取产业工程师评审资格先机，可以集聚更多符合宁波市产业需求的高层次产业工程师。

四、宁波市加快集聚产业工程师人才的八项举措

面向宁波市制造业基础与产业结构转型升级，立足"栽树工程"，紧紧围绕宁波当好浙江建设"重要窗口"模范生的战略目标，结合现代化国际港口城市优势，以促进宁波制造业转型升级为主线，以培育和发展壮大制造业专业人才队伍为主题，建立符合市场需要、以职业能力为导向、以业绩为核心的具有宁波特色的产业工程师遴选标准、评价体系与公共服务平台。

（一）更加重视产业工程师队伍开发

充分认识到培养集聚产业工程师，是宁波市优化人才结构、支撑产业发展、吸引新兴产业的关键举措。通过加大培养力度、打造专门平台、优化发展环境等方式，持续扩大产业工程师队伍规模，激发其创业创新的热情和动力，将产业工程师人才队伍塑造成为宁波市人才工作又一张闪亮名片。

（二）推广宁波市特色产业学院人才培养模式

发挥宁波市国家产教融合试点建设优势，推广宁波工程学院汽车学院、宁波大学科技学院公牛学院等特色产业学院建设模式，加强高校与企业的联合培养，给予培养补贴，鼓励毕业生留甬、进入宁波市重点产业领域。争取在甬高校每年新建1—2家特色产业学院，到2025年宁波市高水平特色产业学院达到10家以上。支持在甬产业技术研究院争取办学资格，大力培养理工类本科生和研究生，给予专项政策支持，扩大宁波市产业工程师规模与提高质量。

（三）加强产业工程师培养科学指引

结合宁波市重点产业发展，在摸清宁波市产业工程师规模现状、产业分布和空间分布的基础上，及时制定发布产业工程师紧缺指数和人才开发目录，建立具有吸引力的薪酬指导标准，集聚紧缺急需型产业工程师人才。依据产业工程师紧缺程度，引导在甬高校有序优化调整学科专业设计与培养体系，加强紧缺急需型产业工程师培养。夯实产业工程师的人才培养和储备，深入实施职业技能提升行动和青年科技人才托举工程，对表现优异的企业和技能人才给予一定的补贴支持，不断提高企业和人才的创新技术能

力。立足国内国际双循环新发展格局,持续推进人才和创新"栽树工程",组建人才工程学科组,搭建学习提升平台、合作交流平台、服务社会平台、成果展示平台,推动人才跨界融合,打造"人才朋友圈",加快领军型、创新型、赋能型人才培育。加大对企业人才,特别是高新技术企业人才的选拔力度,企业人才入选比例原则上不低于30%。

(四)推动相关部门协同培养产业工程师

建议市发改委将产业工程师人才培养作为宁波市开展产教融合试点的重点和亮点工作,积极探索建立产业工程师人才培养评价体系,总结成效经验,深化创新实践。建议市经信局将产业工程师人才开发纳入新一轮制造业人才提升行动方案,与宁波市推进制造业高质量发展示范区建设紧密结合,建立一套符合宁波市制造业高质量发展的产业工程师开发体系,以高水平的产业工程师队伍助推打造"专精特新"企业,推动制造业企业实现"四上"。

(五)加快建设产业工程师集聚平台

加快推进产业工程师协同创新中心建设,找准产业定位、平台属性、方法路径和评价标准,推动人才链与产业链、创新链融合发展。按照"成熟一个,创建一个"的要求,逐步有序推进,到2025年实现10条标志性产业链和10个区县(市)产业工程师协同创新中心两个全覆盖,积极争创1—2家全省示范型平台,为产业创新发展赋能。推动重点领域和重点行业的产业工程师培训基地建设。重点支持人工智能(云计算、物联网、大数据、智能制造)、生物医药、纳米技术、新材料、新能源、节能环保、技术先进型服务外包等领域以及其他新兴产业领域的领军企业的产业工程师培训基地建设。

(六)率先探索建立产业工程师人才评价体系

落实《关于深化工程技术人才职称制度改革的指导意见》精神要求,围绕宁波市三大科创高地建设,率先开展工程职称序列优化调整探索,实现工程师评价从专业向产业的转变。积极向国家、省争取试点资格,聚焦新材料、工业互联网、关键基础件等战略性新兴产业,对工程系列相关评审专业进行动态调整,梳理形成符合宁波市实际、科学合理的产业工程师门类,建立产业细分、精准分类、有序实施的产业工程师资格认定机制。每年在重点产业探索一定数量的产业工程师评价与资格评定方案。

(七)鼓励开展市场化评价

切实发挥企业人才开发主体作用,充分运用市场机制,发挥行业协会、龙头企业、单项冠军企业的作用,率先在新材料、智能家电、绿色石化等领域探索产业工程师的评价标准和评价体系。鼓励引导熟悉特定产业发展特点的社会力量承接行业领域职称评审工作,紧密结合宁波市重点发展的"246"现代产业集群领域和单项冠军产业,支持有意愿有条件的行业协会、龙头企业等社会力量牵头制定相关专业评价标准,面向所在行业领域组织开展职称评审。稳步推进企业职称自主评价试点工作,面向宁波市行业龙头企业、"单项冠军"企业和重点骨干企业,指导有意愿、有条件的企业建立体现行业和企业特色的工程系列中级职称评价标准,努力实现行业龙头企业和"单项冠军"企业的职称自主评价全覆盖。

(八)营造更好城市氛围

充分运用宁波人才日、宁波人才科技周等重大活动,加强对产业工程师的评选表彰。探索设立宁波产业工程师活动日。定期举办高技能人才职业技能竞赛,加快优秀技能人才队伍建设。建立健全引导广大劳动者岗位成长的激励机制,促进"学知识、练本领、增技能、比贡献"的良好氛围形成,重点在生物与化学制药技术、云计算应用、工业互联网技术、5G技术应用等领域开展专项竞赛,为产业工程师培育工作奠定坚实基础,助推科技成果的行业引领与宁波市产业转型升级。

课题组组长: 王明荣

课题组组员: 廖绍云、徐毅

加强技能人才培养推进共同富裕的调研报告
——以衢州市为例

□ 中共衢州市委组织部课题组

党的十八大以来，以习近平同志为核心的党中央把人才工作摆在更加突出重要的位置，做出人才是实现民族振兴、赢得国际主动的战略资源的重大判断，做出全方面培养、引进、使用人才的重大部署。扩大中等收入群体规模，提高低收入群体收入，建造"橄榄型"的社会结构，是实现共同富裕的具体路径。技术工人是当前阶段最需要关注的特殊群体，是"扩中""提低"的工作重点以及潜力所在。怎样让没有就业的低收入群体通过技能培训实现就业脱贫，让已经就业的技术工人通过技能培训实现技能增收，这既是共同富裕建设的重要突破口，也是衢州市打造共同富裕示范区的重要抓手。围绕加快人力资源开发，衢州市委组织部联合市人力社保局组建调研组，历经一个多月时间，通过实地走访、座谈交流、征求意见、赴外地学习考察等形式，采用专班化运行、清单化落实、系统化推进等方式，深入开展高质量就业创业致富工程相关工作调研，形成调研报告。

一、衢州市技能培训基本情况

根据统计局数据，衢州市现有常住人口 228.7 万人，全社会从业人员数 127.46 万人，其中第一产业 19.19 万人，第二产业 49.86 万人，第三产业 58.41 万人。

（一）从人才总量看

根据浙江省最新统计口径，截至 2021 年末，衢州市技能人才总量达到 34.67 万，占全社会从业人员数的 27.2%。

（二）从产业分布看

衢州市技能人才大部分分布在机械数控、设备维修、汽车修理等传统产业中，但新兴产业、绿色产业等方面的人才储备较少,特别是与区域优势紧密相关的数字经济、幸福产业方面的技能人才较为匮乏。且技能人才特别是高技能人才多集中于规上企业。其中,传统产业技能人才占比 65%,高新技术产业技能人才占比 15%,服务业技能人才占比 16.6%,幸福产业和数字产业技能人才占比 0.8%,其他技能人才占比 2.6%。

(三)从技能鉴定看

《关于切实加快四省边际人才强市建设的意见》及其 22 个配套实施办法、《衢州市高技能人才振兴计划实施方案》等一系列促进高技能人才队伍建设的政策的出台,促使技能人才在"十二五"期间的鉴定量增长了 20.2%。近年来依然保持比较平稳的态势,2019 年鉴定数为 44701 人次,2020 年鉴定数为 49650 人次,2021 年鉴定数为 45549 人次。

(四)从人才培养看

衢州技能人才培养以专项能力、初级工、中级工为主,高技能人才培养占比偏低。从 2019 年取证人数看,专项能力证书占 33.4%,初级工占 21.4%,中级工占 27.6%,高级工占 16.8%,技师和高级技师占 0.8%;从 2020 年取证人数看,专项能力证书占 25.4%,初级工占 17.0%,中级工占 37.5%,高级工占 17.5%,技师和高级技师占 2.6%;从 2021 年取证人数看,专项能力证书占 39.4%,初级工占 3.3%,中级工占 32.6%,高级工占 19.3%,技师和高级技师占 5.4%。

(五)从培训主体看

衢州现有技工院校 8 所(1 所技师学院、1 所高级技工学校、6 所技工学校),民办职业培训机构 63 家,技能等级认定试点企业 247 家。从近几年培训数据来看,衢州技工院校、民办培训机构、大型规上企业,已成为技能人才培训主力军。2021 年技工院校社会培训 20259 人次,占衢州市培训数的 35.6%,民办培训机构社会培训 26398 人次,占全市培训数的 46.5%,技能等级试点企业培训 3880 人次,占全市培训数的 6.8%。

二、衢州市技能培训取得成效

近年来,衢州坚持政、校、企联动,完善政策、健全机制、注重保障,技能人才队伍建设工作取得一定成效。

(一)培训政策体系不断完善

2019 年出台的《衢州市职业技能提升行动实施办法》中,将技能提升培训、项目制培训、特种作业培训、创业培训、高技能人才研修培训、新型学徒培训、岗前转岗培训、岗位大练兵以赛代训等八大类培训纳入职业培训补贴范围,培训类型项目进一步丰富,基本覆盖技能类群体的培训需求。扩大职业技能培训补贴对象,提高补贴标准,初级工到高级技师的补贴标准从最初的 800—2500 元提高至 1000—5500 元,补贴标准在浙江省属于前列。出台《关于进一步规范职业技能培训、鉴定和竞赛工作的通知》《衢州市职业技能培训补贴操作规程》,加强培训操作的标准化和规范化建设。

(二)培训组织力度不断加大

以"金蓝领"职业技能提升三年行动计划为抓手,聚焦数字经济、高端装备制造、氟硅新材料、乡村振兴等重点领域,定期发布培训清单,大规模开展职业技能培训。2019—2021 年完成职业技能培训 18 万人次,发放培训补贴 7000 多万元;发放以工代训补贴1.2 亿元,惠及企业 2 万家、职工 20.67 万名。大力推广企业新型学徒制,发挥企业主体作用,把办学延伸至产业园区,累计开展新型学徒制培训 3268 人次。助力衢州职业技术学院成立"浙闽赣皖四省边际职业培训联盟",推进四省边际职业培训的深度交流合作,建设衢州特色培训品牌。

(三)技能大赛品牌不断打响

衢州市在浙江省率先建立起全市职业技能大赛制度。已经连续 9 年每年举办一次全市性技能大赛,围绕衢州市主导产业选择 7—8 个技术含量高、通用性广、从业人员多、社会影响力大的职业工种开展竞赛。各县(市、区)、市直单位建立预赛制度。全市职业技能大赛已成为衢州技能人才培养的一张"金名片"。2019 年开始,衢州又围绕"乡村振兴、共同富裕"主题并结合乡村产业特点,举办了 6 场各具特色的市级乡村振兴职业技能大赛、1 场四省边际乡村振兴职业技能竞赛,连续两年承办了浙江省乡村振兴职业技能大赛。通过搭建竞技舞台,以赛促训、以赛促学,带动培养各类产业技能人才 10000余名。

(四)技校建设力度不断加大

各地对技工院校建设的积极性不断提高,常山县政府和浙江吉云教育科技集团合作办学,设立常山技工学校;衢江区、龙游县通过双挂牌形式,分别设立衢州市衢江区技工学校、龙游县技工学校;江山技工学校通过不断努力,从普通技工学校升级为高级技工学校。鼓励企业办学,设立了首家专业培养康养产业技能人才的民办技工学校衢州市赛得前进技工学校。顺应区域产业发展和企业用工需求,动态调整技工院校专业设置,增设工业机器人、新能源汽车检修、网络营销等紧缺专业和方向。目前,衢州共有技工学校 8 所,其中,技师学院 1 所、高级技工学校 1 所、技工学校 6 所,开设专业 60 余个,在校生 7000 余人,学生就业率 99.5%,本地就业率 74.1%。

(五)人才培养平台不断壮大

发挥技能大师工作室、高技能人才公共实训基地、企业高技能人才培训示范基地在工艺攻关、技能研习、技能传承和技能创新方面的作用。目前,衢州市创建了国家级高技能人才培训基地1家,国家级技能大师工作室5家;省级高技能人才公共实训基地2家,省级技能大师工作室34家;市级技能大师工作室55家,市级高技能人才公共实训基地18家,市级企业高技能人才培训示范基地16家。

(六)技能激励政策不断升级

实施技师(高级技师)人才津贴制度,对在企事业紧缺职业(工种)一线对口岗位工作,所在企业已实施技术等级津贴制度,能较好发挥职业技能带头人作用的高级技师、技师,分别给予每人每年1万元、5000元的人才津贴。技师(高级技师)人才津贴制度实施以来,衢州市共发放津贴5924万元,惠及12689人次。开展浙江省"百千万"高技能领军人才、衢州市"十百千"高技能领军人才等评选,对评为技能领军人才的,给予相应激励。目前,全市获国家、省、市荣誉的技能领军人才,共370余人。

三、衢州市技能培训存在的问题

(一)技能人才规模偏小

根据座谈调研、问卷调查等发现,衢州产业发展所需一线的产业工人,尤其是技能人才还有较大缺口。行业供给不平衡,65%的技能人才分布在诸如机械数控、设备维修、汽车修理等传统行业中,与区域优势紧密相关的数字经济、幸福产业等行业人才少。一些特殊产业和新兴产业的行业工种,由于找不到相应的认定机构和认定标准,许多行业技能人才的培养途径和晋升途径中断。

(二)企业人才培养观念偏差

部分企业重引进、轻培养,没有完善的人才培养体系。因担心技能人才流失,部分企业不愿意组织职工参加技能提升培训,花大代价培养人才,不愿承担人才培训的责任和成本,也不愿组织职工参加技能大赛,担心职工争金夺银或取证后流失。不少企业存在重使用轻培养、忽视甚至不愿开展职工岗位技能提升培训的现象,单纯依靠学校和社会提供培训服务,难以发挥企业培养人才的主体作用。

(三)培养平台较为薄弱

技工院校是社会培训、技能人才培养的主阵地。目前,浙江省有108所技工院校,39所技师学院。衢州全市仅有1所技师学院、1所高级技工学校、6所技工学校。技工院校整体规模偏小,与发达地市技工院校相比差距较大。此外,办学用地资源短缺,功能配套不完善,实训设备、教学仪器设备陈旧落后等因素,制约了技工院校教学水平和教学质量的提高。

四、高质量就业创业致富衢建设思路

以"扩中""提低"为总抓手,以打造就业创业致富衢(招得来、留得下、学得进、提得高)为主品牌,扎实推进高质量就业创业致富工程理论创新、实践创新、制度创新、文化创新,促进高质量就业创业领域共同富裕工作取得标志性成果。

(一)聚焦"招得来",打造"一园双核"引才新模式

2022年,城镇新增就业3万人次以上,岗前培训率达到75%以上;到2025年,累计城镇新增就业12万人次以上,岗前培训率达到85%以上。

1."一园引聚"

强化产业园人才引聚功能,引进孵化中高端人力资源的服务机构,力争创建省级人力资源服务产业园,谋划建设人才服务专业园,加快线上数字化人服产业园建设,形成线上线下协同推进、双核驱动、多园联动的引才集聚格局,统筹各园区协同开展综合性引才服务活动。到2022年末,园区实现产值8亿元以上、税收1600万元以上、入驻人力资源机构达到30家以上、引进技能人才1000人次以上;到2025年末,园区累计实现产值32亿元以上、税收6400万元以上、入驻人力资源机构100家以上、引进技能人才4000人次以上。

2."百校联招"

开展"南孔圣地·衢州有礼"云招聘活动,每年面向国内100所以上重点高校,实施国企、民企、重大平台板块联动招才活动。到2022年末,组织云端招聘活动100场以上,引进大学生4.5万人以上;到2025年末,累计组织云端招聘活动360场以上,引进更多大学生来衢就业。协同省内和周边城市成立浙江省山区26县引才联盟和四省边际人力资源服务联盟,发挥人力资源机构作用,吸引有高技能人才培养潜质的大学生来衢就业创业。

3."千才选聘"

摸排教育卫生、重大平台、高校院所、上市公司等重点领域和单位高层次人才需求。到2022年末,征集发布硕士以上学历岗位1000个以上,其中博士研究生岗位100个以上;到2025年末,累计发布硕士以上学历岗位4000个以上,其中博士研究生岗位400个以上。面向专业优势高校、人力资源市场,开展专场招聘,启动"智汇衢州"高层次紧缺人才引进、卫健系统"引才聚智·医起向未来"、教育系统"南孔学地·教职等你"等专场招聘会。到2022年末,引进高层次紧缺人才200人以上;到2025年末,累计引进高层次紧缺人才800人以上。

4."万招助企"

突出重大项目、重点企业引才，"一企一策"制定企业招聘服务方案。到 2022 年末，组织各县(市、区)在城区、集镇、乡村等地灵活设摊招聘 300 场以上，吸纳外出务工人员本地就业 1 万人次以上；到 2025 年末，吸纳外出务工人员本地就业 4 万人次以上。组建赴外招才(工)小分队，利用春节假期组织赴湖南、江西、云南、贵州、四川等在衢务工人员集中地开展招聘。到 2022 年末，为企业招聘市外务工人员 6000 人次以上；到 2025 年末，累计为企业招聘市外务工人员 3 万人次以上。支持人力资源服务机构参与赴外招聘，按规定给予就业创业服务补贴。

(二)聚焦"留得下"，打造"名利双收"服务新机制

2022 年，法定户籍人口基本养老保险参保率达到 95％以上，企业留岗率达到 65％以上；到 2025 年，法定户籍人口基本养老保险参保率达到 97％以上，企业留岗率达到 75％以上。

1. 开展万人培训

开展重点企业培训需求摸底行动，制定万名产业工人大培训方案，充分发挥企业培训主体作用，支持企业广泛开展岗前培训、岗位技能提升培训、高技能人才培训、新型学徒制培训等各类培训。加强校企对接，引导本地职业(技工)院校、职业技能培训机构紧紧围绕企业紧缺急需工种开展职业技能培训，支持开展订单式、定向式及项目制培训，持续提升培训内容与企业需求的契合度，全年开展各类产业工人培训 5 万人次。

2. 拓宽晋升渠道

促进技术工人成长，完善职业发展通道，拓展职业技能等级设置，探索建立包括特级技师等级在内的"新八级"制度，提升技术工人职业发展空间。推动技能人才与专业技术人才职业发展贯通。引导企业建立健全符合技能人才特点的工资分配制度。指导企业对技能人才建立以岗位价值、能力素质、业绩贡献等为参考的岗位绩效工资制。定期发布工资价位，指导企业合理确定技能劳动者的工资水平。到 2022 年末，城乡居民人均可支配收入增长 5％以上；到 2025 年末，城乡居民人均可支配收入增长 8％以上。

3. 提升社会待遇

建立联系高技能领军人才制度，推进高技能领军人才在工会、共青团、妇联等群团组织挂职或兼职。落实高技能人才在入户、子女入学、住房等方面的政策待遇，提升高技能人才职业荣誉感。引导企业合理安排生产，落实好工资、休假等待遇保障。组织开展各类文娱活动，丰富技能人才文化生活。到 2022 年末，外地高技能人才在衢州落户并购置住房比例达到 70％(五年)左右；到 2025 年末，外地高技能人才在衢州落户并购置住

房比例达到85%(五年)左右。

4.提高补贴标准

发挥企业主体作用,鼓励企业建立学徒奖学金、师带徒津贴等奖励激励制度。完善政府职业技能培训补贴机制,实行企业、机构、个人并行的培训补贴模式,在科学评估市场需求和培训成本等要素基础上,适时调整培训补贴标准。实施技师(高级技师)人才津贴制度,对在企事业紧缺职业(工种)一线对口岗位工作的技能人才,所在企业实施技能等级津贴制度的,给予技师(高级技师)人才津贴。

5.发放留岗红包

根据新冠疫情形势,政府酌情发放红包支持企业留住外地员工在衢过年,对规模以上工业企业、规模以上(限额以上)服务业企业、建筑业产值2000万元以上的市区建筑业企业(含园林绿化企业)中非衢州户籍并在衢过年的外地员工一次性发放节日红包,最高额度1000元现金。外地员工节日红包由所在企业负责在春节期间提前预发到位,之后由企业通过"政企通"统一向所在区块申报,市级相关部门根据需要协助审核。

(三)聚焦"学得进",打造"德技双修"发展新平台

2022年,培训得证率达到75%以上,开展新产业工人培训5万人次以上、工匠认定0.5万人次以上、新农人培育1万人次以上、创业培训0.5万人次以上;到2025年,培训得证率达到85%以上,累计开展新产业工人培训20万人次以上、工匠认定1.5万人次以上、新农人培育4万人次以上、创业培训2万人次以上。

1.搭建线上共富培训平台

以浙江省智慧技能平台为基础,聚焦本地培训报名、岗位推荐、求职招聘、创业服务、培训情况汇总等服务需求,建设"共富培训平台"。平台聚焦企业和劳动者需求,通过整合全市培训政策和培训资源,打通企业和个人获取培训信息渠道,实现对参加职业培训人员的合理引导、培训检索报名、实名培训服务、宏观分析、就业推介等功能,达到针对用户特点筛选匹配培训、就业信息,实现系统智能推送信息服务。到2022年末,建成"共富培训平台";到2025年末,"共富培训平台"提供培训服务15万人次以上。

2.创新线下共富学院平台

按照"校企融合、工学交替、产训一体、创业导向、技能为本、体现实效"原则,在衢州职业技术学院建设四省边际共富学院,采取"总校+专业教学区"的培训架构,把共富学院打造成在四省边际最具影响力的就业创业培训领军学校。由衢州市人力社保局、市农业农村局作为主管部门,衢州职业技术学院作为"总校",成立"领导小组+校委会"的扁平化领导体系。领导小组负责整合资源、统筹资金、制定规划等工作。校委会负责学

院顶层设计,研究培训政策、培训规划、培训计划、绩效考评等重大事项。2022 年,第一批先行设定"新蓝领、新工匠、新农人"等 3 大专业教学区 20 个专业教学点,分类设置特色培训课程,通过"授课＋实践""线上＋线下"等方式承接具体培训任务。到 2025 年,形成一批具有衢州特色的专业教学点。

3. 打造新型农人培育平台

推进高素质农民培训,围绕农业主导特色产业,集中开展全产业链培育,到 2022 年末,衢州市完成高素质农民培训 1400 人;到 2025 年末,全市完成高素质农民培训 5600 人。推进农村实用人才培训,以乡村振兴和现代农业发展人才需求为导向,分级分类开展生产型、经营型、技能服务型、技能带动型和社会服务型五类农村实用人才轮训。到 2022 年末,衢州市完成农村实用人才培训 8600 人;到 2025 年末,全市完成高素质农民培训 34400 人。推进农民学历教育,依托高素质农民培育深化"农民中专生培养",实施农民中职教育培训。到 2022 年末,衢州市新招收农民中职学生 425 人;到 2025 年末,衢州市新招收农民中职学生 1700 人。开展农民普及性培训,组织具有一定文化基础、身体健康、有意愿的农业从业人员和农村居民参加农业实用技术、形势政策、思想道德、民主法制、科技知识等方面的普惠制培训。到 2022 年末,衢州市完成农民普及性培训 2 万人;到 2025 年末,全市完成农民普及性培训 8 万人。

(四)聚焦"提得高",打造"质效双优"工匠新体系

2022 年,各工种工资指导线达标率达到 75%以上,城乡居民人均可支配收入分别增长 8%、10%左右;到 2025 年,各工种工资指导线达标率达到 85%以上,城乡居民人均可支配收入增长 8%以上。

1. 建立"致富指数体系"

探索建立高质量就业创业致富指数,以百分制赋分的形式反映就业创业致富工程现状,设定一级指标 4 个、二级指标 8 个、三级指标 20 个。一级指标分别为:培训提升致富(24 分)、就业创业共富(26 分)、社保提待护富(10 分)、收入提高增富(40 分),共计 100 分。高质量就业创业致富指数用于评价通过培训致富增收人员的总体状况,综合体现各职能部门、单位对"就业创业致富"的思想认识、日常融入、环境营造等情况。通过权威媒体公布,对就业创业致富工程建设推进有力的部门或单位予以正向激励,对指标分值偏低的薄弱环节提出具体优化清单,并反向推动执行力较弱的部门进行改善优化。

2. 制定"工资指导线"

制定分工种工资指导线,适时调整衢州市最低工资标准,培育规范人力资源市场,建立完善人力资源价格机制,发挥市场对人力资源配置的基础性作用,更好地指导企业完善内部工资分配和人工成本管理,为企业合理确定工资水平和各类人员工资关系,开

展工资集体协商提供依据;更好地促进劳动力市场形成合理的价格水平,为劳动力供求双方协商确定工资水平提供客观的市场参考标准,减少供求双方盲目性,提高劳动者求职成功率和劳动力市场运作的整体效率;积极引导劳动力的合理、有序流动,调节地区、行业之间的就业结构,促使劳动力价格机制与劳动力供求机制紧密结合。健全薪酬激励机制,优化绩效工资总量管理和突出绩效目标考核办法,逐步提高表现突出人员收入。加强高层次人才薪酬激励,选取部分"两专"型高层次专业技术人才,探索实行年薪工资、协议工资、项目工资。

3. 认定"星级工匠"

拓宽人才培养晋升通道,加强人才梯队建设,强化政策支持力度,提升人力资本价值,以能力、业绩、贡献为导向,创新开展与衢州产业发展相匹配的适用型、应用型、实用型"三衢工匠"人才评定工作,每年为全市各类用人单位评定不少于5000人,带动提升"两勤""两专"、促进"培训致富",更好地发挥"三衢工匠"在打造四省边际共同富裕示范区和建设四省边际中心城市中的积极作用。

4. 探索"职技融通"

探索高职教育和技工教育合作新路径,尝试以"技工教育牵手高职教育"职技融通模式,搭建高职院校与技工院校间的"立交桥",开启"高职院校+技工院校"的技能人才培养模式。探索打造"高职院校+技工院校"联合培养教学点,积极推进"学历证书+职业技能等级证书"制度试点,携手培育实操技能和理论框架共同提升的"新技师"。加强高职院校和技工院校在世界技能大赛选拔赛、全国全省全市技能大赛、全国职业院校技能大赛方面的交流与合作,实现职业技能教育助推经济发展、助力产业腾飞的共同目标。

5. 实施"专技提升"

做好专技人才"选育用"全链条提升工作,充分发挥专技人才在推进高质量就业创业致富工程方面的作用。加强"选"上提升,围绕衢州六大产业链挖掘可申报国家、省、市高层次人才项目人选,深入实施市新"115人才"选拔培养工程,加强对人才评选事项的指导培训,为"工业强市、产业兴市"战略凝聚人才力量;畅通职称评审"直通车"渠道,推进高技能人才与专业技术人才职业发展贯通,加强对企业职工参加职称评审的宣传指导,扩大政策影响面。加强"育"上提升,高质量打造专业技术人员继续教育学习平台,鼓励支持企业人才参训进修,推进全市新"115人才"综合能力提升培训班、专业技术人员高级研修班等培训项目机制化、常态化;完善职称评价体系,引导各评委会加快建立以创新价值、能力、贡献为导向的职称评价标准,规范职称评审流程、创新职称评价方式,提高职称评审的针对性和科学性。加强"用"上提升,深入推进专家服务基层活动,为基层排忧解难,助力企业转型升级,提升衢州人才服务产业能力水平。

五、加快高质量就业创业致富衢建设相关建议

（一）加强党建统领

充分发挥基层党组织及基层网格作用，利用"三联工程"、党建联盟等载体，发挥党员先锋模范作用，带动群众提高技能、就业增收。同时，将就业创业工作纳入基层考核，保障高质量就业创业致富衢在基层顺利推进。

（二）建立工作专班

成立由市委市政府领导为组长，相关部门分管领导为成员的高质量就业创业致富衢工作领导小组和工作专班，加强统一领导、面上统筹和具体协调，做好规划编制、计划拟定、任务推进、督促检查和情况综合等工作。

（三）纳入综合考核

将高质量就业创业致富衢建设工作纳入市委、市政府年度综合考核，压实各部门、各县（市、区）主体责任。根据指标完成情况进行排名，对于考核排名倒数的单位和县（市、区），年度考核给予扣分。同时，将此项工作纳入市委督考办年度督查计划，每季度督查一次，并予以通报。

（四）完善政策体系

加强政策研究，出台有实质内容的激励政策，围绕"招得来、留得下、学得进、提得高"目标，各成员单位从如何引进、如何培养、如何留住、如何提高等方面，结合部门职能出台激励政策，不断优化衢州落户、社保、医保、教育、住房、就业等政策，形成前瞻性、系统性、全链条政策体系，不断优化就业环境，提升城市吸引力。

（五）强化资金保障

建议尽快解决项目资金保障问题。一方面，各成员单位要主动向上争取，加强与部、厅工作对接，积极争取在项目资金上的支持；另一方面，要加大市财政资金投入，解决共富培训平台项目、"三衢工匠"星级评定、就业创业致富衢宣传片等项目的资金保障问题。

（六）加大宣传力度

各成员单位要利用各种有效方式和载体，结合部门职责开展全方位、广覆盖、多形式宣传，以群众喜闻乐见的形式，充分展现就业创业致富衢工作成效，引导社会各界和广大群众积极参与其中，营造浓厚的高质量就业创业致富衢建设氛围。

课题组组长：陈玲芳
课题组副组长：徐宾、牛建彪、胡浉浉
课题组成员：管陆云、王瑜、毛俊涛、施嘉诚

绍兴以建设特色产业工程师协同创新中心
探索培养卓越工程师队伍新路径

□　中共绍兴市委组织部

　　浙江省从制造业起步，以实体经济见长，对于精通制造工程技术、善于解决复杂问题的工程师有着天然需求。作为"酒缸、酱缸、染缸"闻名的传统制造重镇绍兴，近年来针对块状经济长期积累导致的中小企业产业层次低下、创新能力不强及工程师引不到、养不起等问题，根据浙江省委组织部部署，立足本地传统特色产业，相继建成印染、集成电路、珍珠、袜业、伞艺、厨具、轴承等七大特色产业工程师协同创新中心，把以前的"星期天工程师"集中请在"家门口"、集成到平台上。通过对接转化高校院所科研成果，协同解决当地产业企业技术难题，提供个性化创新服务，既探索培养卓越工程师队伍，又推动人才赋能特色产业转型升级、长高长壮。当前，绍兴已实现从"老三缸"经济到布片、药片、芯片"新三片"经济的跃迁，成为浙江唯一"腾笼换鸟"考核八连冠城市，探索培养卓越工程师队伍相关做法被《新闻联播》《人民日报》《新华每日电讯》等央媒深度报道。

一、总体情况

　　目前，绍兴累计引进集成电路、纺织印染等特色产业领军人才 1844 人（其中国家级领军人才 325 人、省级领军人才 249 人、"名士之乡"英才计划人才 1270 人），七大协同创新中心累计入库工程师 2072 人，其中全职工程师（由中心或入驻单位全职引进）167 人、柔性工程师（中心合作的高校院所和市外企业专家）520 人、共享工程师（中心合作的本地企业工程师）1385 人，集聚相关产业院士专家工作站 9 家。特别是绍兴集成电路产业已纳入长三角一体化发展规划纲要，成为两个国家集成电路产业创新中心之一，作为首批"万亩千亿"新产业平台。2021年实现全产业链产值400.7亿元,同比增长33.3％;印染产业实现全产业链产值1189亿元,超全国产能1/3,现代纺织产业集群入选国家先进制造业集群试点示范名单;伞艺产业产值超130亿元,产销量近全球市场的1/3;袜业产业相关产值超750亿元,产量占全国的70％、全球的35％;珍珠产业实现产值400亿元,淡水珍珠产量占全国的80％、全球的73％以上;厨具产业产值165.3亿元,集成灶等产销量占全国同行业的60％;轴承产业集群生产总值108亿元,国内市场占有率超10％。

二、主要做法

(一)集约资源破解行业"共性需求"整合难

针对以往产业平台整合效率低、资源拉动见效慢等问题,协同创新中心积极导入外部优质资源,集约场地、资源、设备等共性需求,引导单体性、零星化平台有机联动,为工程师开展技术研发和中小企业转型升级提供精准、便捷、经济的配套保障。一是完善运营机制。协同创新中心坚持"政府主导、市场化运作"思路,以第三方运营为主,并结合属地产学研合作实际,多元吸纳头部企业或高校院所作为运营主体。印染产业协同创新中心由浙江省轻纺城先进印染创新有限公司作为运营载体,轻纺城、龙盛等9家龙头企业及高校作为股东单位加以扶持;袜业产业协同创新中心由浙江纺织袜业研究院负责日常运营,属地街道提供硬件及资金支持。目前绍兴市协同创新中心已投入运营经费超1.7亿元。制定了《工程师协同创新中心运行管理办法》等长效机制,保障成果转化、项目交流等日常工作规范推进。二是提供配套场景。绍兴市7个协同创新中心总建筑面积18.2万平米,配套工程师工作室、研发实验中心、检验检测中心等"全场景"应用区块。集成电路产业协同创新中心设置IC测试、研发、实验等空间,兼顾培训、路演等功能,实现基础研发到落地推广"全流程配套";印染产业协同创新中心引入环评、设备维保等第三方服务机构,保障印染项目快速落地;厨具产业协同创新中心配备空气性能试验台、噪声试验台、先进材料表面处理实验室等,搭载768核CPU的高性能计算机群,峰值计算能力达到73.72 Tflops。三是吸纳最强平台。集成电路产业协同创新中心集聚北京大学、浙江大学等高校在绍科研院所10家,合作建立了IC/MEMS封测平台、EDA/IP、MPW服务平台等,并与工信部人才交流中心筹建集成电路产业国际智力创新中心,与清华大学微电子学院筹建国家集成电路产教融合中心;轴承产业协同创新中心入驻了国家级轴承和机械产品检测中心、轴承行业协会、陀曼智造等机构,常年在绍开展轴承产业相关产学研的研究生导师团队多达15支。

(二)多维联动破解企业"单兵作战"引才难

聚焦民营企业"难引天线"、校院人才"难接地气"、"土专家"难有"用武之地"等问题,绘制从顶尖到基础、国内到国外、上游到下游的"工程师分布地图",按图索骥、精准对接,真正集聚一支善于解决复杂工程问题的工程师队伍。一是院士专家"领"人才。引进国际顶尖院士专家作为"灵魂人物",通过顾问指导、短期兼职等方式参与技术攻关。如集成电路产业协同创新中心邀请邱爱慈、郝跃等国内外院士专家39人,成立集成电路院士专家智库,现已牵头尖端科技攻关5项。二是校地合作"聘"人才。印染产业协同创新中心与江南大学等4个共建研究院合作,聘请入库印染产业高端人才70余名,打通高校科研成果转化"最初一公里";袜业产业协同创新中心与曼彻斯特大学等35家全球知名高校、中国纺织工业联合会等10家行业协会合作,通过项目制等形式柔性聘请工程师119人。三是深入车间"挖"人才。聚焦环保安全等共性领域,挖掘"深藏"在企业车间的实操型"土专家"565人,变原来的"单家企业所有"为面向整个中心的"共享工程师"。如定型机易燃是印染行业普遍关注的安全问题,在印染产业协同创新中心协调下,从事印染行业40余年的"土专家"王柏根通过分享水喷淋技术,为30余家企业解决了定型机废气收集管道易燃的问题,有效减少了安全生产风险。

(三)协同攻关破解产业"核心技术"攻克难

依托人才技术优势,以"卡脖子"核心技术攻关、成熟技术成果应用、创业项目孵化为重点,为产业固链补链强链持续赋能,2021年绍兴市协同创新中心参与形成高价值发明专利6064件。一是"技术攻关"解共困。积极开展项目制、"揭榜挂帅"等关键共性技术攻关活动,入库工程师参与技术服务达2400余人次,解决企业技术难题420余项。轴承产业协同创新中心建成浙江省唯一轴承行业工业互联网平台——"轴承云平台",上云设备超过2.2万台,入驻轴承产业相关服务机构20多家,集聚500余名专家"在线揭榜";工程师王潮霞通过印染产业协同创新中心开展项目合作,为吉马良丝公司等7家企业破解"高性能大丝束新型碳纤维材料"等7项共性难题。二是"技术共享"降成本。印染产业协同创新中心针对行业共性技术需求,以"技术团购"方式推广共享多项成熟技术,大幅降低企业研发成本。如工程师王江开发的"印染企业数字化改造"项目,由印染产业协同创新中心协调12家企业集体购入,相比单独购置价格降低30%,节约企业改造成本360余万元;珍珠产业协同创新中心购入流量、浮现权等资源,与抖音、快手等电商平台签约成立珍珠直播基地,入驻直播商家1200余家,2021年实现线上销售180亿元。三是"技术孵化"强引领。积极争取政策、渠道等各类资源,支持入库工程师自主创业,孵化高层次人才创业企业510余家。省级领军人才李军配博士从事"大分子染料"独创专利技术成果转化,在印染产业协同创新中心协调下,其创办公司获本地印染企业500万元股权融资,开创了中心入库工程师与印染企业股权合作的先河,现已成功挂牌浙江省股权交易中心创新板及国际板。

（四）数智赋能破解人才"发展梗阻"畅通难

积极探索以数字化改革推动人才发展体制机制重塑，将协同创新中心打造成为卓越工程师训练营、孵化器、集散地。一是搭建产业工程师"数字仓"。组建印染产业工程师人才库、技术成果库、企业需求库，及中国轻纺城印染人才技术网"三库一网"数字仓，搭建集成电路创新网络互助平台和"人才技术超市"，常态化开展入库工程师"云问诊""云培训"等。樊鸣等运维工程师就通过"人才技术超市"，对接20余家印染企业，完成互联网平台搭建和车间数字化改造；伞艺产业工程师协同创新中心通过"微伞城"小程序连接村级便民服务中心，实时发布企业人才需求，充分激活因用工周期带来的闲置劳动力。二是打通职称晋升"快车道"。以率先建立滨海新区人才管理改革试验区为契机，开展职称制度改革试点，在特色产业共建研究院、头部企业、高新技术企业中试行中级职称自主评审，并将入库工程师学习参训、实操能力、服务情况等纳入考评，破除资历条件约束。入驻印染产业协同创新中心的"老焊工"丁卫松仅高中学历，在中心积极争取申报下，破格获评正高级职称。三是探索数智服务"全周期"。聚焦"人才获得什么、企业需要什么、政府服务什么"，开发浙江省首批"浙里工程师"多跨应用场景，设置"浙里成长、浙里共享、浙里解答、浙里服务、产才谱系"等五大功能，以工程师发展积分体系，吸引了全国8791名纺织印染工程师在线入驻，累计发布高质量成果73项、服务企业506家。此外，通过"人才码""企业码"等平台多跨协同，实现服务"一码全享"、政策"一键智兑"、事项"一件联办"，切实提高人才、企业参与度、活跃度。

三、典型案例

（一）牵线设计工程师打造"网红爆款"

取得复旦大学硕士学位的工程师朱媛娥，拥有十几年的从业经验，在袜业设计领域具有一定知名度，为诸暨企业破解了多项"卡脖子"技术难题。随着袜业逐步迈向"时尚化""个性化""定制化"，浙江东方缘针织有限公司通过袜业产业协同创新中心牵线搭桥，聘请朱媛娥担任"慕尚妍"丝袜品牌营销总监，对"菠萝袜""可乐袜"等38款产品进行延伸开发。以"菠萝袜"为例，该产品采用一种特殊原料可熔氨纶，解决了丝袜易勾丝的问题，即使塞下两只菠萝也不会勾丝，故而取名"菠萝袜"。朱媛娥团队在前期产品基础上，制造过程中新增丝线原料挂晒和挂抽工序，使丝袜纹路更清晰，并增加了透气排汗功能，推出了升级版"菠萝袜"。即使在市场受到新冠疫情冲击情况下，发布首月仍获得超600万件订单，成为年度"网红袜"。

（二）引入成熟技术破解共性难题

近年来印染行业对产品品质、生产效率、现场环境和管理的要求急剧增高，亟须借助先进的染化料智能配送系统提高印染质量,节约染化料成本和劳动力,实现精确化管理。绍兴福元科技有限公司创始人权五大是印染产业协同创新中心引进的海外工程师,他于2008年创办了韩国(株)福元科技,专业研发染色行业工程自动化软件及硬件设备,是纤维染色行业工厂及实验室全程方面自动化方案的领军人物。印染产业协同创新中心了解到权五大的染色助剂智能配送系统在韩国销售使用了10年以上,主动对接引进包括其在内的4名海外工程师。新冠疫情防控期间,积极协调人才来华开展工作,以最快速度将韩国福元科技成套技术引进到国内,开发本地化解决方案。目前,已在20多家印染龙头企业进行了染色配送系统技术试用,为企业节约染化料10%—25%、节省人力33%、减少回染率20%—70%,得到印染企业广泛认可。

(三)对接顶尖团队助力国产芯片生产

中芯绍兴是半导体头部企业中芯国际在绍布局的重大产业项目。面对一期良好的市场订单需求,以及国产替代形势越来越紧迫的现实情况,中芯绍兴计划在一期基础上启动二期项目,导入6寸化合物半导体制造生产线。郝跃院士团队在化合物半导体领域具有较高的成就,目前拥有该领域重要IP约80%。鉴于此,中芯绍兴多次对接集成电路协同创新中心,希望其能够出面邀请郝跃院士加盟中芯绍兴,为二期项目提供IP支持和技术指导。协同创新中心与中芯绍兴多次赴西安电子科技大学对接郝跃院士,2021年6月7日促成滨海新区与西安电子科技大学签订协议共建宽禁带半导体国家工程研究中心绍兴分中心,成功引入郝跃院士团队,并在中芯绍兴内专门为郝跃院士提供约4000平方米实验室,开展化合物半导体先导技术研究和中试。该做法为中芯绍兴第三代化合物半导体的研究奠定了基础,也为国产芯片争取国际竞争主动创造了条件。

(四)"揭榜挂帅"搭建技术攻关桥梁

平面推力轴承是汽车ABS防抱死系统中的一个常用零件,其保持架很大程度上决定了轴承的性能,影响汽车的整车质量和安全性能。然而,目前对平面推力轴承的游隙和表面缺陷的检测均没有专用的自动化设备。新昌精艺轴承有限公司针对这个问题,找到轴承产业协同创新中心,工作人员通过"轴承云平台"发布"揭榜挂帅"榜单。新昌浙江工业大学科学技术研究院总工程师周见行了解这一情况后,马上和中心工作人员取得联系,并就该问题进行实地考察。经过中心多次联系对接,最终周见行团队与企业达成合作,研发出平面推力轴承成品质量自动检测设备,解决了企业这一难题。目前该设备已经应用于一线生产车间,据不完全统计,为企业增加了350万元左右产值,提高利润28万元。

四、思考建议

(一)创新卓越工程师校地"联合培养"模式

当前,我国工程教育大部分处于重理论而轻实践的阶段。而反观传统工业强国德国,其将培养成品工程师作为工程教育的目标,非常重视实践能力培养。近年来,绍兴通过校地合作探索工程师联合培养模式,工程硕士入学后第一年在大学进行专业知识学习,后两年到企业进行实际问题攻关,实现工程师引进培育、企业技术创新和地方产业升级三方共赢(如新昌县与浙江理工大学建立"1+2"联合培养机制,详见附录)。为此,建议进一步推进产教融合、校企合作的机制创新,通过"联合培养"等模式强化高校实践教育,切实提升新就业工程师解决实际问题的能力。

(二)推广特色产业工程师协同创新中心经验做法

绍兴通过全覆盖建设特色产业工程师协同创新中心,探索"浙里工程师"多跨应用场景,构建人才、技术、服务等资源要素协同联动、高效配置的产业创新生态体系,成为工程师引进、培育、发展的优质载体。建议在全国范围内推广建设特色产业工程师协同创新中心等产才互促平台,并将"浙里工程师"场景模式推广至集成电路、航空航天等关键核心产业,既为重点产业领域创新创业的卓越工程师"量身定制"培育发展渠道,也为工程师所掌握的前端技术搭建成果转化桥梁,营造"引进一批工程师,带动一方产业,继而引领城市发展"的正向生态。

(三)建议国家部委产教领域工程师资质互通互认

2011年以来,教育部先后推出卓越工程师教育培养计划 1.0 和 2.0 版本,特别是将"完善多主体协同育人机制"作为 8 大重点举措之一。要确保工程师培育使用的多主体协同,就必须建立工程师跨领域资质互通互认体系,比如入选教育部产业导师资源库的专家,可以直接受聘高校相应层次教授;高校中青年教师可赴高职院校担任"访问工程师";龙头企业负责人或高层次人才可以兼任高校、科研院所"名誉院长"等,让工程师无论是在党政机关、企事业单位,还是其他社会服务机构都能够享有"尊荣感",确保在更多领域充分贡献才智。

(四)共享"人才地图"精准延揽国际顶尖工程师

在绍兴,人才引领产业发展已成为共识,但在推进人才链与产业链、创新链协同发展进程中,我们也遇到了难题。我们有全产业链人才需求、"卡脖子"技术需求和"揭榜挂帅"攻关项目,但不知道该领域世界上最优秀的工程师在哪里? 最顶尖的技术在哪里? 急需的"卡脖子"技术和人才在哪里? 为此,建议国家或省级层面选择一批人才传统强国和关键小国,"一国一策"梳理顶尖人才清单、高校院所清单和引才渠道清单,与基层共享创新策源"人才地图",指导基层变粗放招引为"精密智取",更大力度延揽海外顶尖工程师团队。

(五)探索产业工程师发展体制机制改革试点

作为传统制造转型升级的重镇,绍兴在浙江省率先启动建设滨海新区人才管理改革试验区,实施人才"免评审""双聘制"等20项改革举措,为引进培育国际一流的工程师团队提供了坚实的制度保障。建议在接下来人才发展体制机制改革试点中,多考虑向绍兴这样有一定产业实力和制度基础的基层倾斜,确保工程师有必要的发展舞台和用武之地。在此基础上,建议将绍兴文理学院等部分基层综合性院校纳入卓越工程师教育培养计划2.0版布局,形成工程师引、育、用、管的"闭环式"试点架构。

(六)统筹处理好工程师"安全感"与"获得感"关系

新形势下,国家更加注重人才安全保护与风险防范,对入选人才不再公示、不再颁证、不再出现统一头衔等。按照国家要求,在推进过程中特别注重工作纪律,工作信息更多通过面对面、点对点的形式传递,对一些海外顶尖人才只做不说、不予宣传。但我们也看到,证书、头衔和一定形式的宣传对引进工程师来讲是一种政府层面的认可,获得身份认证已成为人才的普遍心声。为此,建议国家层面在强化安全保护的同时,采取更加灵活、行之有效的方式,进一步提升海外工程师的身份感、获得感、归属感,推动更多海外人才来华发展。

(七)健全卓越工程师培养工作协同机制。

卓越工程师引进培育不是组织部门、教育部门"两家之事",而是涵盖各行业、各领域、各层级的"全局大事"。目前包括绍兴在内,很多地方都已经建立以党委人才工作领导小组为核心的党管人才工作机制,形成上下各级和相关部门纵向到底、横向到边的工作合力。建议建立党委统一领导,组织部门牵头抓总,产业、行业及教育、经信、科技等条线深度融合、协同发展的工程师培养新格局,真正构建起"产学研用金、才政介美云"十联动的整体培育态势。

附　录

浙江新昌创新研究生"1+2"联合培养机制破解工程师"引育留"难题

新昌县是首批国家创新型县建设单位、两化深度融合国家示范区,列2020年中国城市创新百佳示范县市第一位、中国创新百强县第六位,"小县大科技"创新模式更是入选国家"十三五"科技创新成就展。针对区位优势不足、资源禀赋有限、高层次人才特别是工程师引进困难等痛点、难点问题,新昌县委县政府与浙江理工大学签订合作协议,创新专业学位研究生(工程硕士)联合培养模式,把研究生的培养培育与地方创新驱动发展紧密结合,把研究生的研究方向与企业实际技术需求紧密结合,把研究生的研发能力与研究生的就业创业紧密结合,有效破解工程师"引育留"难题,实现工程师引进培育、企业技术创新和地方产业转型升级"三方共赢",走出卓越工程师后备人才引育新路径。

一、主要做法

第一,从"书本教学"到"一线实践",把课堂搬进企业车间里。根据专业学位研究生联合培养需要,在新昌44家企业建立研究生实践基地。研究生入学后,第一年在浙江理工大学进行专业知识学习,第二年到新昌企业开展技术难题攻关。根据企业提出的技术难题清单,建立以教授导师为课题责任人、企业导师配合指导、研究生团队组织实施的培养机制。自2018年起,浙江省教育厅认定参与新昌联培工程硕士为单列招生指标,并予以分配(≥30人/年)。目前,已有4批共计132名在校研究生入驻研究生联合培养基地,涵盖机械工程、信息工程、自动化、经管、纺织工程、法律等专业。

第二,从"虚位以待"到"联合攻关",把成果落在企业项目上。开展研究生联合培养后,采用以企业技术项目为牵引,以专业培养目标为基础的培养原则,研究课题不再聚焦于基础理论,而是紧扣企业发展亟待解决的"卡脖子"问题进行攻关;一组研究生对接一个企业,一名学生攻关一项技术难题,企业技术难题由"虚位以待"变为"教授+研究生团队联合攻关",相关成果第一时间应用在产品工艺改良、技术瓶颈攻克及新产品开发等领域。基地企业实践课题实现100%全覆盖,项目完成率高达96.75%。

第三,从"撒网海选"到"精准就业",让工程师融入企业发展中。县委县政府和有关企业积极创造条件,共同构筑良好的工程师"引育留"环境。政府每年安排研究生培养、基地运行专项经费200万元,给予就读的研究生每人每年1.5万元的奖学金,毕业后留新昌工作还可以享受20万元购房补助、每年1.8万元安家补贴等政策。此外,提供6600多平方米专项办公用房建立研究生培养基地,并为研究生和导师安排好人才公寓。企业提供每人每月2500—4000元研究生生活补助。研究生联合培养模式使研究生就业由"撒网式选择"变为"精准型双向选择",有效破解以往工程师到企业后环境不适应、岗位不匹配、学非所用等问题。

二、取得成效

第一,促进工程师引进培养。每年有超过30名研究生入驻联合培养基地,实现工程硕士培养阵地从"学校"向"企业"转移，为企业创新发展注入了强劲的发展动力。目前，4批次研究生入驻康立电子、日发纺机、远信股份、泰坦股份、本发科技等 46 家上市公司、头部企业，共参与企业项目及课题 102 项，申请发明专利及实用新型专利 97 项，获得中国创新挑战赛浙江赛区一等奖 1 项、二等奖 4 项。

第二，推动企业科技创新。实现了企业的产业端与高校院所的研发端有机联合，利用院所的科研成果来提升企业创新能力和技术水平。截至目前，已攻克企业技术难题 260 多个，其中"卡脖子"问题 7 个，帮助企业节约成本 5200 余万元，实现经济效益 12 亿元以上。如 2018 级研究生薛伟与蒋佳健到浙江本发科技有限公司后，针对企业人工检测产品质量缺陷检出率低的问题，开展"钢丝编织管机器视觉检测"等技术攻关，取得较大突破。通过该技术应用，该年度企业增加销售额 800 万元，同类产品市场占有率提高 20%。

第三，实现地方产业升级。研究生团队的入驻，为新昌产业发展解决了一批技术难题，核心技术自主研发和拥有比例越来越高，区域特色产业核心竞争力越来越强。2020年新昌创新指数位居全省第二，成功跻身 2020 中国城市创新百佳示范县市（榜首）、中国工业百强县。特别是在纺织机械装备行业，在联合培养模式推动下逐步向数字化、智能化、绿色化方向迈进，形成一批拥有核心技术的企业，如远信股份成为拥有完全自主知识产权的国内高端定型机品牌，日发纺机成为圆纬机等产品的行业隐形冠军，全县纺织产业产品市场占有率同比年均涨幅超 10%。

三、存在不足

第一，工程师基数不够大。虽然联培基地带动浙理工其他研究生来新县创新创业的作用逐渐显现，但因新昌区位条件不足、城市品牌效应相对薄弱等，联培研究生毕业后留新昌县工作较少，更多还是希望去大城市发展。迄今为止，前二批联合培养 60 名研究生毕业，目前有 6 名留在新昌企业全职工作，11 名继续与企业保持柔性合作。

第二，联合培养领域相对单一。当前，新昌的高端制造、生命健康两大主导产业优势明显，通用航空、新材料、数字经济等新兴产业快速发展。但联合培养领域主要涉及机械行业，涉及领域相对单一，不能完全满足产业发展需求。

第三，科学共性问题提炼不足。以纺织机械为例，在纺织加工过程中普遍面临低张力精确控制、微弱信号高精度检测、离散加工自动排程、异构装备互联互通等共性问题。但在实际解决过程中，主要还是以研究生入驻企业所面临的个性问题为主要对象进行攻关。

四、下步打算

第一,增强工程师"吸引力"。不断引导企业建立健全销售分成、技术入股、项目制奖励、一次性科研重奖等激励机制。打造高端生活"新环境",布局一批人才专用房,完善超市、咖啡馆、健身等生活服务设施,增强工程师吸引力,促使研究生留在企业工作。

第二,扩展产业领域"覆盖面"。在前期联合培养领域的基础上,争取逐年提高研究生招生指标。结合新昌的主导产业和新兴产业发展需要,计划扩大联合培养的领域范围,最终实现重点产业领域全覆盖。

第三,突破共性技术"瓶颈口"。加强科技部门行业协会在行业领域的引导作用,聘请专家对制约行业发展的关键共性问题进行梳理,通过对联培企业科技攻关项目立项指导、过程监督的方式,逐步达到"解决一个,服务一批"的攻关效果,为推动区域产业向高端化发展提供核心支撑。

课题组组长:王国飙
课题组成员:单巡天、张天雄

疫情冲击下制造业工人就业情况的群体间比较

——基于浙江省制造业企业的调查数据

制造业是我国的立国之本,强国之基。近年来,我国面临着从"制造大国"向"制造强国"转型的重要任务。2017年10月18日,习近平总书记在十九大报告中指出,"必须把发展经济的着力点放在实体经济上","加快建设制造强国,加快发展先进制造业"。2019年末爆发并持续至今的新型冠状病毒感染疫情对我国制造业发展产生了巨大影响。新冠疫情防控期间,制造业企业不仅要面对原材料供应中断、销售停滞、订单延迟的困境,也要应对人力资源流动减缓带来的劳动力不足等问题。我国人力资源和社会保障部发布的《部分城市公共就业服务机构市场供求状况分析》数据显示,2020年第一季度,因受疫情等因素的影响,大多数生产性行业的用人需求都出现了下降,如建筑业下降了4.7%,采矿业下降了10.7%,但是制造业的用人需求却仍然出现了10.2%的上涨,制造业用人需求占到了企业用人需求的40.0%。数据还显示,2020年之后,制造业企业用人的需求也保持持续上涨,用人需求旺盛。

疫情发生后,有不少学者研究了疫情防控过程中我国制造业领域劳动力资源供需的变化。如孙新波、秦佳慧、马慧敏等对辽宁省93家制造业企业的追踪调查发现,有84.94%的制造业企业负责人认为疫情对其运营生产产生了严重或较大的影响,复工率低是疫情带来的主要问题,其中民企和中小微企业问题最为严重。王高凤、郑琼洁对新冠疫情防控期间我国制造业产业链情况进行了研究同样发现,疫情中全国范围内的人力资源流动出现明显减缓和减少,对制造业企业的用工、生产、运输、仓储等都产生了严重影响,其中劳动密集型企业的情况最不容乐观。有学者认为,疫情已经对全球范围内多个国家的劳动力市场造成了冲击。在我国,由于制造业行业的就业规模高达12026万人,所以其劳动力市场受疫情的冲击最为严重。

本研究尝试探讨新冠疫情对制造业工人就业的影响,并关注疫情影响的群体间差异,讨论不同性别、年龄、受教育程度、行业的群体在到岗时间、收入、就业难度、岗位变动上的差别,分析了导致差异的原因。具体来看,本研究主要探讨以下几个问题:第一,在疫情冲击下,制造业工人就业出现了哪些新状况? 第二,不同人群在疫情中是否面临不同的压力? 性别、年龄、学历等人口学变量,以及调查对象所在的企业规模、行业类型是否会对工人的到岗情况产生影响? 第三,在后疫情时期,地方政府与制造业企业应如何应对"用工难"问题?

一、数据来源和变量选择

(一)数据来源

1. 调查方法

本研究的数据来自 2020 年 9 月由笔者组织的浙江省制造业企业工人返岗就业调查。当时的制造业工人已经经历完第一波新冠疫情的冲击,开始返回工厂进行生产。为使样本能覆盖到尽可能多的制造业企业员工,此次调查通过三种途径发放了问卷:一是通过浙江省各职业技术院校和技师学院的老师将问卷发送至有合作关系的制造业企业,并对企业员工进行调查;二是通过学校暑期社会调查计划,让学生将问卷带去当地制造业企业,并在员工中进行发放;三是通过问卷星样本服务,针对浙江省内的制造业企业员工进行发放。

2. 调查内容

调查主要包括三部分内容,第一部分为调查对象所在企业的情况,包括询问所在企业的员工人数,人员流动性状况、所处行业等;第二部分为调查对象到岗就业情况的调查,主要包括到岗时间、收入变动、找工作难度感知等;第三部分为人口学变量的调查,包括调查对象的性别、年龄、收入、受教育程度、户籍所在地、工作所在地等。

3. 样本构成

此次调查共回收问卷 728 份,问卷回收后经过逐份核对,并根据调查对象所在企业信息、岗位性质、工作内容、调查对象工作地点等内容,排除非制造业企业和非浙江省内的问卷共 175 份,剩余浙江制造业企业员工有效问卷 553 份,有效问卷回收率 75.96%,问卷覆盖浙江全省 11 个地级市。553 名调查对象来自全省 200 余家制造业企业,覆盖了通用、专用设备制造业、电气机械和器材制造业、纺织制造业、服装服饰业、汽车及汽车零部件制造业、农副食品加工业等 20 余个浙江省主要制造业领域。在岗位层级上,一般员工占比最高,占 61.9%,基层管理人员占 23.6%,中层和高层管理人员分别占 11.8% 和 2.8%。在岗位性质上,操作工占 33.6%,专业技术工人占 36.1%,行政管理岗位工人占 30.3%,岗位分布较为均匀。样本构成的其余情况如表 1 所示。

表 1　样本构成情况

特征	选项	频数	百分比/%
性别	男	361	65.3
	女	192	34.7
年龄	16—20 岁	101	18.3
	21—25 岁	125	22.6
	26—30 岁	90	16.3
	31—35 岁	121	21.9
	36—40 岁	46	8.3
	41—45 岁	34	6.1
	46—50 岁	18	3.3
	51—57 岁	10	1.8
	缺失值	8	1.4
受教育程度	初中及以下	41	7.1
	高中、中专	148	26.8
	大专	183	33.1
	本科	168	30.4
	硕士研究生及以上	13	2.6
就业地区	杭州	196	35.4
	温州	52	9.4
	宁波	105	19.0
	台州	28	5.1
就业地区	金华	33	6.0
	绍兴	14	2.5
	嘉兴	30	5.4
	湖州	14	2.5
	丽水	10	1.8
	衢州	65	11.8
	舟山	6	1.1

(二)变量选择和测量

1.因变量

本研究主要从到岗时间、收入情况、工作单位和岗位变动、就业难度感知 4 个维度来测量制造业企业员工到岗复工状况。其中，到岗时间的测量包括两个指标：一是相对2019年的到岗时间早晚，二是2020年到岗的具体时间。收入情况的测量同样包括两个指标：相对于2019年的收入变化以及2020年的平均月收入情况。工作单位和岗位变动测量的是相对于2019年、2020年工作单位和岗位的变化情况，主要包括"单位和岗位同时发生变化""单位发生变化，岗位类型未发生明显变化""单位未发生变化，岗位类型发生了变化""单位和岗位都未发生变化""开始创业"和"失业或一直未找到工作"六种情况。就业难度感知则测量调查对象对2020年就业难度的主观感知。

在对2020年的实际情况（月收入、到岗时间、就业难度感知）进行数据统计时，使用了全部553个有效数据。而在对2020年相对于2019年的变化量（相对到岗时间变动、相对收入变动、相对工作单位和岗位变动）进行统计分析的时候，则排除了工作未满1年的样本共50个，只对工作时间超过1年的503个样本进行分析。

2. 自变量

本研究的自变量主要分为两类，一类为人口学变量，包括性别、年龄、受教育程度等；另一类为调查对象所处的企业相关变量，如调查对象所在企业的规模和企业所处的细分行业。其中企业规模主要以所在企业的员工人数进行划分，企业所处行业以《国民经济行业分类与代码》中制造业细分行业为标准进行划分。

二、结果分析

（一）制造业员工到岗复工总体状况

2020年春节国定假期结束的时间比2019年要早，但是调查结果却显示，有83.3%的调查对象到岗时间晚于2019年，与2019年差不多的人数占10.6%，只有6.1%的工人早于2019年。具体到岗时间如图1所示，制造业工人到岗的高峰期出现在3月和4月，分别占总人数的30.7%和25.1%，5月出现回落，6月之后可能因应届毕业生新就业以及各地疫情得到了有效控制的关系，到岗人数又重新出现上升。此外，还有2.9%的调查对象在调查时期仍未开始工作（含失业和暂未返回原工作岗位的人员）。

新冠疫情防控期间，制造业企业员工收入也出现了较大的变化。如表2所示，相对于2019年同期，收入下降的人数占到了总人数的62.8%，同样，在找工作难度上，也有超过七成的人认为2000年的找工作难度高于2019年。

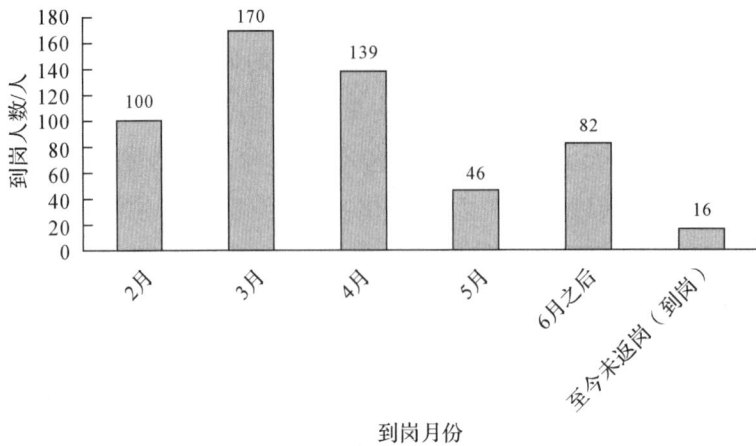

图 1　2020 年春节后制造业工人到岗时间

表 2　相对收入变动和就业难度感知描述统计

维度	选项	频次	百分比/%
相对于 2019 年同期收入变化情况	明显变少	129	25.6
	变少了一些	187	37.2
	未发生明显变化	148	29.4
	变多了一些	28	5.6
	明显变动	11	2.2
找工作难度感知	比往年难很多	188	34.0
	比往年难一点	234	42.3
	和往年差不多	99	17.9
	比往年容易一点	26	4.7
	比往年容易很多	6	1.1

在工作单位和岗位变动上，呈现出总体稳定，局部流动的现象。调查发现，2020 年春节以后，73.4％的调查对象仍在原企业原岗位工作，有 22.4％的调查对象在春节后更换了工作企业和(或)岗位，另有 2.2％的人在春节后开始创业，以及还有 2.0％的人在调查时仍处于失业的状态。总体上看，2020 年春节后，大多数制造业工人出现了到岗时间推后，工资收入下降的情况，并且主观上认为找工作难度增大的人数占比最高，同时，大多数人仍在原企业原岗位工作。

(二)制造业员工到岗复工状况的组间比较

对于不同的人群来说，疫情的影响可能是不同的。本研究以性别、年龄、受教育程度、所处行业、所在企业的规模为自变量，以到岗时间、平均月收入、相对同期收入变化、就业难度感知等为因变量,分析不同群体受疫情影响的差异。

性别:单因素方差分析结果显示,男性和女性在 2020 年到岗时间上存在显著差异($F=10.037,P=0.002$),男性返回工作岗位的时间明显晚于女性。在平均月收入、相对 2019 年收入变动和找工作难度感知上,男性和女性之间未发现存在显著差异($PS>0.005$)。

年龄:本次调查中年龄最小的调查对象为 16 岁,最大的为 57 岁,由于个别年龄的样本人数相对较少,为了避免极端值的影响,本研究在数据收集后重新按照年龄段(16—20 岁,21—25 岁,26—30 岁,31—35 岁,36—40 岁,41—45 岁,46—50 岁,51—57 岁)对样本进行了划分。从年龄段来看,不同年龄段的调查对象在到岗时间上存在显著差异($F=32.744,P<0.001$),其中到岗时间最晚的是年纪最小的 16—20 岁年龄组,这个年龄段的年轻人平均到岗时间在 5 月份之后,最早到岗的是年纪最大的 51—57 岁年龄组,平均到岗时间比 16—20 岁年龄组早了两个多月。

不同年龄段在月收入上存在显著差异($F=23.688,P<0.001$),如图 2 所示(1=2000 元以下,2=2000—3999 元,3=4000—6999 元,4=7000—9999 元,5=10000 元及以上),收入较低的是 16—20 岁、21—25 岁两个年轻组和 51—57 岁的年长组,其他年龄组之间的收入差距并不明显。

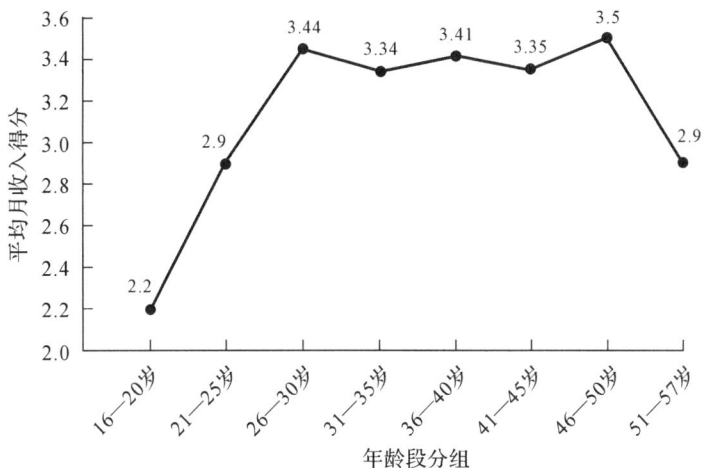

图 2　2020 年不同年龄段人群月平均收入情况

在 2020 年的收入变动上,不同年龄之间也存在显著差异($F=4.892,P<0.001$)。如图 3 所示,各个年龄的平均值都在 3 以下(1=收入明显减少,2=减少了一点,3=没有明显变化,4=变多了一点,5=收入明显增多),其中,收入减少最明显的为 31—35 岁年龄组,16—20 岁和 50—57 岁年龄组收入相对变动较小(更接近数值 3)。最后,在找工作的难度感知上,各年龄段之间并不存在显著差异($P>0.005$),这也可能是调查对象大多数都是在职员工所致。

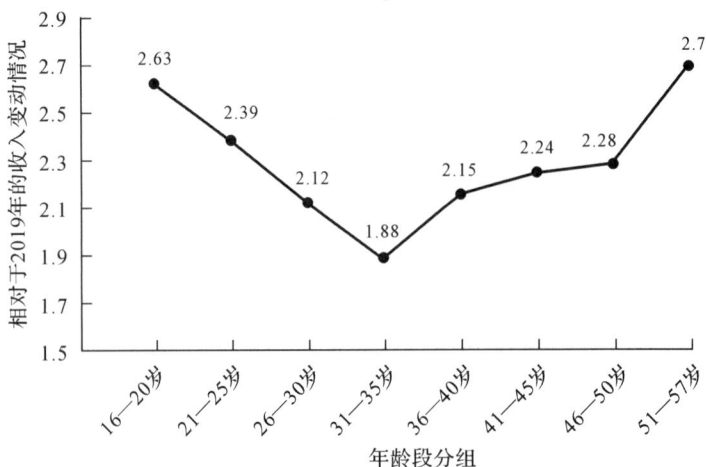

图 3　2020 年制造业不同年龄段人群收入变动情况

受教育程度:不同受教育程度的人群在 2020 年到岗时间上存在显著差异($F=9.327,P<0.001$),大专和本科学历的人群最早到岗,大多数人在 3 月之前已经到岗。初中及以下、高中、中专,以及硕士研究生及以上学历人群到岗的平均时间相对要晚一个月左右。统计结果还发现,受教育程度和 2020 年的月收入之间存在非常显著的正相关关系($r=0.401, P<0.001$),学历越高的人群平均收入也越高,组间差异显著($F=34.164,P<0.001$)。但同时,不同受教育程度人群在 2020 年的找工作难度,以及 2020 年相对于 2019 年的收入变化幅度上并不存在显著差异($PS>0.05$)。

所在企业规模:本研究将调查对象所在的企业按企业员工总数将企业规模分为小型、中小型、中型、中大型、大型。不同规模企业的员工在 2020 年的月平均收入上存在显著差异($F=7.188,P<0.001$),平均收入最高的为中型企业员工($M=3.28,SD=0.89$),收入最低的为小型企业员工($M=2.79,SD=0.93$)。其他规模企业的员工收入居于中间位置。在就业难度感知上,不同规模企业的员工也存在显著差异($F=2.904,P=0.021$),感觉就业难度最大的为中大型企业的员工($M=1.79,SD=0.82$),觉得难度最低的为中小型企业员工($M=2.16,SD=0.86$)。不同规模企业的员工在到岗时间和收入变动上,不存在显著差异($PS>0.05$)。

所在细分行业:如图 4 所示,不同行业的工人在到岗时间上差异显著($F=3.374,P<0.001$),到岗时间最早的是医药制造业,计算机、通信和其他电子设备制造业,造纸及纸制品业,到岗时间最晚的是电气机械和器材制造业以及文教、体育、娱乐等生活用品制造业。

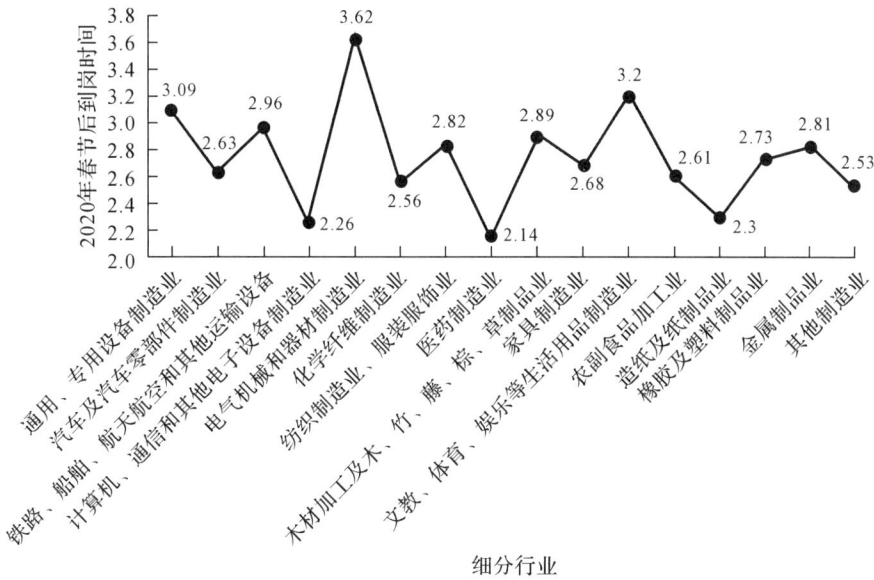

图 4　不同制造业行业员工到岗时间

2020 年,制造业的各个行业收入普遍出现下降,不同行业的员工在收入下降程度上也存在显著差异($F=1.731, P=0.042$)。如图 5 所示,收入减少最多的是农副食品加工业的工人。相对而言,收入减少较少的是医药制造业和金属制品业的工人。

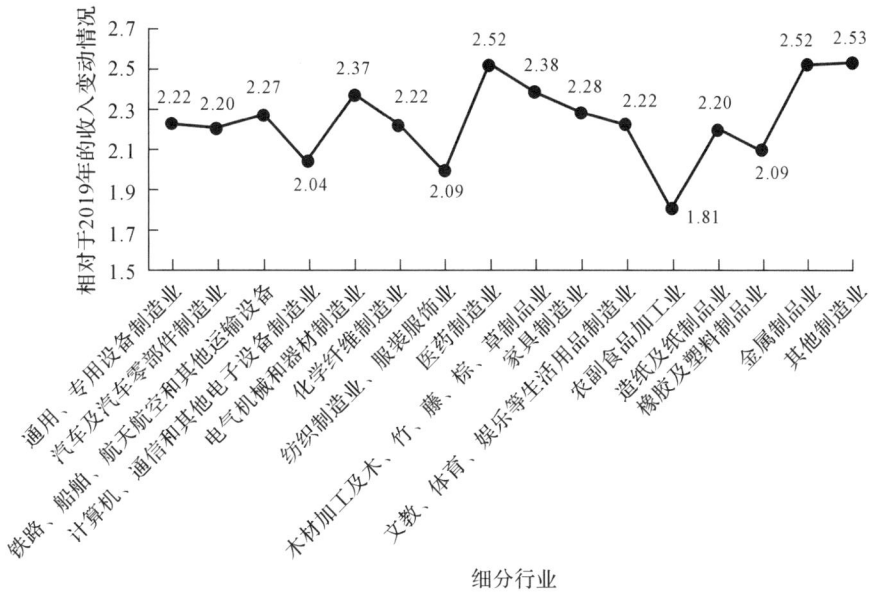

图 5　相较 2019 同期不同制造业行业员工收入变动情况

此外,在 2020 年的平均月收入上,不同行业的员工差异显著($F=3.309, P<$

0.001),收入最高的是生活用品制造业($M=3.6$),化学纤维制造业($M=3.56$),造纸及纸制品业($M=3.5$)。最低的是电气机械和器材制造业($M=2.58$),橡胶和塑料制品业($M=2.82$)。不过由于行业分类较多,部分行业的样本量不足20人,所以平均月收入的结果并不能代表该细分行业的普遍情况。最后,在就业难度感知上,各行业的员工不存在显著差异($P>0.05$)。

(三)结论与讨论

通过本次调查可以发现,在疫情冲击下制造业工人就业出现了很多新情况。

第一,大多数调查对象的到岗时间出现了延迟,且不同人群在到岗时间上存在显著差异。其中行业、年龄等因素对到岗时间的影响与社会观察一致。如医药制造行业的工人到岗最早,这无疑是因为疫情导致社会对医药产品的需求急剧扩大,促使医药制造业的工人逆风而行,成为最早返回工作岗位的人。而16—20岁的年轻人最晚到岗则是因为这个人群中包含了最多的应届毕业生,相对工作多年的企业在职员工,应届毕业生经常要在5月、6月完成学校的毕业事宜后,才正式踏上工作岗位。

不同性别人群在到岗时间上的差异值引起了更多讨论。徐玖玖针对疫情防控期间我国性别生态的研究认为,在疫情中,女性需要承担更多的家庭责任与社区责任,给女性就业带来了负面影响。在现实中,济南等地的政府向企业发出了倡议,"对于家中有低学龄儿童的双职工家庭,在延迟开学期间,可以由女方为主向企业提出在家看护孩子的申请,企业应尽量给予通过"。所以不论是基于学术研究的结果还是现实观察,都可以推测出女性的到岗时间应该晚于男性,但是本研究却得出了相反的结论,发现女性的到岗时间显著早于男性。由于有不少研究证明,男性和女性在从事的行业类型上存在差别,所以有可能到岗时间的性别差异是由于女性员工占比高的行业开工时间比男性占比高的行业要早。为了检验这一想法,以性别和行业做自变量,以到岗时间为因变量做双因素方差分析。结果显示,性别的主效应不显著($P>0.05$),同时性别和行业的交互效应显著($F=2.040,P=0.012$)。所以女性到岗时间早于男性,确实与这两种性别所在的行业类型不同有关。

第二,超过六成调查对象收入出现下降,不同的年龄群和行业群在收入变化上差异明显。研究发现,在2020年平均月收入最少的是年龄最小的16—21岁、21—25岁以及年龄最大的50—57岁这三个年龄段。这说明制造业员工的收入情况随着年龄的变化呈现出"锅盖"形,16—25岁期间收入稳步上升,26—50岁收入开始平稳,但是到了51岁之后,收入则出现明显下降。这不仅显示出年轻人刚入职场时收入相对较低,同样也反映了50岁以上的人群在制造业领域无法显示出经验优势,反而因为年龄使收入处于劣势。在我国积极培养高技能人才、高度重视"工匠人才"建设的时期,有必要从制造业行业对员工素质的要求,以及制造业员工素质构成的角度对这一问题做更深入的研究。

此外，中间年龄段的人群同样值得关注。因为中间年龄段的人群虽然收入相对较高，但是在疫情中收入下降也最多，其中 31—35 岁年龄段的人群平均收入减少最多，26—30 岁和 36—40 岁次之。中年人群往往需要承担更多的社会责任和家庭责任，收入的大幅下降无疑会给他们造成巨大的压力。此外，研究也发现在疫情中，各细分行业受到的冲击也是不同的。如农副食品加工业、纺织制造和服装服饰业员工的收入下降最为明显，而医药制造行业则受影响较小。不仅如此，在对企业员工数量变化的感知情况进行调查时，发现感觉同事数量减少最多的同样是农副食品加工业，以及纺织制造和服装服饰业这两个行业的员工。对于这些在疫情中遭受最大影响的行业，应重点关注。

第三，疫情没有带来大规模的岗位变动，制造业行业人员流动情况基本稳定。疫情虽然给制造业工人就业和企业用人带来了不同程度的影响，但是从总体上来看，在本次调查期间，大多数工人已经到达工作岗位开始正常生产工作。虽然有 22.4% 的人出现了不同程度的单位和岗位的变化，但是仍然有超过七成的人留在了原企业原岗位工作，可以有效保证生产的稳定性。

三、后疫情时代解决制造业"用工难"的政策启示

虽然新冠疫情对企业用工造成的负面影响正在消退，但是，疫情却给我国制造业企业敲响了警钟，特别是对于劳务输入省来说，这一问题更值得地方政府和制造业企业持续关注。在公共危机性事件中，如何才能在实行危机管控的同时，尽快保证劳动力回流并恢复生产。下面从提升政府公共危机治理能力和企业抗劳务短缺风险能力的角度，结合本次调查中发现的问题提出对策建议。

第一，建立和完善突发公共卫生事件响应机制，制定应对劳动力短缺的应急预案。劳动经济学相关研究发现，重大突发事件会给劳动力市场造成冲击，并带来周期性失业现象，如果仅依靠市场的自发调节作用，那么短期的周期性失业很有可能会演变成长期的结构性失业，甚至引发经济衰退的严重后果。有研究证明，劳动力市场恢复秩序的速度与政府相关政策发布的及时性、政策响应的方向性密切相关。此次疫情中，浙江政府迅速出台了大量针对务工人员的返岗政策，在全国范围内引起了热烈反响，但同时也仍然存在不少问题，如多数政策是在疫情发生后临时制定并发布的短期政策，存在政策"碎片化"、政策之间无法互相支持等问题。更少有政策能考虑到疫情对不同劳动力人群的差异化影响，使政策缺乏针对性。原因主要在于新冠疫情作为突发公共危机事件，大多数政府和企业难以做好准备，因此只能依靠事后的危机响应能力来进行弥补。按照公共危机管理相关理论，如果在危机发现前能事先建立完善的应急规划，并建立响应机制，则可以将难以预料的危机事件（risk）转变为可以进行常规性决策的紧急事件

(emergencies),在事件发生后可以尽快按照已有程序进行响应,并迅速化解危机。因此,在现阶段,各地政府和企业有必要及时总结经验,制定出针对危机事件中劳动力短缺现象的应急预案,建立完善的政策体系和应急响应机制,重点关注容易受到突发公共卫生事件影响的行业、企业和人群。

第二,高度重视制造业本地高技能人才的培养,完善对本地普通务工人员的激励和扶持政策。浙江是劳务输入大省,因此更容易受到劳动力流动状况的影响。相对而言,本地员工具有稳定性强、不易受突发事件影响等明显优势,[①]为提升地区应对风险的能力,有必要大力培养并留住本地制造业人才。这次针对制造业企业员工的调查问卷中,调查对象户籍所在地占比最大的为浙江省,其次为安徽、江苏、河南等周边省份。在选择到浙江工作的原因时,选择人数最多的原因是"有熟悉的人(如家人、朋友)"(48.3%),其次是"离家近"(45.4%),而有好的工作机会(40.9%)、工资收入高(30.8%)、生活环境好(32.2%)、工作环境好(30.3%)、发展前景好(28.3%)、政府政策好(17.5%)等原因在其中所起的作用非常有限。早期人才学领域的研究发现,吸引高层次人才的主要原因往往是事业发展平台、合作伙伴等与事业发展前景有关的因素,其次是收入和生活环境等,而离家的远近和是否有亲朋好友在身边并不是影响高层次人才工作地点选择的最重要因素。但是本次针对普通劳动者的调查结果却完全不同,"有熟人"和"离家近"才是普通劳动者选择工作的主要参考因素。近年来,为了吸引外地优秀人才流入,各地政府都出台了大量的政策,与此同时,对本地劳动者的关注却仍较为缺乏。如何培养、使用和留住高技能人才和普通务工人员,应该是政府未来制定相关政策重要考虑内容,尤其是对于那些地区优势不明显,难以吸引省外劳动力的地区来说,培养和留住本地制造业劳动者才是关键。

第三,持续关注全国制造业劳动力流动新趋势,及时预判和调整劳动力政策。全国劳动力的流动正在呈现出一些新的趋势,如多方数据显示我国农民工的本地就业趋势正在不断加强,这无疑会给劳务输入省份的企业用人带来深远影响。历年《农民工监测调查报告》数据显示,2008年到2017年,我国外出农民工中,跨省流动的比例从52.69%下降到了44.66%。2010年到2015年,全国农民工总量中跨省就业的比例从31.36%下降为27.91%。国家统计局2019年的数据显示,2019年平均每名外出就业的农民工可以获得的平均收入为4427元,而在本地劳动力市场就业的农民工的平均收入为3500元,不断缩小的收入差距使农民工不再愿意牺牲子女教育、对家庭的照顾去外地就业,因此在过去的十年中有越来越多的农民工选择在本地就业。

---

① 笔者在对多家制造业企业进行实地走访调研后发现,在企业工作时间较长的员工中,本地员工占比往往较高。特别是对于丽水、衢州等引人较为困难的地区的企业来说尤其明显。

第三产业蓬勃发展,特别是快递、外卖送餐等新行业也对制造业劳动力供给情况产生了影响。人力资源和社会保障部 2003 年到 2019 年全国就业人员构成情况数据显示,十几年来,我国三产业就业人数发生了明显的变化。其中,我国第三产业就业人数占比快速增加,从 2003 年的 29.3% 持续上升到 2019 年的 47.4%,而第二产业就业人数占比从 2013 年开始就持续下降,从 2012 年的 30.3% 下降到 2019 年的 27.5%。[①] 本次疫情防控期间,不少制造业企业延迟开工时间,导致部分待业在家的企业员工流向快递和外卖行业。如 2020 年上半年美团有单骑手人数达到 295.2 万人,同比增长了 16.4%,这些骑手的最大来源为工厂的工人,占到了骑手总人数的 35.2%。虽然随着制造业转型升级,劳动密集型产业向技术密集型转变,可以减少制造业企业对基础劳动力的需求,但是如果劳动力的流出速度过快,同样会给制造业企业带来人员短缺问题。

四、结　语

"人"是产业发展的基础,是推动企业发展的关键。新冠疫情让更多人开始关注制造业企业员工的就业、收入、流动等问题,并思考解决制造业企业"用人难"的途径。本研究发现,新冠病毒感染疫情对制造业企业员工的影响是明显的,一方面,制造业企业员工普遍出现了到岗时间推迟和收入降低的情况;另一方面,疫情的影响也使其呈现出了显著的群体间的差异,对于不同年龄和不同行业的人群来说,疫情带来的影响是不同的。此外,本研究还获得了一些意外的发现,如性别和所处行业对员工到岗时间的交互作用,年龄对收入情况的影响等。最后,本研究也存在一些不足,如调查对象主要为制造业企业的在职员工,因此无法正确评估在疫情中失去工作的制造业工人的状态,本次研究中发现的未知原因和不足都值得在未来进行更深入的探索和研究。

参考文献

[1] 朱武祥、张平、李鹏飞等:《疫情冲击下中小微企业困境与政策效率提升——基于两次全国问卷调查的分析》,《管理世界》,2020 年第 4 期。

[2] 李志萌、盛方富:《新冠肺炎疫情对我国产业与消费的影响及应对》,《江西社会科学》,2020 年第 3 期。

[3] 王高凤、郑琼洁:《产业链视角下新冠疫情对我国制造业的影响研究》,《产业经济评论》,2020 年第 4 期。

---

① 数据来源:2003—2019 年《人力资源和社会保障事业发展统计公报》整理得到。

［5］孙新波、秦佳慧、马慧敏等：《后疫情时代辽宁省制造业高质量发展机遇与挑战——基于对 93 家制造业企业的跟踪调研分析》，《冶金经济与管理》，2020 年第 5 期。

［6］吕庆喆：《工业经济持续复苏助力稳定经济基本盘》，《经济日报》，2020 年 10 月 30 日，第 11 版。

［7］张蔚文、卓何佳、董照樱子：《新冠疫情背景下的用工荒：基于人口流动与复工复产政策的考察》，《中国人口·资源与环境》，2020 年第 6 期。

［8］都阳：《新冠病毒肺炎"大流行"下的劳动力市场反应与政策》，《劳动经济研究》，2020 年第 2 期。

［10］孟繁锦、王玉霞、王琦：《疫情期扶持中小微企业发展与保障就业研究》，《工业技术经济》，2020 年第 10 期。

［11］徐玖玖：《公共卫生事件的性别反思和制度优化——基于新冠疫情性别生态的观察》，《当代青年研究》，2020 年第 6 期。

［12］李雪梅：《济南向驻济企业发出倡议书：双职工家庭可申请一方在家照看子女》，《济南日报》，2020 年 2 月 9 日，第 7 版。

［13］邱红、张凌云：《我国流动人口就业特征及分性别异质性研究》，《经济纵横》，2020 年第 7 期。

［14］栾敬东：《流动人口的社会特征及其收入影响因素分析》，《中国人口科学》，2003 年第 2 期。

［16］吴可人、潘哲琪：《积极应对制造业劳动力供需新变化——以温台为例》，《浙江经济》，2019 年第 24 期。

［17］周佳、戴蕳钰：《从人才新政看人才改革》，《中国人才》，2017 年第 4 期。

［18］中共浙江省委人才工作领导小组、浙江省人才发展研究院：《浙江人才发展蓝皮书（2016—2017）》，杭州：浙江大学出版社，2017 年，第 151 页。

［19］吴瑞君、薛琪薪：《中国人口迁移变化背景下农民工回流返乡就业研究》，《学术界》，2020 年第 5 期。

基金项目：国家社科基金一般项目"制造业转型期高技能人才培育困境及对策研究"（19BGL124）

作者：周佳、黄婧蕾

周佳，浙江省人才发展研究院兼职研究员，浙江理工大学法政学院、史量才新闻与传播学院讲师

黄婧蕾，浙江理工大学硕士研究生

创业创新篇

做优特色产业工程师协同创新中心为高质量发展注入强劲创新动能的路径研究

——以平湖特色产业工程师协同创新中心的实践探索为例

□ 中共平湖市委组织部

为更好地贯彻落实国家创新驱动发展战略,平湖市专门建设光电和智能制造工程师协同创新中心(以下简称协同创新中心),旨在共享技术、成果、人才等资源要素,为平湖市重要支柱产业——光电和智能制造产业高质量发展注入力量。本次调研的目的:一是总结当前协同创新中心的工作成效;二是挖掘协同创新中心建设中的短板;三是找出同类型创新载体的可供借鉴经验。通过实地走访调研协同创新中心,向平湖市人才企业发放调查问卷,并深入面对面座谈,获得了第一手调研资料,为进一步做优特色产业工程师协同创新中心提供研究素材。通过问题导向、经验推广,从多维度提出完善平湖市政策链、做强产业人才链、激活技术创新链、夯实发展环境服务链的对策建议,为协同创新中心助推平湖高质量发展提供理论支撑和实践指导。自本课题调研以来,协同创新中心吸引了上海交通大学副校长、中科院院士毛军发建立院士专家工作站及长三角射频研发中心。已与上海交通大学、北京大学、东南大学、上海新微技术工业研究院、中科院半导体所等 50 余家双一流高校、科研院所及知名企业建立合作关系,并服务于本地 30 余家光电和企业,累计提供服务 125 次。

党的十九届五中全会提出"坚持创新在我国现代化建设全局中的核心地位,把科技自立自强作为国家发展的战略支撑",并将其摆在各项规划任务的首位进行专章部署。实现科技自立自强,激发人才创新活力是重点。近年来,浙江省积极响应国家发展要求,实施人才强省、创新强省首位战略,面向全省推进建设新型高能级人才平台——特色产业工程师协同创新中心,为地方工程师发展赋能。在此背景下,平湖市先行先试、创新策源,率先建设了全省首批试点单位、嘉兴市唯一的平湖光电和智能制造工程师协同创新中心,探索推进多主体资源整合、工程师人才集聚、技术联合攻关的协同创新模式,为打造全省样板贡献平湖经验。本文以平湖特色产业工程师协同创新中心的实践探索为例,通过实地调研、发放调查问卷、召开相关座谈会等方式,进一步分析当前概况、查摆问题短板、了解先进经验、提出对策建议,为更好地释放产才融合新动能、助推高质量发展提供参考借鉴。

一、工程师协同创新中心发展概况

为更好地贯彻落实国家创新驱动发展战略,平湖市专门建设光电和智能制造工程师协同创新中心,通过集聚一批海内外科研院所、高校、企业等相关领域的工程师,共享技术、成果、人才等资源要素,为地方特色产业装上"最强大脑"。协同创新中心依托上海交大平湖智能光电研究院而建,聚集光电和智能制造产业优秀工程师人才,致力于解决制约产业发展的关键、核心、共性技术问题,助力提升平湖产业的核心竞争力和可持续发展能力,助推产业转型升级。

(一)建设背景

光电和智能制造产业是平湖经济技术开发区战略性主导产业、平湖市重要支柱产业,2020年其行业产值占经济技术开发区主要行业总产值的60%,占平湖全市主要行业总产值的35%,先后获得"国家火炬计划光机电产业基地""中国汽车零部件制造基地""光机电省级高新技术特色产业基地""省级信息产业特色基地"等称号。站在全面建成小康社会的新起点,平湖市锚定"千亿产业"的宏伟蓝图,高质量建设协同创新中心,加快推进人才动力、创新活力和产业潜力的深度融合,聚力打造科研成果转化和人才集聚高地。

(二)相关做法与建设成效

一是破解人才流动障碍。出台协同创新中心人才引育专门政策。对具体人才,如引进的卓越工程师、"老师傅""土专家"等一批企业渴求、产业亟须的工程师人才,既给予全市人才政策支持保障,又额外给予最高15万元/人的薪酬补助,增加了对长三角"三省一市"工程师的引才竞争力。对引才企业,给予企业最高10万元/人的引才奖励,鼓励企业从协同创新中心全职引进工程师,将工程师输送到企业技术部门、传导到技术一线岗位,服务于企业自身技术发展。此外,协同创新中心增设10个事业编制,专门用于吸引和吸纳来自高校科研院所等事业单位的工程师人才,打通事业单位专业技术人员身份流动渠道,解决编制保留的后顾之忧。截至目前,协同创新中心已经引进高校研发团队12个、全兼职工程师478名,组建了一支高质量的工程师人才队伍。

二是拓展人才发展空间。聚焦青年工程师人才成长培养,在科研技术和职称评定上探索突破，支持青年工程师人才挑大梁、当主角。建立并推行"认证工程师"制度，确定了"一专一技"的"认证工程师"申请和管理人员范畴，打通青年技术人员迈向工程师职称路径上科研技术的"关键一环"。同时，拓宽工程师科研舞台，开展"星级工程师"管理评价模式，构建以工程技术人才工作绩效、创新成果为核心的评价标准，不唯学历、不唯工龄，推动建设"技术"和"学术"相结合的综合评价体系，以此作为专业技术职称和技能水平评定的重要参考依据，为行业评出真知管用的专业人才。今年以来，已经吸引 118 名认证工程师申报市级以上科研项目 32 项，组织 193 名青年工程师参加中高级工程师职称评定，为产业迭代升级引育集聚了更多高水平工程技术人员。

三是激发人才创新活力。协同创新中心发起并成立了由 50 余家企业组成的产业联盟，针对联盟中小微企业工程师紧缺、技术力量薄弱等问题，通过"身份在中心，工作在企业"的模式，提供工程师外派租赁、技术攻关等服务内容，累计解决共性技术难题 67 个、个性技术难题 23 个，转化技术成果 59 项，服务企业 126 家次，组织技术培训 264 人次，人才创造性张力不断释放。比如，外派高级工程师加入波科激光有限公司研发攻关团队，仅 2 个月就攻克窄线宽激光器频率不稳定技术难题，帮助企业当年度实现增收 3200 万元。此外，充分发挥协同创新中心的高校资源集聚优势，与名校大院联合开展国家级、省级科研项目。截至目前，已经联合浙江大学、上海交通大学、中国科学院半导体研究所获批国家重点研发计划项目 2 项、省重点研发计划项目 1 项。

四是提升产才融合深度。推动高校、科研院所与企业开展产学研合作，导入上海交大电子信息与电气工程学院、机械与动力工程学院、安泰经济与管理学院优势资源，先后攻克铌酸锂 Y 型波导耦合、高密度 PAD 封装等技术难题 8 个，完成光纤传感等科研项目 6 个，加速产业基础再造和产业链提升。发挥与北京大学、浙江大学、上海交通大学、中科院半导体所等知名高校、科研平台长期合作的优势，外派 58 名工程师参与 22 项高校院所产学研合作项目，包括 2 项国家重点研发计划项目和 1 项省重点研发计划项目。同时，积极开展企业科研项目技术攻关，为协同创新中心工程师创造实战历练机会。成立一年来，协同创新中心为企业带来经济效益约 5000 万元。

二、平湖推进协同创新发展存在的问题

为加速产业链、创新链、人才链全面贯通，推动知识创新、技术创新、区域创新战略融合，调研组对平湖光电与智能制造行业相关企业发放并回收有效问卷 55 份，并对上海交大平湖智能光电研究院、汽车零部件行业协会以及 17 家企业进行了实地走访，深入了解平湖市协同创新发展中遇到的痛点与难点问题，积极寻求突破点，奋力推动平湖市经济社会迈向更高质量发展。

(一)政校院企合作不够深化

1. 政府引导力度不够

政府作为协同创新体系的推动者,对协同创新发展的引导力度还不够。一是政策法规不够健全。当前政府促进校院企合作、推进柔性引才的规范性政策法规缺失,引导科技成果转化、技术顺利转移的保障性措施还不足,引导资金筹集、风险投资的鼓励性政策总体较少。二是政策效果不够理想。部分政策受惠面较窄,抽样调查结果显示,平湖市"柔性引才"政策对企业的激励作用不显著,仅有 5.45% 的企业享受过相关资金补助,剩下 94.55% 的企业表示未享受过相关资金补助或不清楚相关补助(见图 1)。同时调研走访中发现,企业认为"柔性引才"政策在实际实施中评审标准较窄、灵活度不够,由于条件限制而未能享受到相关资金补助的现象较为常见。三是企业认知不够到位。政府对协同创新及相关支持政策的推广活动还较少,通过走访发现企业对协同创新认知匮乏,一定程度上降低了企业主动加入协同创新网络的积极性。

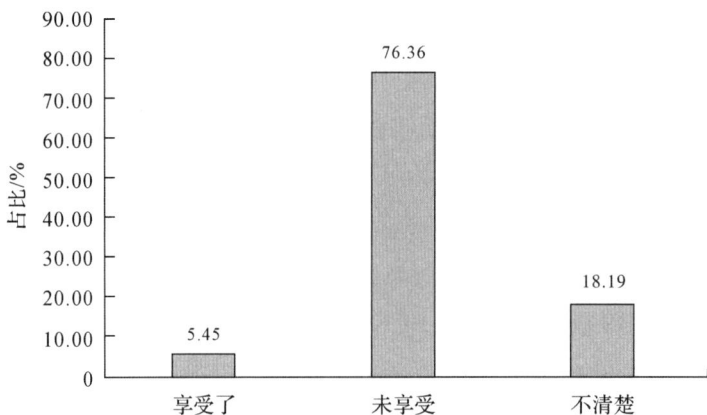

图 1 平湖市"柔性引才"资金补助发放情况

2. 协同合作机制不够完善

高校、科研院所、企业在协同创新合作中面临三大壁垒:一是商业秘密保护"难解"。在协同创新过程中,企业外部工程师会接触到企业核心技术秘密,可能会引起企业科技成果泄露、经营秘密泄露等"高危风险"。商业秘密纠纷案件举证难、保密难,可能会对企业造成致命伤害,致使企业对协同创新活动产生极大顾虑。二是利益分配机制"缺失"。当前,协同创新发展存在利益平衡机制缺失、知识产权及科研成果归属不清等问题,导致协同创新参与各方的利益无法得到有效保障,极大降低了各主体参与协同创新活动的积极性。三是校企对接载体"薄弱"。尚未建立有效的校企合作对话平台,抽样调研结果显示,当前企业工程师人才主要通过单位内部培养、引入国内发达地区人才、引入市内同行业人才等传统方式获得,与高校联合培养人才的企业仅有 14.55%(见图 2),校企联合培养人才的机制未有效建立。

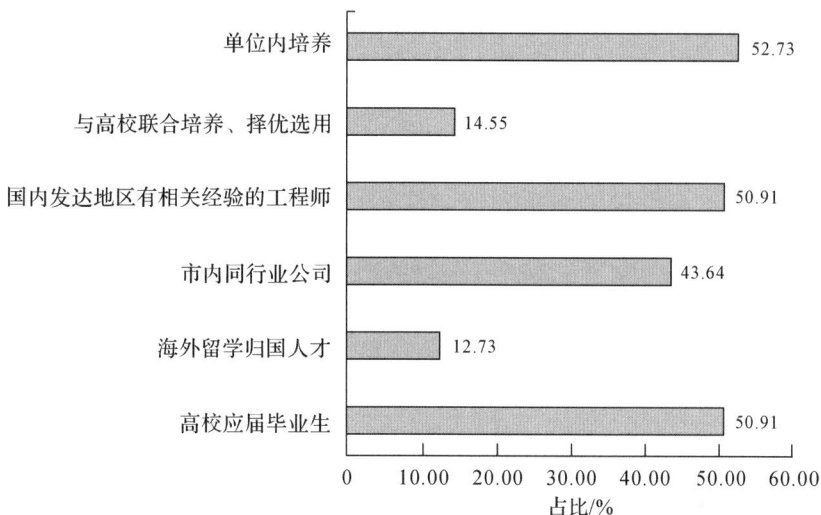

图 2 平湖市企业工程师人才引进方式

(二)人才集聚模式创新不够

1. 引才育才瓶颈问题突出

一方面,引才渠道有待拓展。抽样调研结果显示,在小微企业中,84.44%的企业存在工程师招聘困难的问题。平湖市位于长三角经济强市夹缝之中,高端人才受大城市"虹吸效应"集聚上海、杭州、苏州等,外加小微企业知名度不高、发展空间受限等,导致引才难、留才难。另一方面,育才机制有待健全。对工程师人才工作经验要求 3 年以上的企业占比 52.73%,1—3 年的占比 34.55%,有意愿招聘应届毕业生并进行内部培养的企业仅占 12.73%(见图 3)。从总体看,企业偏好经验丰富的高层次人才,对青年人才成长关注度不够,导致青年人才成长缺乏平台和机会。

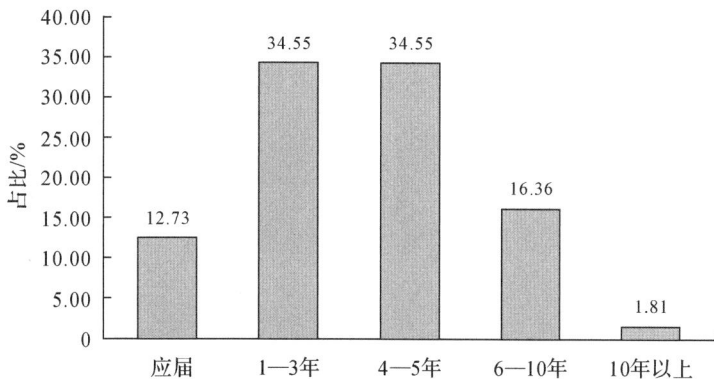

图 3 平湖市企业对工程师人才工作经验要求情况

2.人才供需信息有待整合

目前,平湖市层面还缺少人才信息整合系统,导致对企业人才需求、人才基本信息情况掌握不够全面。一方面,人才需求库未建立。尚未建立人才需求库,导致引进人才类型不符合企业实际需求。抽样调研结果显示,在企业招聘困难的原因中,有高达37.78%的企业认为是由于市场上大部分工程师能力与当前企业职位需求不匹配(见图4)。另一方面,人才资源库未完善。通过座谈交流发现,企业期望政府能建立完善的人才资源信息库,进而全面、准确、实时、动态掌握人才信息情况,引进更有针对性的行业细分领域高层次人才。

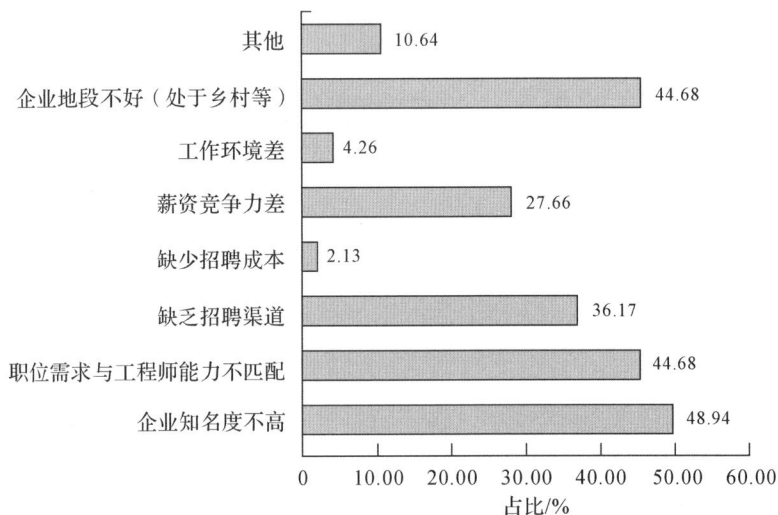

类别	占比/%
其他	10.64
企业地段不好（处于乡村等）	44.68
工作环境差	4.26
薪资竞争力差	27.66
缺少招聘成本	2.13
缺乏招聘渠道	36.17
职位需求与工程师能力不匹配	44.68
企业知名度不高	48.94

图4 平湖市企业招聘困难原因分析

(三)服务产业链条延伸不够

1.专业服务职能难以发挥

协同创新中心作为平湖市推进协同创新发展的主要平台载体,其专业服务职能未能充分显现,严重制约了创新资源的有效整合、聚变、转化、扩散。一方面,研究院运营机制较为僵化。非市场化的运营导致其竞争意识不强,且过分依赖政府政策优惠和财政补贴,难以充分有效发挥其职能。另一方面,科技中介服务机构相对空缺。协同创新中心暂未引入资产评估、投资服务、技术转移、成果转化等科技中介服务机构,难以发挥整合合力作用,不能为协同创新发展提供专业、高效、便捷、齐全的配套服务。

2.资金短缺困境突出

一方面,企业创新资金面临短缺。科技型中小企业普遍存在资金瓶颈,而大量的创新活动不具备短期内快速转化为经济效益的能力,因此当前中小企业协同创新活动风险过高,严重打击了企业科技创新的积极性。另一方面,金融市场资金尚未进入。协同创新中心当前主要通过政府经费支持政策发挥带头作用,金融市场资金还处于观望状态,协同创新资金来源严重不足,成为制约协同创新的一大难题。

三、国内外协同创新发展经验借鉴

美国产业/大学合作研究中心、德国弗劳恩霍夫协会和中科院深圳先进技术研究院在协同创新发展的长期探索中,积累了大量的可行性经验,总结分析这些经验对于持续开展协同创新具有重要的借鉴意义。

(一)美国产业/大学合作研究中心

美国产业/大学合作研究中心(Industry/University Collaborative Research Center Program,简称 I/UCRC)(以下简称中心)是由美国国家自然科学基金会(National Science Foundation,United States,简称 NSF)发起,以大学为基地,行业企业广泛参与的政产学合作科研创新联盟,现已在 160 多个大学,设立了 140 个中心,以开展竞争前研究为主要任务。第一,创建会员制合作模式。企业按规模大小每年向中心缴纳会费,中心产出的知识产权由参与研究的高校所有,会员企业可以对知识产权进行无版税使用。仅当所有会员企业全部放弃知识产权所有权时,高校才可将版权转让给非会员企业。会员制合作机制使得资金短缺的中小企业也可以通过成为中心会员,及时洞悉基础前沿动向、分享高校研究成果,为企业减少研发投入、实现技术升级提供可能。第二,打造混合经费资助体系。中心经费主要来自 NSF 资助和企业会员费。每一个中心在初建期都会以会员会费达到标准额度为前提,得到 NSF 共 3 阶段、每阶段 5 年的经费资助,若会费未达标则自动解散,且 NSF 资助逐段减少,会费标准逐段增加。这种动态调整、公私互动的资助方式保证了中心充分发挥自身职能、高度对接市场需求。第三,构建社会影响力评估机制。NSF 对中心的考核不以论文、专利、获奖为标准,而是以科研产出对会员企业的影响力和经济收益为导向,如:效率提升、工艺改进、产品创新、用户收益等,从而形成中心致力于孵化新技术、开拓新市场、引领新产业的价值导向。

(二)德国弗劳恩霍夫协会

德国弗劳恩霍夫协会(以下简称协会)是民办、公助、非营利科研机构,它在全国高校之中设立研究所,招揽大学教授和在校学生,现已拥有 2.4 万余名科研人员和工程师,致力于为企业开发新技术、新产品、新工艺,并协助企业解决创新发展中的组织、管理等问题。第一,采取"合同科研"合作方式。协会各研究所主要采取"合同科研"的方式向企业及相关机构提供科研服务,企业针对技术改进、产品开发、生产管理等需求委托研究所开展研发,支付研发费用、拥有研发成果。通过"合同科研"方式,企业可享有协会各研究所雄厚的科研实力、高水平的科研服务,并快速得到"量身定制"的解决方案和科研成果。第二,创新复合人才培养机制。协会研究所多设在大学内部,领导层中50%以上为大学教授,工作人员中40%为高校学生,独特的人才引进模式将大学的基础研究优势成功转换到协会研究所中。高校学生在协会中既要管理项目,又要学习商业营销。协会还鼓励年轻人离开研究所创办公司,并提供市场分析、公司业务计划制定、风险投资基金等支持,进而培养了大量的研究型、管理型、创新型结合的复合型人才。第三,完善成果转化服务机制。协会在政府的支持下创建了德国科研专利中心,提供包括专利咨询、专利保护贷款、许可证转让等服务。且引入专利投资组合分析系统,挖掘专利应用价值,实现专利在应用链下游持续增值,深入挖掘专利市场潜力。

(三)中科院深圳先进技术研究院

中科院深圳先进技术研究院(以下简称先进院)是由中国科学院与深圳市政府、香港中文大学共建的现代科研机构,下设8个研究所,形成超3300人的科研团队,主要从事现代制造业自主创新研发。第一,打造高效灵活管理模式。先进院推行"事业单位企业化"管理模式,实施弹性人才管理制度,采用全员聘任制,按照定量与定性结合、公开述职与集体评议结合,实行年底5%末位淘汰考核机制,充分释放科研力量、迸发创新活力。第二,完善创新人才引育机制。先进院借助香港教授全球人脉资源,实施全球招聘,确保65%以上的博士员工来自海外,打造国际化研究机构。构建首席科学家、领军人才和中青年骨干三级人才梯队,解决住房、子女上学等后勤保障问题。设置科技、产业化、支撑、管理4类岗位,制定灵活的职称评定标准,打通人才成长通道。第三,建立合作交流平台载体。先进院积极推进行业协会及产业联盟建设,2009年牵头成立深圳市机器人协会,已发展成国内机器人领域会员个数和产值规模最大的地方性协会。2019年又牵头成立深圳市人工智能学会、粤港澳大湾区先进电子材料技术创新联盟、深圳市脑认知脑疾病学术与产业联盟、亚洲合成生物学协会,积极构建学术与产业间桥梁,推动行业交流与合作。

四、平湖深化产才融合、推进协同创新的路径探索

高质量推进平湖协同创新发展能够凝聚创新合力,有利于加速实现金平湖新崛起、谱写"重要窗口"最精彩板块的平湖篇章。调研组建议借鉴多地协同创新发展的先进经验,突破制约协同创新的机制壁垒,进一步营造有利于协同创新的环境氛围,将平湖打造成高端人才集聚、高端成果频现、高端项目落户的新高地。

(一)完善政策链,助力"提速换挡"

政府严格把握协同创新发展的着力点,积极突破制约创新发展的机制瓶颈。一是

加强协同创新顶层设计。规范校院企合作管理制度,完善柔性引才政策措施,并加强对协同创新及相关政策制度的宣传引导,通过微信公众号、交流会、讲座等多种形式分众传播,把各参与主体充分吸引到协同创新网络中来。二是开展工程师认证制度构建。由政府部门主导,联合行业部门和产业界,构建工程师认证评估委员会,拟定组织章程、评估程序、评估标准、评估方法等,开展评估试点工作。通过工程师认证制度,推进以科研工作业绩为导向的评价体系,扶持青年技术人才成长,为产业界输送更多应用型人才,满足产业界、政府、高校、社会等各利益相关方对工程师人才培养的诉求。三是制定商业秘密保护行政指引。制定平湖商业秘密保护指南,明确商业秘密概念范畴,提供加强商业秘密保护的方法、救急措施、协议文本等,加强商业秘密保护管理贯标培训,曝光侵犯商业秘密行为的典型案例,针对企业商业秘密保护的薄弱环节,引入第三方机构组织咨询指导。四是优化成果转化分配机制。探索建立科技成果报告审查机制,开展对成果披露、市场调查、信息反馈、成果评价等环节的成果审查,加强对成果的市场价值论证,在大学、科研院所、企业之间建立以市场为导向的责权利和风险平衡的利益分享机制。

(二)补强人才链,加速"筑巢引凤"

破解人才"引、育、用、留"难题,构建多层次、宽领域、面向广的工程师人才队伍建设。一是建立人才供需信息系统。对企业人才需求情况进行摸底调查,特别是高层次人才和紧缺急需专业人才需求,建立完善的人才需求库,并通过多种渠道和方式发布人才需求信息,为制定人才引进计划、完善人才引进政策提供决策参考;整合经信、科技、人社等多方数据,以工程师人才为核心,打造类型全面、数据实时、操作方便、信息安全的人才资源库,打通各部门信息壁垒,实现人才信息高效管理和资源共享,为各类用人单位引进实用型人才提供支撑。二是加大科技人才引进力度。深化与长三角地区知名高校战略合作,利用其全球资源配置功能,引进海外高层次人才创新创业,加大海外人才队伍建设;制定有吸引力的国内外人才优惠政策待遇,深化项目引才、社团引才、中介猎才、以才引才等多元引才机制建设,为企业特别是中小企业引才拓宽渠道;学习先进院在协同创新中心设置结构合理的多元化岗位,拓宽人才成长通道,增强区域人才黏性。三是加强科技人才培养力度。以协同创新中心为载体深度融合高校、科研院所、企业资源优势,积极拓展"合作办学、合作育人、合作就业、合作发展"综合教育机制,如:鼓励三方联合设立博士后工作站,并加大对人才创新创业的支持力度,培养专业技术、双创、管理综合实用型高层次人才。四是深化科技人才柔性共享。加强协同创新中心人才队伍建设,集聚海内外高校、科研院所、企业的柔性、共享工程师,拓展产业知乎、远程问诊、资讯展柜、产才谱系等应用场景,为产业装上"最强大脑",助推高质量发展。

(三)激活创新链,引发"链式反应"

加速汇聚创新资源和要素,着力打破创新主体间的壁垒和阻隔,充分释放创新活力。一是试点产业会员制合作模式。由龙头企业带动中小企业、高校、科研院所成立产业联盟,在产业联盟中试点产业会员制,形成由企业出资、大学或科研院所承担研发任务、政府提供财政资助的产学研合作机制,开展产业共性技术研究,并在研发项目立项前以合同明确产权归属、成果扩散和利益分配,为科技创新发展提供内生原动力,解决基础研究布局与投入不足问题。二是学习"合同科研"合作方式。充分发挥协同创新中心平台作用,引入更多高校和科研院所,构建跨区域、跨学科的综合性科研队伍,引导高校、科研院所与企业签署服务合同,为企业尤其是中小企业提供个性化、精准性的研发服务,破除中小企业创新能力不足难题。三是深化行业协会桥梁作用。积极发挥行业协会作为行业助推器的功能,推进各细分领域行业协会建设,加强企业间的互动共享和开放协作,促进创新资源合理分工与有效衔接,加强工程师人才引进与管理,加速科技成果商业化与市场化,提升产业整体竞争力。四是建立产业需求价值导向。政府引导协同创新中心建立以产业需求为导向的绩效评价机制,不以论文、专利、获奖等定量成果为标准,而是精准对接产业技术需求,在绩效评价中增加企业的研发话语权,并引导企业在创新链前端更早地参与引领性、前沿性基础研究,保证创新合力真正投入产业发展需要的应用研究之中。

（四）夯实服务链,实现"蹄疾步稳"

统筹构建协同创新服务保障,促使人才、资金、技术等创新要素充分释放。一是改进协同创新中心模式。学习"事业单位企业化"管理模式,改变给人才贴"永久牌"的机制,建立动态调整机制,制定科学化、社会化、市场化的人才评价制度,打造能上能下、能进能出的人才流动系统,充分发挥协同创新中心高质量人才服务职能。二是引进科技中介服务机构。政府引导协同创新中心建立科技中介服务机构,如创新创业中心、科技成果转化服务公司、技术交易机构等,负责专利的遴选发现、价值评估、有效保护等,并帮助发明者自主创业、申请公共资金等,促进科技成果商业化和市场化。三是完善金融支持体系建设。探索公私结合的多元化投入方式,改变政府对协同创新中心固定经费支持的做法,建立合理的考核指标,激励协同创新中心引入更多产学研合作创新项目。发挥财政资金撬动社会资本的杠杆作用,构建政府投资、银行贷款、民间集资、海外引资等多渠道、多层次、全社会的金融支持体系,共同分担协同创新研发成本,实现资金链与产业链互联互通、同频共振。

课题组组长：朱磊

课题组成员：侯四海、杨震宇、邹天伊

以数字化思维深化"揭榜挂帅"全球引才机制研究

□ 中共金华市委组织部

在数字化改革大潮下,如何以数字化思维找准变革赛道,通过"小切口大场景"推动人才工作多跨融合、服务智联,是一项全新课题。继 2020 年在全国率先推出"揭榜挂帅"全球引才工作机制后,2021 年金华市委组织部主动顺应数字化改革大势,将"以数字化思维深化'揭榜挂帅'全球引才机制研究"作为全市组织工作年度重点调研课题,联合市直有关部门及部分县(市、区)组成专题调研组开展集中调研,旨在边调研边探索边实践,创新推行"揭榜挂帅"数字化应用场景,深度贯通企业需求端、科研供给端、政府服务端,加力招才引智,加速科技成果转化和技术难题攻关,走出一条政产学研用高效协同创新之路

数字化改革是新发展阶段全面深化改革的总抓手,人才工作作为连接各种发展要素的重要节点,对数字化改革具有天然的需求。2020 年,金华市在全国率先推出"揭榜挂帅"全球引才机制,在有效促进产才融合、助力产业发展方面取得了积极成效,但也出现了企业和人才信息不对称、要素资源配置不优、部门协同机制不健全等问题,亟须强化数字化思维,以数字化改革牵引赋能,对"揭榜挂帅"的理念、机制、工具、手段、方法进行迭代升级,深度连接企业需求端、科研供给端、政府服务端,重塑人才引育留用全链条,持续放大人才科技溢出效应。2021 年 2 月,全省数字化改革大会后,金华市委组织部第一时间联合科技、经信、科协等市直部门和义乌、永康等县(市),组成专题调研组,就"以数字化思维深化'揭榜挂帅'全球引才机制研究"集中开展调查研究。调研组突出问题导向、目标导向、效果导向,采取实地调研、交流座谈、会商研判等形式,先后走访 200 余家高新技术企业、重点人才企业、隐形冠军企业和科研院所,研究提出数字赋能"揭榜挂帅"机制路径,同步推动探索实践。3 月,金华市"揭榜挂帅"云平台正式投入运营,8 月正式升级为省级平台,纳入"浙里人才管家"重要应用,累计发布榜单 2250 项,带动 119 所高

校院所 254 个科研团队揭榜,攻克难题 296 项,帮助企业降本增效 18.3 亿元,推动西安交通大学技术转移中心等新型研发机构落地金华。现综合调研和实践,形成该调研报告。

一、以数字化思维深化"揭榜挂帅"全球引才机制的动因

2020 年,金华率先推出"揭榜挂帅"全球引才机制,借全球大脑解金华发展难题,带动一批科研团队揭榜,破解了一批"卡脖子"技术难题。如何进一步巩固和深化前期工作成果,实施"揭榜挂帅"数字化改革是关键一招,这既是数字赋能拓展精准引才路径的大势所趋,也是回应企业呼声、破解难点堵点问题的应时应势之举,具有一子落而满盘活、牵一发而动全身的放大效应。

第一,打造数字化改革硬核成果的重要任务。2021 年初,浙江省委在全省数字化改革大会上全面部署了数字化改革工作,强调要加快建设数字浙江,打造全球数字变革高地,形成"重要窗口"重大标志性成果。在全省数字化改革"152"框架体系下,金华市委提出要紧扣重大需求,突出重构重塑,彰显管用有效,加快打造硬核成果,提升治理能力和服务水平。人才作为战略资源,是连接各种发展要素的重要节点,人才工作的整体智治,事关资源要素的高效配置、经济社会的高质量发展。"揭榜挂帅"全球引才机制推行一年多以来,在助力产业转型发展方面取得了一定成效,也出现了精准智配堵点难点问题,亟须以数字化改革思维和手段予以破解,为组织系统数字化改革工作提供经验和样本。

第二,破解"产才对接"供需错配的现实需要。"揭榜挂帅"全球引才机制开辟了产研转化新途径,但按传统线下寻榜、发榜、揭榜的模式,成本较高、效率较低,快节奏更新的企业需求与海量的人才成果信息难以精准智配,仅仅筛选过程,就耗费了大量人力和时间成本,仍有部分企业问题未解决、部分专利成果未转化落地。此外,人才实际科研能力的难量化与企业机密课题描述得不透彻,导致产研合作存在信息壁垒,供需对接不够精准。为推进"揭榜挂帅"向实时化、精准化、智能化发展,亟须通过数字化改革形成产研精准智配的"揭榜挂帅"云平台,借助大数据分析和网络放大效应,打破信息壁垒,实现技术问题与人才团队、科研成果精准智配。

第三,放大人才揭榜溢出效应的根本要求。引进人,更要留住人、用好人。在新型国际竞合关系和新型病毒感染疫情全球化蔓延的双重影响下,全球引才面临更大的困难,主动"找上门"的人才越来越少,动员人才回国的成本越来越高。通过实施"揭榜挂帅"全球引才机制,成功引进了一批专家团队,如何发挥人才科技的最大效用,让这批专家留下来常态化服务产业发展,成了最大的现实难题。依托数字化改革,运用信息综合集成、大数据智能分析的技术手段,可为专家提供技术难题需求精准智能推送,通过一个个项

目点上的合作,促成全产业链的深度融合,实现引进一个团队带动一个产业的整体转型升级。

第四,强化部门协同形成合力的基本保障。企业转型升级、人才创新创业的过程中,需要金融、市场等各要素的支持,涉及各部门各行业。一方面部分受生产技术"卡脖子"的企业,也面临着技术人员不足、资金流短缺等问题,需要整合全要素资源支持企业发展。另一方面为实现先引技术再引人才的引才新途径,需要打通信息壁垒,畅通各部门间人才配套服务。以线下为主的"揭榜挂帅"体系,无法满足企业需求、科研成果、专家人才等创新要素的融合发展需求,深化人才工作数字化改革缺乏行之有效的抓手,亟须一个线上综合服务平台,以数字化思维有效整合各部门间资源,推动人才工作体制机制改革和服务效能提升。

二、数字赋能"揭榜挂帅"的金华实践

自 2021 年 3 月起,金华市围绕打通企业、高校和人才之间的信息壁垒,聚焦全球引才,通过线上线下双线运行,构建"一榜双联、三端协同、四位一体"平台。即以企业技术需求榜单为牵引,推动企业技术难题与专家科研成果的双向联动,促进政府服务端、企业需求端、高校供给端"三端协同"的实时对接,形成智力支撑、成果转化、数据集成、人才服务"四位一体"的多跨协同,形成服务企业科技研发、助推企业转型升级的智力支撑平台。

第一,构建"淘宝式"的实时平台。平台集成信息展示、技术成果转让、技术需求发布和揭榜等功能,让企业可以随时发布技术难题,实现 1 小时"上架",面向全球发布。而科研和技术人员只需拿出手机扫一扫,就能实现"码上揭榜",极大方便了发榜、揭榜的交互。如困扰浙江巨隆塑料电器有限公司一年多的"PPO 塑料改性材料技术难题",发榜仅一个星期就被揭榜,一个月完成技术攻关,现在已完成销售额 1000 多万元,为企业节省了大量时间,带来经济效益的同时推动了企业发展转型(见表 1)。

表 1 人才"揭榜挂帅"云平台建立前后数据对比

年份	榜单发布数/个	榜单攻克数/个	兑现榜金/万元	合作高校/个	合作团队/个
2020	475	28	8511	42	73
2021	2250	296	35000	119	254

第二,建立人才成果资源库。聚焦金华市制造业"2+4+X"重点产业,在云平台中集成高校成果和科研人才的信息资源系统。导入浙师大等高校 2000 余名教师的 1.5 万余条科研成果,储备来自中国科学院、清华大学、浙江大学等近百所高校院所的高层次

人才 4 万余名(见表 2)。榜单"上架"的同时对信息进行自动匹配,企业接收匹配专家、专家接收匹配项目,通过微信、短信等方式实时通知。截至目前,共通过云平台带动浙大、浙师大、浙工大等 119 所高校院所的 254 个科研团队揭榜,促进了产研合作。如揭榜的浙江理工大学专家团队,除了获得千万元的榜金外,原有的多项专利技术得到充分使用,形成了发明专利 9 件、实用新型专利 3 件,撰写学术论文 3 篇,其中 SCI 收录 1 篇。

表 2 通过"揭榜挂帅"云平台联系较紧密的省内外高校

省 内			省 外		
高校	兑榜金额/万元	攻克数/个	高校	兑榜金额/万元	攻克数/个
浙江大学	5845.0	29	西安交通大学	966	6
浙江师范大学	1811.5	34	江南大学	838	6
中国计量大学	1836.0	12	上海第二工业大学	680	4
浙江理工大学	1799.5	12	上海交通大学	252	5
浙江工业大学	1197.9	13	早稻田大学	207	5

第三,举办"产业链"专场活动。围绕重点产业链发展需求,市县联动先后举办 46 场"揭榜挂帅"专场会,邀请全国超百所高校科技处负责人参与,与中国光电产业联盟、中国医药商业协会等国家行业协会建立人才共享机制,加快对接转型升级需要的紧缺人才。如义乌市举办光电产业专场"揭榜挂帅",成立了"人才发展集团",以市场化手段推进"揭榜"工作;永康市举办智能门(锁)、电动工具专场,开展了项目路演、"云"上发布、考察走访等活动;武义县举办保温杯(壶)专场,组织企业家、科学家开展技术难题现场"路演"等,形成了集成化招才引智的工作声势。其中,武义的首批榜单发布后,西林德、保康等 20 余家先进装备制造领军企业联合申请以"揭榜挂帅"方式发布自动化生产线改造的共性难题,吸引了上海大学、上海第二工业大学等高校主动驻点揭榜。深圳大学教授黄虹斌团队,专程来金调研一周时间,对接 6 家企业,达成榜单合作意向 4 个,并针对企业同类技术问题,拟来金设立研发机构,提供技术工程化开发服务。从云平台已发布的 2250 个难题榜单看,大部分集中在全市重点发展的产业领域(见图 1)。

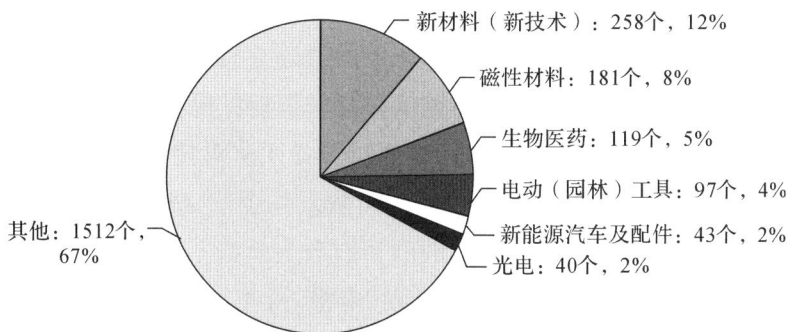

图1 "揭榜挂帅"云平台已发榜项目清单

第四,拓展"精准化"引才路径。以数字化的云平台为窗口,推动企业走上前台,"明码标价"精准引才,形成了"无评审、无标识"的引才路径,柔性引进了超百名科研一线高层次人才来金驻点攻关,进而帮助中小微企业引进"高不可攀"的人才团队,以全球大脑解金华发展难题。同时,通过云平台展示企业难题指引高校院所开展研究,让产才融合方向更精准,有力改变科研成果产业化难、企业创新能力弱的现状。如上海第二工业大学杨敬辉教授科研团队攻克了西林德公司发布的"钢瓶内部自动化补喷油漆技术开发"的技术难题,提高企业工作效率3倍以上,当年增加产值超1000万元。随后还在金华市投资建设智能制造产业研究院,聚集高端人才,先后揭榜金跃动力科技有限公司、鸥鸥工具有限公司等6家企业发布的难题,其中4项已攻克,与金华实现了长期产学研合作,为当地产业转型升级提供科技支撑。目前,从云平台已兑榜项目看,通过云平台柔性引进的专家团队,专业领域与地方产业高度契合(见图2)。

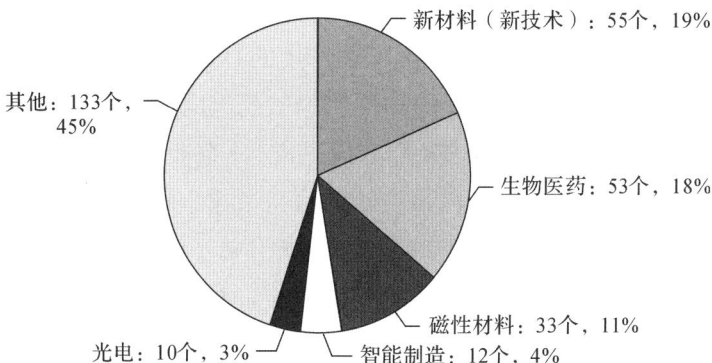

图2 "揭榜挂帅"云平台已兑榜项目清单

第五,建立"全流程"服务系统。一是促成产研合作互信。企业发布的榜单由市揭榜服务中心线上统筹联审,确保榜单的真实性。由云平台为企业和技术团队双方提供线下服务与信用背书,直至项目攻克、榜金兑现。如浙江华川实业集团发布的技术难题,项目总投资 2.1 亿元,其中 1.1 亿元作为榜金,并直言有政府的信用支持,乐意以高榜金解决企业难题。二是提供人才融资服务。金华市通过建立总规模超 50 亿元的"双龙人才基金",将"揭榜挂帅"项目纳入重点支持范畴;推出"揭榜挂帅贷""揭榜险"等金融产品,给予企业贴息补助,减小企业失败风险。如通过服务团队对接撮合,浙江石金玄武岩纤维公司通过聘请中国工程院院士周丰峻及其团队入驻企业,成功突破 400 孔、600 孔全电熔融拉丝等技术难关,获得 1590 万元的项目财政支持。三是嵌入人才引进系统。对承接"揭榜挂帅"项目的人才,通过"双龙计划"申报、科技项目奖励、人才申报奖励等系统,按项目投入、人才成果进行线上核查评定,给予相应奖励、待遇。四是连接人才公共服务体系。聚焦"揭榜挂帅"类人才的高频服务需求,整合科技、人社、卫健、公安、司法、医保、文旅、体育、公积金、机场等 10 家单位的服务资源,集成 27 小类 151 项人才专属服务,实现高频事项"不见面"办理,人才政策"一码兑现"。

三、数字赋能"揭榜挂帅"的工作启示

金华以数字化思维深化"揭榜挂帅"全球引才机制,进一步推动政府有形之手与市场无形之手精准互动,在引才供给侧与科研需求侧双向发力,解决传统引才的痛点堵点,为二、三线城市抵消一线城市"虹吸"效应、加快错位赶超发展提供了新的赛道,有效提高了量大面广的民营企业招才引智、转型攻坚的积极性,为构建关键核心技术新型举国体制提供了地方经验。

第一,思维转换推动"买方市场"变"卖方市场",有效提高企业主体在创新资源市场的主动权。以数字化思维搭建的"揭榜挂帅"云平台,使企业从千金"买人才"转变为千金"卖难题",切中让市场在资源配置中起决定性作用的趋势,一改企业"大海捞针"求才的不利局面,实现了从"买方市场"向"卖方市场"的转变。实践证明,这种契合市场规律的引才方式与产业黏合更加紧密,产才融合方向更准,让企业转型升级的主动性更强,激活了企业发展的原动力。浙江今飞凯达轮毂公司是一家上市公司,其"智能机器人自动化设计及制造技术"榜单一经发布,短短半个月,就引来了深圳大学、哈工大、重庆大学、中科院福建研究所、东南大学等 11 所高校科研团队前来对接。经多轮比选方案后,已和深圳大学、重庆大学、东南大学等 3 家科研院所进入实质性洽谈阶段,即将签约。公司负责人表示,以前要一家一家上门求人才,现在是多名人才、多个团队供企业选择,在创新资源市场掌握了引才留才的主动权。

第二,数字赋能搭建全开放式云平台,有效拓展精准引才的方法路径。突如其来的新冠疫情,暴露了传统引才方式技术层面的短板,创新引才方式既是形势所迫,又是顺势而为。"揭榜挂帅"云平台面向全球的全开放式特点,为人才流动、产才融合开辟了新

的通道,形成了"不求所有但求所用"的全新引才方式,切中新型国际竞合关系下引才的要害。实践证明,这种引才方式,既能有效规避企业平台能级不足所带来的全职引进高层次人才的不确定风险,又能将最有效的先进技术为我所用,直接帮助企业解决产业发展难题,是精准引才的有效路径。步阳集团是中国建筑金属结构协会副会长单位,也是智能门(锁)类行业中的领军企业。通过"揭榜挂帅"云平台先后发布了"芯片定位实时跟踪系统在门业领域的应用"等14项行业共性难题,总榜额高达1.4亿元。先后有上海交通大学教授李颉、上海弘视智能科技有限公司董事长潘今一、北京智脉识别科技有限公司董事长方沛宇等3名门锁芯片领域的国家级人才"揭榜"。经过洽谈,拟在金合作共建研发实验室,与步阳集团共同研制特有芯片,破解智能门(锁)行业的关键性技术瓶颈,助力门(锁)行业转型发展。通过企业点上的技术问题,牵引了产业领域专业技术人才的集聚,实现了与产业链转型需求的精准对接。

第三,改革驱动建立成果导向的人才评价机制,有效加速科研成果转化。"揭榜挂帅"云平台客观上使技术难题的攻关,从"追着资历跑"转变为"追着成果跑",切中了人才评价机制改革的难点。通过"揭榜挂帅"云平台发布的技术难题榜单,不设"论文、职称、学历"的门槛限制,只要能解决问题就可给予人才奖励,有利于青年人才脱颖而出,有助于防范研发成果的不可验性带来的科研资金低效使用风险。实践证明,以成果为导向的评价机制已推动部分高校院所的科研管理体制改革,为人才评价机制改革提供新途径,具有制度经济学范畴上的积极意义。浙江大维高新技术股份有限公司在脉冲等离子体电源的储能系统方面遇到"卡脖子"难题,通过云平台发布后,与浙江大学电气工程学院何湘宁教授团队达成合作。在针对难题榜单实现科研成果转化的同时,何湘宁教授团队还为公司研发人员开展专项技术培训,协助梳理补充研发流程,为公司新培养了2名高级工程师和3名工程师。该项目研发的关键技术荣获浙江省科技进步奖一等奖、浙江省环境保护科学技术三等奖、中国环保产业协会二等奖等奖项,累计申请发明专利6项,实用新型22项,软件著作权5项。难题攻克后,以脉冲等离子电源为核心部件的直接等离子体法烟气多种污染物协同脱除超净排放装备,荣获2020年度浙江省装备制造业首台(套)产品,成为科研成果向产业转化的典型。

四、数字赋能"揭榜挂帅"面临的难点问题

数字化思维的引入为"揭榜挂帅"全球引才机制的迭代升级注入了新的活力,使之更加契合企业技术难题攻关、专家科研成果转化、地方产业转型升级的需求。但是,从人才"揭榜挂帅"云平台运营半年多的实践看,还面临着一些堵点难点问题。

第一,云平台的专家成果库不够充实。技术难题榜单的精准匹配对接,需要有海量

的专家成果库作为支撑。根据教育部12月份发布的《全国普通高校本科教育教学质量报告(2020年度)》,2020年全国本科高校专任教师总数为126万人。当前人才"揭榜挂帅"云平台虽然已导入本地高校科研技术成果1.5万余条,并通过"揭榜挂帅"洽谈对接,形成了4万余名的省内外高校高层次人才库,但仅占全国现有的教师人才数量的3.2%,与云平台已发布的7583条技术难题榜单相比,还远远不足,一定程度上限制了榜单难题的精准推送。

第二,云平台的知晓度不够。当前云平台的推广主要依靠专场活动推介、人才工作者走访调研时上门宣传,在高校院所尤其是省外高校院所专家教授中的知晓率还不够高,不少专家知道有人才"揭榜挂帅"云平台,但不知道云平台榜单查询的入口。部分企业急需解决的"卡脖子"技术难题榜单,由于专业范围窄、技术难度大、工艺要求高,受云平台的辐射范围所限,存在着"寻帅"难问题。如浙江开尔新材料有限公司的"解决搪瓷钢板高温烧成后易变形的技术需求",虽然从事相关领域研究的专家较多,已对接上海、深圳、西安、武汉等各地专家10余批次,但一直未能找到能破解该项关键技术难题的专家团队,目前仍通过各种渠道进行推介。

第三,开放式云平台的数据隐私防护不够到位。云平台在有效拓宽榜单引才覆盖面的同时,其开放式的特点让部分企业存在顾虑,如果发生信息泄露或被盗用,将导致高额投入"打水漂"、核心技术泄露甚至同行恶性竞争的风险。尤其是一些涉及企业核心技术,在行业领域属于共性、变革性技术的榜单企业,因担心云平台的信息安全问题最终放弃公开发榜。如,义乌荣利服饰负责人原计划投入1000万元进行新型服装面料研发,在与中科院、东南大学等多家单位的专家团队对接后,综合考虑发现产业化前景不清晰,最后放弃发榜。

第四,云平台的服务保障不够完善。数字化改革是一个长期的螺旋式迭代过程,不能一蹴而就。在企业实地调查中发现,部分企业存在未使用或很少使用各类线上政务服务平台的情况,仍依赖线下途径解决各类问题。现有的云平台虽然已多跨了科技部门科研成果、人社部门人才服务、部分高校院所专家人才等资源系统平台,但尚未覆盖人才创新创业全周期要素,部门之间、市县之间,以及所集成的数据之间的连接还不够顺畅、联动还不够有力、效能还有待进一步提升。

五、数字赋能"揭榜挂帅"的工作建议

金华市将继续深化"线上+线下"双线运行的"揭榜挂帅"全球引才机制,聚焦畅通双循环、加速人才科技要素流动,形成集智力支撑、成果转化、数据集成、人才服务于一体的"四维"多跨协同体系,打造人才竞争新优势。围绕下一步工作,主要有四方面意见建议。

第一,数字赋能增效,以企业为主体构建联动性的引才品牌。紧抓数字化改革契机,发挥新媒体渠道优势,联动高校院所科研成果转化部门、揭榜挂帅服务联盟成员单位等,加强对云平台的宣介推广与分析推送。发挥云平台上升为省级平台的优势,加大省级以上层面的宣传推介,进一步提高云平台榜单曝光度、关注率,同时吸纳更多省内外高校院所专家人才和技术成果入库,实现更加精准的智能推送。不断释放政策红利,为"揭榜挂帅"的合作项目,叠加出入境、科技奖励、金融支持等方面政策优惠,让各路人才在金享受其他地方享受不到的政策、办成其他地方办不成的事业,形成具有全国影响力的招才引智、技术交易云平台。

第二,聚焦难题攻坚,以行业协会为主体构建共性化的技术攻坚联盟。发挥行业协会桥梁纽带的作用,推动协会定期召集成员企业清点技术需求、建立共性难题榜单,并以协会名义在"揭榜挂帅"云平台发布,推动与国家级、省级行业协会深度合作,加速行业内部协同攻克"卡脖子"技术。通过行业协会发布技术榜单的好处,在于一方面整合了全行业链条的科技创新要素,另一方面消除企业担心"因发榜暴露产品短板"的顾虑。

第三,助力产研互信,以主管部门为主体构建数字化的评价机制。探索建立发榜单位、揭榜团队、落地项目综合评价体系,在榜单真实性、人才信用度、团队专业性、项目实效性等方面对揭榜项目进行综合评价,根据评价结果对发榜单位和揭榜团队赋码。为企业和人才团队间的相互选择提供参考,帮助人才企业更快建立信任关系,更快推动项目开展。

第四,深化数字改革,以云平台为主体完善人才服务全链条。以云平台为主体,以"人才码"为纽带,持续探索"1+X"的人才工作数字化改革事项,集成补贴等政务服务、链接金融等市场服务,明确服务供给责任主体、办理时限、工作流程,变"被动服务"为"主动服务",形成服务闭环。推出人才需求图谱,聚焦"2+4+X"重点产业发展,形成人才需求图、合作机会图,让人才、企业、高校院所等各类主体快速找到所需资源。打造覆盖广泛、运转高效的人才服务网络,升级打造集"产学研用金、才政介美云"于一体的创新创业集成平台。

课题组组长:王尧祥
课题组副组长:刘伟霞
课题组成员:申玮瑾、廖雄波、金浩、鲍奕帆

打造海洋人才管理改革试验区的探索与思考

——以东海实验室为例

□ 中共舟山市委组织部

近年来,全国各地纷纷试点人才管理改革试验区建设,围绕引进、使用和激励海内外高层次人才,在签证居留、资质互认、科技金融、股权激励、平台建设、税收支持、生活保障等方面采取了一系列创新性举措,在点上突破、示范先行上取得了显著的成效。人才管理改革试验区作为人才政策和体制机制创新的重要载体,对于舟山这样的海岛地区实现人才工作改革突破、弯道超车具有重要的现实意义,为此,自2021年以来,舟山市委组织部结合工作实际,立足舟山海洋特色,组织专门人员对打造海洋人才管理改革试验区进行了专题研究,希望依托东海实验室的先行先试、改革示范,进一步对人才放权松绑、助力赋能,形成人才引进培育、人才编制周转、人才评价认定、双创服务升级等人才发展关键环节的改革试点经验,为舟山市高质量发展建设共同富裕示范区先行市提供更坚强人才智力保障。

一、舟山市打造海洋人才管理改革试验区的主要考虑

作为城市能级、综合实力不具备显著竞争优势的海岛城市,舟山市探索开展海洋人才管理改革试验区建设,主要有三方面的现实需求。

一是落实上级决策部署的现实需求。2021年9月,在中央人才工作会议上,习近平总书记强调,要加快建设世界重要人才中心和创新高地,开展人才发展体制机制综合改革试点,集中国家优质资源重点支持建设一批国家实验室和新型研发机构,加快形成战略支点和雁阵格局。《浙江省人才发展"十四五"规划》提出要建设一批人才管理改革试验区,对人才密集、管理规范、信誉良好的用人单位,按照"能放则放、应放尽放"原则,赋予人才"引育留用管"等方面的充分自主权。为此,我们决定充分发挥海洋优势,借助新

型研发机构——东海实验室建设的契机，建设海洋人才管理改革试验区，探索面向科研人才的体制机制改革。

二是推动海洋经济发展的现实需求。海洋是舟山最大的优势也是最明显的特色，舟山承接的国家战略、重点产业、重要平台大多是"海字头""国字号"的，但目前舟山的经济总量、人才体量、创新能力相比其他城市有一定差距，急需探索出一条别人没有走过的特色化海洋人才管理改革路径，来激发海洋人才效能、提升海洋创新动力，让这些大战略、大项目、大平台落地落实、发展壮大。

三是创建高端人才平台的现实需求。东海实验室是由舟山市政府、浙江大学、自然资源部第二海洋研究所联合共建的新型海洋特色研发机构，承载着抢占国内海洋科技优势地位、承担国家海洋战略使命、做大海洋人才资源增量的重要职责。平台能承载人才，但更需要人才的支撑。建好、发展好东海实验室，关键在人才，特别是在建设起步阶段，更迫切需要通过破除人才引进、培养、使用、评价、服务、支持、激励等方面的体制机制障碍，充分集聚高端人才，充分释放人才活力，充分激发创造张力。

基于这样的背景，我们决定充分发挥海洋优势，借助新型研发机构——东海实验室创建的有利契机，通过试点突破、示范建设的方式，探索以东海实验室为核心的海洋人才管理改革试验区建设路径，形成具有指导意义和实践价值的人才体制机制改革经验。

二、舟山市打造海洋人才管理改革试验区的现状分析

一是具有丰富的海洋区位优势。舟山地处我国东部黄金海岸线与长江黄金水道的T字形交汇处，背靠国内经济最活跃的长三角，是"一带一路"、长江经济带和长三角一体化的重要节点，是我国对外开放的海上门户和重要通道，与亚太新兴港口城市呈扇形辐射之势，区位优势得天独厚。进出我国沿海的七条国际主航线中有六条在此经过，深水岸线总长 280 千米，占全省的 55.2%、全国的 18.4%，港航资源非常丰富。

二是具有强势的海洋产业基础。舟山是我国首个以海洋经济为主题的国家级新区，海洋经济增加值占地区生产总值的 65% 以上，初步形成了以港口物流、临港工业、海洋旅游、现代渔业为支柱的现代海洋产业体系。2021 年，舟山港域货物吞吐量达到 6 亿吨，江海联运量占长江干线总量的 20%；油气贸易额 7800 亿元，原油加工 2652 万吨，油品储存能力 3400 万方，跨境人民币结算额突破 1000 亿元，舟山港区成为全球第六、全国第一大加油港。

三是具有厚实的海洋科研资源。舟山海洋科创资源较为集中，种类多样、特色明显的海洋产业以及群岛型的自然环境为科学技术提供了多元化的应用场景，是浙江省海洋科技创新应用的新孵化平台、新试验空间、新生态载体最丰富的地区。舟山几乎集聚

了浙江省最高水平的各类涉海高校和科研院所,拥有浙江大学海洋学院、国家海洋二所舟山研究基地、浙江海洋大学、浙江省海洋水产研究所、浙江省海洋开发研究院等涉海高校和科研机构。拥有海洋领域国家级工程技术研究中心1个、国家地方联合工程实验室3个、省级重点实验室和工程技术研究中心9个,是向阳红10号、大洋1号等大洋科考船的母港,拥有浙海科1号、2号等一批海洋科考船。

四是具有一定的涉海人才。涉海高校、科研机构和骨干企业的集聚为舟山带来了一批海洋科技人才,为舟山建设海洋人才管理改革试验区提供了重要助力。尤其是浙江大学和自然资源部海洋二所在海洋科研领域处于省内顶级、国内强势地位,已分别在舟山布局建设了校区和科研基地,并汇聚了一支海洋科技领域的高层次人才队伍,共有两院及海外院士13人,国家引才计划专家、教育部长江学者、国家杰青等国家级领军人才31人,中国勘察设计大师1人,浙江省特级专家6人,"四青"人才30余人。

五是具有较大的人才工作力度。近年来,舟山坚决贯彻中央、省委、市委决策部署,着力发挥海洋、自贸特色优势,牢牢树立人才强市工作导向,全力深化人才发展体制机制改革,大力引育"高精尖"人才、打造人才发展平台、优化人才发展生态,人才工作特色化、差异化、实效化显著提升。先后出台人才新政17条、升级版人才新政18条等重磅人才政策,高质量打造"1+10+X"人才政策体系,人才体制机制不断创新,平台载体建设不断优化,人才资金投入不断增长,人才服务水平不断提升,人才发展保障不断增强,人才政策环境不断优化,为各类人才的集聚发展奠定了坚实基础。

六是具有阶段性平台建设成效。现阶段,东海实验室已经正式挂牌运行,并成为智慧海洋领域省级实验室。其建设已经在省、市层面取得了广泛共识,已确定的建设定位、总体目标、科研领域、建设模式、组织架构、运营机制、投资方案、人员规模、空间规划等关键信息,既为我们依托东海实验室开展人才管理改革奠定了基础,也为我们进一步提出改革思路和举措提供了依据,同时,也更加有利于我们针对性开展人才需求分析和建设规划编制研究。

三、舟山市打造海洋人才管理改革试验区的问题分析

为深入分析舟山市打造海洋人才管理改革试验区面临的问题困难,我们根据新型研发机构的特点和需求,采用现场考察、座谈调研、问卷调查等方式,向东海实验室筹建专班、人才工作相关职能部门、高校科研机构、部分涉海企业的负责人和有关人才针对性了解了相关情况,并梳理出四方面的问题和障碍(见图1)。

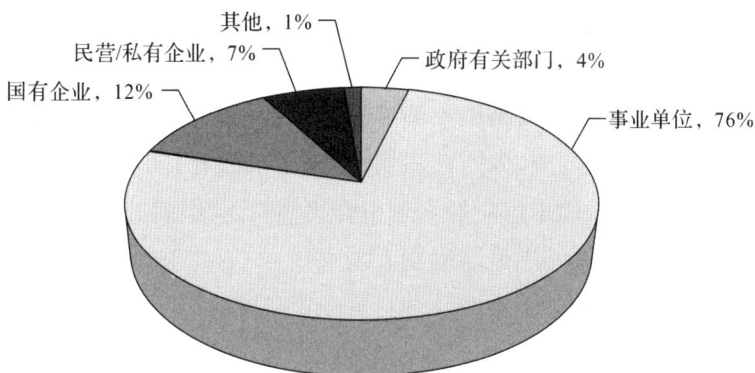

图1　问卷调查对象单位分布

（一）人才队伍结构不够完善

长期以来，舟山的海洋人才多集中在船舶修造、港口航运、渔业水产等传统行业，人才层次普遍较低，高层次人才相对较少，人才队伍结构不够优化。一是技术创新人才较少。具备原始创新能力的人才匮乏，缺少海洋芯片、高端海洋装备等领域突破"卡脖子"问题的技术创新人才。二是产业领军人才较少。海洋产业粗放发展，特别是民营企业规模普遍较小，缺乏能够引领产业发展的高层次技术和管理人才。三是高端服务人才较少。缺少海洋、自贸领域大宗贸易、金融法务、海事服务的高端服务业人才。

（二）人才集聚能力不够高

现阶段，舟山海洋科创平台的综合实力还不够强，无论是平台的数量规模还是平台的能级层次，与长三角区域其他城市相比不具备竞争优势。一是吸引人才的项目机会较少。虽然一系列国家战略、重大项目的相继落地，给舟山带来了巨大的发展潜力，但目前，舟山的海洋经济产业链仍不够健全，海洋产业的科技含量不够高，相对应的科研项目、薪酬待遇、发展空间等有限，对高端人才、青年人才的吸引力相对不够。二是承载人才的平台载体不强。相对于深圳、青岛、广州、宁波等先进城市，舟山人才平台能级较低，特别是企业的科研平台多从事产品检验、质量检测等低端辅助，高水平的海洋科研平台、发展程度较高的企业等平台载体比较少。三是留住人才的政策力度小。受制于有限的人才政策资金投入，舟山与先进城市和省内兄弟地市相比，在住房安家补贴、人才双创支持等方面的政策优势还不明显。

（三）人才发展环境不够优化

与发达国家、先进地区相比，舟山在硬件配置方面的差距已大大缩小，但软环境上的差距还比较明显。一是人才国际化程度不够高。作为浙江自贸试验区先发区和面向国际的海洋经济桥头堡，舟山在国际化人才的出入境、停居留、教育医疗、生活配套等方面,还面临资源不足、服务水平不高等问题。二是人才生态体系不够健全。虽然已经有跨海大桥和机场,但高铁尚未通行,交通出行依然是舟山吸引人才的短板。同时,生活休闲、文化娱乐、商业服务等配套设施也不够丰富。三是公共服务能力不够高。舟山优质的医疗、教育资源分布不够均衡,人才在家属工作、子女教育、父母医疗等方面存在一定困难。人力资源服务产业,如市场化的人才中介机构、社会组织的发展程度不高,区域内的人力资源服务公司难以较好满足高端用人需求。

(四)体制机制改革有待深入

舟山当前正处于经济社会加快发展的追赶期,人才引进、培养、使用、评价、流动、激励等方面的体制机制障碍尚未有效破除。一是第一资源观念落实不到位。主要表现在部分地区和单位人才开发与自主培养的观念停留在表层,对人才的待遇、激励、尊重和爱护体现得不够到位。比如,有时面向科研院所的机构管理或科研院所内部管理中,对资金、项目的重视程度远远高于对人才的重视程度。二是传统科研院所痼疾依然存在。作为东海实验室的核心支撑力量,无论是浙江大学海洋学院、还是海洋二所,在科研领域仍存在一系列影响人才发展的矛盾和困难。比如,高校科研院所自主权不足;基础创新、原始创新领域的人才创新活力激发不足;学术界与企业界连接桥梁不畅,科技成果转化不足;智力成果参与分配程度不高;人才评价中的"五唯"束缚创新活力等。三是人才政策改革驱动力不足。主要体现在产学研用间尚存在脱节现象,人才链、创新链、产业链协同发展机制尚未有效形成,科技创新向产业转化的"最后一公里"还不够畅通,海岛地区引才难、留才难问题还比较突出等(见图2)。

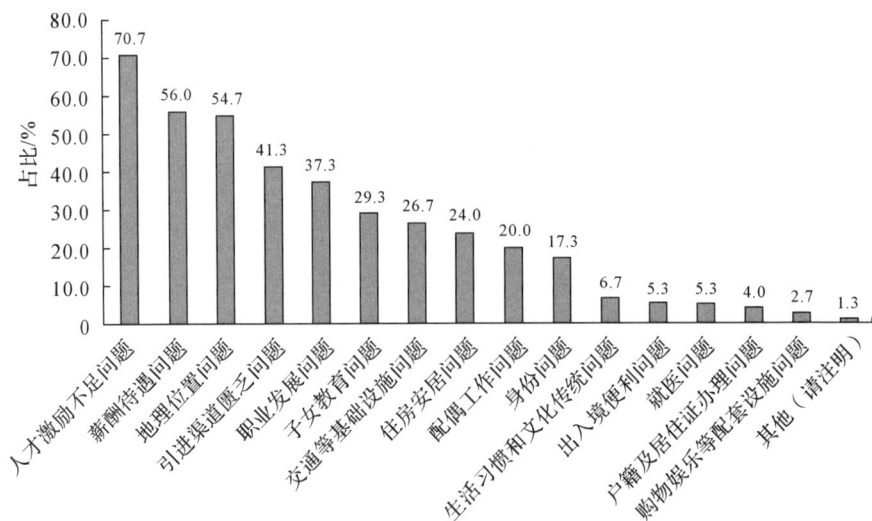

图2 东海实验室引进人才的问题和障碍

四、打造海洋人才管理改革试验区的对策建议

针对舟山市海洋人才管理改革试验区建设过程中存在的突出问题,我们认为打造海洋人才管理改革试验区,要充分依托东海实验室这个新型平台,聚焦聚力人才招引集聚、人才活力激发、人才平台搭建、人才服务优化等四大方面,开展先行先试、改革创新,探索形成行之有效的思路办法。

（一）明确需求，壮大海洋科技人才队伍

按照人才引领发展的总方针,以东海实验室需求为核心,形成领军人才集聚,青年人才汇聚,基础人才共聚的良好态势,持续壮大海洋科技人才队伍。一是着力造就一支海洋科技人才队伍。开展东海实验室急需紧缺人才目录编制,依据专业结构、能级结构、梯次结构需求,加大精准招引和多元集聚力度,集聚造就一支规模适度、结构优化、梯次合理、与海洋产业发展基本匹配的海洋科技人才队伍。二是聚焦打造三个专业人才方阵。主要根据东海实验室"聚焦海洋资源与环境动力系统开展前沿科学理论与应用基础研究、关键核心技术攻关和科技成果转化应用"的功能定位,打造海洋环境感知、海洋动力系统、海洋资源开发三个人才方阵。三是重点引进四类"高精尖缺"人才。围绕东海实验室科研创新及运营发展,大力引进海洋战略科学家、海洋科技学术带头人、海洋科研骨干、青年科技人才四类"高精尖缺"人才。其中,海洋战略科学家主要指院士、国际顶尖专家等领军人才,担任实验室主任及三大科研领域负责人;海洋科技学术带头人主要指相关方向的研究员、教授等具备海洋科技相关领域丰富项目负责经历和前沿科技成果的高层次创新人才,担任各领域研究中心负责人、重大项目负责人;海洋骨干人才主要指副研究员、副教授等年富力强的科技创新人才;青年科技人才主要指助理研究员、讲师、博士后、博士等青年科技精英。

（二）先行先试，深化人才体制机制改革

牢牢把握"海洋人才管理改革试验区"的战略定位,努力建成制度创新综合改革引领区,打造激发海洋人才创新活力的试验平台,建设高水平对外开放门户枢纽。一是完善人才工作管理体制。坚持党管人才原则,厘清舟山市海洋人才管理改革试验区建设中的人才工作职能边际,明确责权利体系和指挥命令系统,整合各类资源、加强系统设计,调动人才工作相关职能部门支持东海实验室人才工作的积极性,构建省市上下联动、市内部门协同、合作单位协调和社会共同参与的人才工作新格局。二是构建人才高质量发展治理体系。坚持人才引领发展战略,构建科学规范、开放包容、运行有效的人才治理体系,在东海实验室全面开展市场化、法治化、国际化、数字化、一体化的"五化"人才

管理改革试验,形成一个"人尽其才、才尽其用"的良好人才环境。三是健全人才灵活招引机制。积极拓宽东海实验室招才引智渠道,做大"基本盘",积极盘活浙江大学和海洋二所现有高层次人才,鼓励以双聘、兼聘等形式尽快加入;实施"全球引",刚柔并济引进海内外优秀人才;推动"伯乐荐",充分发挥以才引才作用,提升引才精准性和有效性;打开"旋转门",选派党政人才支持实验室工作,允许保留原编制、身份,享受实验室薪酬待遇;借力"操盘手",加强与人才中介机构合作引才,发挥市场作用;配置"加速器",运用院士工作站、博士后工作站、"揭榜挂帅"等引才育才,提升实验室创新活力;设置"回流渠",引导舟山籍人才回流,支持市内学子留用、引导市外学子加盟。四是实行人才多元聘用机制。以需求为导向,"去编制化"用人,突破制度藩篱。在东海实验室推行"按需设岗、按岗聘用、人岗相适、竞争择优"的用人方式,采用"报备员额"制、项目合同制、人才派遣制等多元聘用机制,推动人才双向流动,允许人才既享受事业单位养老保险,又享受市场化薪酬待遇。五是实施首席科学家负责制。借鉴国际通行管理模式,结合舟山实际,在东海实验室探索实施科研团队首席科学家负责制,制定专项实施办法,以目标为导向、以成果为标准,赋予其"人、事、财"自主管理全权。六是改革人才认定评价机制。破除"五唯"倾向,制定符合海洋科技特点的市场化人才评价标准,构建人才价值、社会贡献、创新能力等综合评价标准体系。支持东海实验室设立特聘岗位,授权自主评价聘用"高精尖缺"人才。七是优化人才激励分配机制。探索充分体现技术、知识、管理、数据等要素价值的人才激励形式。试点赋予科研人员职务科技成果所有权或长期使用权,探索首功奖励制、经费包干制等创新激励方式,打造"赋权＋赋能"全要素成果转化创新模式。实行非竞争性、竞争性"双轨制"科研经费投入机制和人才创新尽职免责机制。

(三)搭建平台,实施海洋人才支持工程

实施系列人才扶持计划,搭建海洋科技创新平台,聚焦重点人才提供切实支持,引导人才集聚,激发人才活力,打造发展优势,将东海实验室建成海洋科技创新中心和海洋科技人才高地。一是战略科学家"领航"计划。全职引进若干战略科学家在东海实验室担任实验室主任、三大领域首席科学家,柔性引进若干战略科学家担任学术委员会委员,明确相关资格条件、主要职责、待遇与权利、成果产出、团队建设等内容,并给予长效支持。二是海洋科技领军人才梯队建设计划。坚持长远眼光,有意识地发现、引进和培养更多具有战略科学家潜质的科技领军人才、科研骨干人才,形成东海实验室科技领军人才成长梯队。分别设立资助项目,根据创新能力、业绩贡献和诚信敬业等情况实施动态管理、督促支持。三是青年科技人才发展支持计划。大力引进青年科技人才进入东海实验室专职科研人才队伍,设立青年科技人才资助项目,根据科技水平、创新能力和敬业精神等情况实施年度考评管理,给予科研专注奖励和经费资助。四是海洋科技人才自主培养计划。研究出台人才培养开发行动方案,统筹运用外派进修、在岗培训、项目参与、学术讲座、国际研讨、课题交流、挂职锻炼、岗位实习等方式进行人才培养,分层分类推进科技人才培训,形成完善的人才培养开发体系。五是国际化人才服务计划。强化国际化人才服务供给,上线运行多语种的东海实验室门户网站,打造集信息发布、公共服务、咨询交流等功能于一体的国际化服务平台。探索建设国际人才社区,成立"海外人才之家",为海外人才提供更加优质高效、便捷贴心的服务。六是人才创新平台建设计划。支持东海实验室与国内外名校院所、名企机构等共建研发基地、成果转化中心、智库等平台。鼓励东海实验室在海外设立研发机构,建立国际"人才飞地"。

（四）强化服务,打造海洋人才最优生态

加快推进人才服务保障体系、生活服务设施、社会文化环境等配套体系建设,营造有利于人才干事创业的良好氛围。推动人才生态由人才、产业、资本等单一变量影响,向系统要素间的组织、连接、匹配、迭代进化。一是优化人才支持保障服务体系。进一步推进"放管服"改革,开通入户、入职、社保、生活等方面"服务直通车"。嫁接利用"舟创未来"人才智岛系统,整合分散在组织、人社、教育、卫生、住建等部门的人才服务职能,实现服务智办、政策智享、信息智览,全面解决人才家属安置、落户安居、子女入学、医疗保障等"关键小事"。推动东海实验室配建人才住房,强化人才公租房优先保障。建设高水平国际人才社区,加大国际学校、国际医疗机构的引进建设力度。二是完善人才市场化服务体系。完善投资创业、人才需求、科技成果转化、金融税收、教育培训、技术交流、文化休闲等市场化服务,健全住房、医疗、教育、交通、通信、商业等社会化服务。探索建立舟山海洋人才人力资源服务产业园,加快集聚高级人才寻访、人力资源管理咨询、人才测评等高端专业人才中介机构,支持人力资源服务机构向"人才＋项目＋资本"全链式服务转型。三是丰富人才文化生活配套。打造海洋人才文化高地,建设一批中西合璧的海洋文化载体,举办一批融汇中西的海洋文化活动,为东海实验室人才打造全球一流水准的文化生活和娱乐场景。协同推进少年宫、书城、文化馆、体育中心等公共服务设施和国际社区、国际医院、国际学校的建设,均衡布局中小学、幼儿园、社区健康中心、体育活动场地等设施,满足东海实验室人才的工作交往和生活需求。四是加大人才宣传表彰力度。加大对东海实验室优秀人才典型经验和先进事迹的宣传报道力度,多渠道弘扬海洋科学家精神。鼓励支持东海实验室人才参加国际国内权威荣誉奖项评选,并给予配套奖励。积极组织相关人才参与国情研修、创新讲坛、国外培训、休假慰问等活动,提高优秀人才在各级"两代表一委员"推荐中的比例。

课题组组长：陈杰辉

课题组副组长：赵华

课题组成员：梁良、姜沛孜、叶舟

关于"一湖一品"科创湖区人才生态建设的研究

□　中共嘉兴市委组织部

　　"十四五"期间,依托嘉兴湖荡河海水系丰富的资源优势,打造一批"世界级科创湖区",是市委、市政府落实长三角一体化发展首位战略,推动高质量发展建设共同富裕示范区典范城市的重大举措和重要任务。在嘉兴市科创湖区建设中,如何统筹布局人才生态,更好发挥人才第一资源的引领作用,打造一批具有更强辨识度和显示度的人才品牌,是当前需要深入研究和探讨的重要课题。为此,嘉兴市委人才办成立课题组,开展嘉兴科创湖区人才生态专题研究,通过分析嘉兴市科创湖区人才生态建设的现状和主要问题,学习借鉴国内外先进经验和成功做法,提出发展建议,并根据各湖区资源禀赋和发展阶段,谋划"一湖一品"湖区人才生态,在此基础上形成了课题报告。

一、科创湖区人才生态基本内涵和定义

　　相较于普通科创园区,湖区具有更为优越的生态环境,在经济社会转向高质量发展阶段后,环境因素越来越成为影响人才集聚和流失的重要因子。从西雅图南联合湖区、博登湖区、日内瓦湖区等国际著名科创湖区和东莞松山湖科技产业园区、苏州金鸡湖商务区、杭州青山湖科技城、无锡太湖湾科技创新带等国内科创基地的发展实践经验来看,优美的自然生态环境、健全的政策支撑体系、完善的公共服务配套资源等支持下的湖区更容易形成"科创企业集聚地"。

　　课题组广泛查阅了国内外文献资料,并实地走访了部分国内知名科创湖区,并未发现普遍公认的"科创湖区人才生态"内涵定义。基于此,课题组将国际国内科创湖区发展模式进行颗粒化比较,并结合嘉兴市祥符荡、湘家荡、天鹅湖、鹃湖、凤凰湖、明湖、南北湖等湖区的共性特征和个性特点开展了综合分析。课题组认为,科创湖区人才生态是指以优美的湖区自然生态环境为基底,以激发人才创新活力、打造科技产业高地为目标,

以科创资源聚合、公共服务迭代、管理机制变革、多元文化浸润、产才深度融合为方法手段，形成满足人才全生命周期发展需求的自洽复合系统。

与之相对应，嘉兴市打造"一湖一品"科创湖区人才生态，是指在满足科创湖区人才生态建设基本要素的基础上，聚焦各个湖区的资源禀赋和发展阶段，围绕人才生产生活的全生命周期，打造一批具有更强辨识度和显示度的湖区人才品牌，努力将科创湖区打造成为展示嘉兴最优人才生态的一张"金名片"。

二、嘉兴市科创湖区人才生态建设的现状和短板

嘉兴市河网密布，湖荡资源丰富，水域面积超过 0.1 平方千米的湖荡多达 70 个，普遍具有优质的生态本底，在科创湖区人才生态建设上具有基础优势。市委、市政府提出各县（市、区）至少建设 1 个世界级科创湖区的"十四五"发展目标后，嘉善祥符荡、南湖湘家荡、秀洲天鹅湖、桐乡凤凰湖、海宁鹃湖、平湖明湖、海盐南北湖等科创湖区建设迈上了快车道。课题组实地走访了上述湖区，并与相关人员进行了面对面交流，综合考量后，从科创资源、公共服务、管理机制、多元文化、产才融合等五个维度对嘉兴市科创湖区人才生态建设的现状和短板进行了综合分析。

（一）科创资源加快集聚，但引力仍不够强劲

嘉兴市各科创湖区在规划建设时，均把集聚科创资源摆在重要位置，既招引科创载体，又吸附创新人才，形成了良好发展势头和一定集聚规模。比如，桐乡凤凰湖突出总部经济特色，集聚了巨石、桐昆、新凤鸣等企业科研力量；海宁鹃湖依托浙江大学国际校区，围绕主导的泛半导体产业，集聚了中科院半导体研究所、天通电子企业研究院、奕斯伟集成电路设计研发基地等产业创新力量；南湖湘家荡先后引进落地了南湖实验室和中电科南湖研究院等院所。但总体来看，相关科创载体大都处于发展初级阶段，对顶尖人才、高端人才的吸附力、集聚力还不够强劲，人才的规模效应、协同效应等还未完全发挥。比如，南湖实验室存在高端青年人才的招引难问题，浙大海宁国际校区毕业生留嘉率较低。

（二）公共服务逐渐完善，但供给仍不够丰富

嘉兴市科创湖区公共服务配套主要分为三类。一是海宁鹃湖、桐乡凤凰湖等坐落于主城区内的科创湖区，主要依托原有的城市公共服务配套资源，为湖区吸附的各类人才提供医疗、教育、购物、餐饮等服务供给。二是南湖湘家荡、秀洲天鹅湖等与主城区存在一定空间距离的科创湖区，附近居民区内的生活配套资源可以满足人才基本生活需求。三是嘉善祥符荡、海盐南北湖等湖区仍在规划阶段，公共服务配套资源尚不齐全。

从更高层次需求来看,各科创湖区针对人才高质量需求的公共服务资源普遍存在不足,特别是受到人口规模、空间指标等限制,难以有效引进集聚更受人才欢迎的生活品牌服务商和文化艺术类服务供应商。此外,除平湖明湖建设"人才之家"、秀洲天鹅湖建设"麟湖智谷"外,其余各湖区人才服务综合体建设尚属空白。

(三)管理机制基本构建,但聚焦仍不够精准

通过调研发现,嘉兴市各科创湖区均已明确管理主体或建设主体,构建了基本的管理架构和机制。比如,南湖湘家荡、桐乡凤凰湖等均成立了专门的管理机构,负责湖区管理和相关事项的服务协调工作;其他湖区或由牵头部门归口,或由属地统筹来推进建设和管理。但综合来看,各科创湖区针对人才的管理还不够精准和精细。一方面,"双招双引"机制还不够完善,特别是具体经办人员队伍的稳定性不强、专业性不够,对人才工作、人才政策的认知和运用差异性较大;另一方面,服务人才发展的机制还不够完善,普遍没有结合自身发展定位和特点制定具有更强针对性的创新政策,在激发人才创新创造活力上未能有效发挥改革"试验田"作用。

(四)文化氛围正在形成,但浸润仍不够充分

从目前嘉兴市各科创湖区的建设现状来看,围绕湖区布局建设文化设施、组织开展文化活动已经成为发展共识。比如,秀洲天鹅湖内建设了荻原美术馆,桐乡凤凰湖边正在建设丰子恺艺术中心,海盐南北湖内建设了步鑫生改革精神陈列馆,平湖明湖正规划建设人才公园等。但相较于硬件设施来看,围绕湖区开展的文化活动尚难以满足需求,红色文化、创新文化、新时代嘉兴人文精神等对人才的浸润和引领仍不够充分。从调研情况看,目前各湖区均未组织开展有吸引力的文化活动、形成有影响力的文化品牌。

(五)产才融合路径明晰,但承接仍不够高效

目前各县(市、区)普遍采用"科创在湖区、转化在园区"的发展模式,湖区科创资源对地方产业发展起到了一定的赋能作用。如,海宁市针对主导的泛半导体产业,在鹃湖科技城集聚产业科创人才,打造了公共研发孵化平台,在湖区外建设了"泛半导体产业园""杭州湾电子信息产业园",形成了产才的双向互动。但除海宁市外,南湖湘家荡、秀洲天鹅湖、平湖明湖等虽然已围绕人才链、创新链来布局产业链,但针对科创湖区的科研成果转化孵化平台大多处于规划建设阶段,短时间内承接转化能力受到一定限制。

三、国内外科创湖区人才生态建设中的经验借鉴

(一)科创资源集聚是核心要素,必须坚持有为政府和有效市场相结合

科创湖区的发展模式,根据政府和市场的参与程度可以分为政府主导型、政府与市

场结合型、市场主导型三种类型。基于此,课题组对国内外18个知名科创湖区的资源集聚模式进行了综合比较分析,其中16个采用的是政府与市场结合型发展模式。最为典型的是苏州金鸡湖商务区,通过出台实施金鸡湖合伙人计划,遴选总部位于苏州的人才发展服务头部机构,组建合伙人成员单位,为区域内人才企业提供精准化、专业化、定制化服务。同时,以政府推动和国资平台为主导,构建"债券融资＋股权融资"的金融扶持机制,政策体系覆盖人才企业发展全生命周期。

(二)公共服务配套是重要支撑,必须坚持基础需求和高端需求相结合

比较国内外成熟的科创湖区发展,公共服务配套均采用"先筑巢后引凤再赋能"的发展模式,经历了从"无"到"有"再到"优"的发展历程。如杭州青山湖先完善学校、医院、商业等基础性公共服务配套,再以此吸引集聚科创人才。又如东莞松山湖在华为总部入驻后,根据人才需求进一步完善城市功能配套,推进建设了国际科技会议中心、科技图书馆、科普馆等满足人才更高端需求的公共服务配套设施,并为国际人才定制国际社区。

(三)管理机制变革是关键驱动,必须坚持加大支持和放权松绑相结合

在加大支持上,以苏州市金鸡湖为例,为更大力度集聚海外人才,出台支持留学人员创新创业若干措施,在增加发展机会、拓展发展空间、支持留创园建设、强化激励保障等方面给予"一揽子"支持,并在姑苏科技创业天使计划和重点产业设立"留学人员专项"。在放权松绑上,以东莞松山湖为例,赋予材料实验室等在研究方向选择、科研立项、技术路线调整、人才引进培养、职称评审、科研成果处置和经费使用等方面充分自主权。

(四)多元文化浸润是精神引领,必须坚持基础建设和氛围营造相结合

纵观国内外,成功的科创湖区,普遍文化资源密集、文化氛围浓厚、文化精神深入人心。如美国旧金山湾区的硅谷,建有硅谷美术馆、美国硅谷亚洲艺术中心等30余家知名文化场馆。再如东莞松山湖,根据暨南大学生活方式研究院所做的《东莞松山湖高新科技产业开发区生活方式研究报告(2018)》,松山湖园区内高层次人才对精神消费显现出更加明显的需求。为此,松山湖大力推进精神文明创建工作,打造了东莞松山湖国际马拉松、松山湖科技精英网球交流赛、中国漫博会、松湖Live、智创轻生活、50公里徒步等特色文体品牌活动。

(五)产才高度融合是必然趋势,必须坚持人才引领和产业支撑相结合

高端科创产业吸引集聚人才,人才集聚对产业发展具有强大的推动作用,进而形成产才互动的良性循环。如临安青山湖科技城以微电子装备产业为突破口,依托由十几所高校组成的大学及研究中心联盟,大力招引产业链人才和头部企业,集聚了一批上市企业和链主型项目,成为中国产学研合作创新示范基地、浙江省科研机构创新基地、浙

江省高端装备高新区,集聚培育了近 40 家科研院所、近 150 家规模企业和近千家科技型中小企业,引育了超 3200 名高层次人才。

四、嘉兴市科创湖区人才生态建设的对策建议

综上所述,课题组认为嘉兴市科创湖区人才生态建设要围绕人才全生命周期,高质量打造引得进、干得好、留得住的"近悦远来"人才生态,将科创湖区打造成为人才安居乐业之地、事业发展之地和价值实现之地。

(一)在集聚科创资源上,先引进"龙头型"人才平台,再导入"专业化"市场主体

针对嘉兴市科创湖区顶尖人才、高端人才吸附力、集聚力不够强劲,人才规模效应、协同效应未完全发挥等问题,建议采用"两步走"的方法,实现有为政府和有效市场相结合。一方面,对于嘉善祥符荡、平湖明湖、海盐南北湖等还处于发展初级阶段的科创湖区,政府必须充分发挥主导作用,集中力量在湖区边引进 1 至 2 个高能级的科创大平台,以此吸引人才集聚;另一方面,对于南湖湘家荡、秀洲天鹅湖、海宁鹃湖等科创湖区,要充分借助南湖实验室、北理工长三角研究生院、浙大国际校区等的"龙头效应",通过金融机构、猎头公司、咨询公司、会计师事务所、律师事务所等专业化的市场服务力量,为人才创新创业全生命周期赋能。同时,建议市级层面建立人才发展集团,采用"国有资本+社会资本"的模式,组建湖区人才发展专项基金,构建"基金+园区+企业"的投融资机制。

(二)在公共服务配套上,先实现"便利化"基本配套,再丰富"高端化"品质生活

针对科创湖区普遍缺乏高质量公共服务供给的现状,建议采用"保障基本、逐步迭代"的建设开发模式,根据园区发展的实际状况,实现供需的同步匹配。对南湖湘家荡等资源要素相对丰富的科创湖区,应先完善医疗、教育、商业、人才公寓等基础性公共服务配套,人才集聚到一定规模后,再针对人才的高品质生活需求,精准布局会议中心、人才服务综合体、人才公园、图书馆、博物馆等满足人才更高端需求的公共服务配套设施。对嘉善祥符荡等空间和要素暂时受限的湖区,目前不具备独立完整构建生活配套条件,应根据湖区实际做好必备的基础配套,可先提供便捷的交通设施,依托城区做好生活配套,再根据要素保障情况适时布局高端供给资源。

(三)在管理机制变革上,先制定"体系化"创新政策,再建强"高素质"工作队伍

针对科创湖区人才管理还不够精准和精细等问题,建议围绕"人才自身发展"和"人才工作队伍建设"两端发力。在加大人才支持上,建议市级层面围绕科创湖区布局建设人才管理改革试验区,结合各湖区自然资源、产业资源、科创资源、市场资源禀赋,制定专项改革实施方案,激励保障、税收减免、对外交流等方面大胆突破创新,给予湖区内科创

载体、科研团队在研究方向选择、科研立项、技术路线调整、人才引进培养、职称评审、科研成果处置和经费使用等方面充分自主权。在建强人才工作队伍上,要建立集政策研究、人才招引、人才服务、专家咨询等力量为一体的"双招双引"专业化队伍,制定有针对性的考核激励措施,定期组织开展实战培训,特别是要加大基层人员力量配备,专人专岗专责开展工作,不断提高人才服务效率和服务水平。

(四)在多元文化浸润上,先形成"高认同"文化氛围,再塑造"标志性"文化品牌

针对文化氛围还不够浓,对人才的磁吸效应还不够强等问题,建议从两个方面营造多元、开放、亲和的文化氛围,打造具有更强辨识度和显示度的文化品牌。一方面,各科创湖区要进一步强化湖区水质保护和生态修复,巩固生态环境品牌,厚植绿色本底,提升湖区的生态魅力;同时要依托城市丰富的历史文化资源和深厚的人文底蕴,培育一批具有地域特色的文化载体,激发人才创意思维,提升湖区的人文魅力,从而帮助人才实现自我价值,获得成就感,提高幸福感,增强认同感。另一方面,各科创湖区要积极组织和举办相关的人才活动,满足不同年龄、不同层次、不同兴趣爱好的人才文化活动需求,在此基础上打造一批标志性的人才活动品牌,如体育活动(山地越野赛、人才马拉松)、学术交流(国际性学术会议、科技论坛)、戏剧文艺(话剧戏曲、音乐会)、创新创业大赛(大学生创业、相关知识或技术竞赛)等,营造和强化尊重科学、尊重人才的浓厚氛围。

(五)在产才深度融合上,先明确"精细化"产业定位,再搭建"高效率"转化平台

针对嘉兴市成果转化不足、承接能力不够等问题,建议先找准发力方向,再强化平台支撑。一方面,各县市区要围绕自身主导产业定位,建立湖区和产业园区常态化对接机制,推动湖区内科创平台主要研究方向和主导产业发展方向保持一致,让基础研究和关键技术成果更多服务于产业发展;同时,要进一步细化产业定位,延链、补链、强链,形成更加完备稳固的产业链,有效承接科创湖区的创新成果。另一方面,加快引进和建设一批成熟度高、专业性强的科创成果转化平台,强化资金、土地、能源等关键要素支撑,通过开辟绿色通道、VIP组团服务等方式,强化知识产权保护、法律政策咨询、创业创新辅导,不断提升科创成果转化效率,做到"成果原地转化,辐射本地产业",最终实现产才深度融合。

五、嘉兴市打造"一湖一品"的设想与建议

课题组通过系统梳理嘉兴市各科创湖区的现状和主要共性问题,并在借鉴国内外成功经验的基础上,从五个方面提出了共性意见建议。从调研分析的情况来看,虽然各科创湖区发展路径目标存在共性,但发展阶段各有不同,并且所具有的资源禀赋、特色

优势各有差异,例如桐乡凤凰湖总部经济发达,海宁鹃湖高校资源丰富等。要高质量打造引得进、干得好、留得住的"近悦远来"人才生态,必须提升每个湖区的辨识度和显示度,提高人才归属感和认同感,实现人才涵养和事业发展的"同频共振"。因此,在保留共性发展特征基础上,我们建议以品牌化思路,进一步放大湖区特色优势,实施"嘉有人才、七湖荟萃"——"一湖一品"人才生态涵养计划。

(一)南湖区湘家荡打造"学术高峰荟"

湘家荡科创湖区规划面积45.25平方千米,地理位置优越,生态资源丰富,拥有万亩森林、万亩水域、万亩良田。近年来,坚持"科创区+风景区"双轮驱动发展理念,依托"大通道、大花园、大平台"优势,先后引进了南湖实验室、中电科南湖研究院,是嘉兴市科创资源集聚的高地。

建议依托两大科创平台,发挥顶尖智力资源优势,围绕人工智能、数字经济、新能源、生命健康等前沿领域,组建若干学术团体、研究协会、科创联盟,定期组织相关领域技术分享会、闭门研讨会等人才学术交流活动,每年举办1—2场海内外高端人才学术峰会,力争创办有湖区特色和行业影响力的学术期刊或榜单。

(二)秀洲区天鹅湖打造"秀水悠享荟"

天鹅湖拥有近5000亩的自然湖塘生态景观,环湖遍植3万余株银杏,生态秀美、恬静秀丽,是秀洲区深入衔接长三角生态绿色一体化发展示范区的重要载体。近年来,全力打造天鹅湖未来科学城,引进北理工长三角研究生院,成功落户全国首个"科创中国"创新基地,以生态本地为基础构建了创新人才生态圈。

建议充分利用景区内绿道、银杏林等自然生态资源,着力构建以慢行为主体的生态交通体系,通过构建绿色慢行路网,打造以"观光火车+公交+慢行"交通方式为主的交通体系,并以此为基础,组织开展环湖马拉松、悠游运动会、家庭自行车赛等人才活动赛事,由顶尖人才代表担任各赛事代言人,组织邀请海内外高层次人才团体作为赛事主力军,精心策划赛事线路,让参赛人才全面感受嘉兴开放、包容、美丽、厚重的独特魅力,让天鹅湖成为人才户外赛事活动的一张"金名片"。

(三)嘉善祥符荡打造"改革活力荟"

祥符荡科创绿谷规划面积43平方千米,是国务院批复实施的《示范区总体方案》中明确重点打造的创新组团,也是先行启动区率先建设、集中示范的三个片区之一。环湖布局了综合服务、智慧学镇、创新总部、文创交流、高端商务、科技研发、数字智能、金融创新等八大创新单元,形成"八星伴月"格局,是一体化示范区重点打造的世界级科创绿谷。

建议以祥符荡为中心,融合西塘千年古镇,联动青浦西岑科创中心、吴江东太湖科创湖区以及一体化示范区水乡客厅,强化与长三角其他地市的科创人才资源共享互动,吸引一流高校院所和科技型头部企业落户。同时,探索建设示范区人才大厦,举办示范区人才峰会,率先实施一批助力人才一体发展、来去自由的创新制度成果,打造人才制度开放先行的改革高地。

(四)平湖明湖打造"悦才暖心荟"

明湖科创湖区规划面积为 23.06 平方千米,区域空间水系串联,按照"日月星辰、流光湖链"思路,形成"一湾、双廊、四岛"的空间结构,重点打造科创新区、智慧新区和梦想新区三个部分。近年来,围绕人才全生命周期体系,高标准启用"一站式"服务综合体——平湖人才之家,高品质规划嘉兴市首个人才主题公园,已打造形成了"人才家宴""人才下午茶""人才毅行"等服务品牌。

建议进一步提升"人才之家"运行实效,拓展面积、延伸内涵、深化功能,在人才公园建设过程中将人才企业技术产品以元素小品形式进行布展,并在湖区周边布局法律咨询、金融发展、政策兑现、创业创新等供给资源,常态化开展人才生产、生活交流活动,在每月固定举办"人才家宴""人才下午茶"等活动基础上,每年举办 1—2 场以"人才服务"为主题的大型活动,形成人才愿来、爱来、常来的悦享互动氛围,以"人才之家"为支点,把湖区打造成为"人才的家"。

(五)海盐南北湖打造"山海风情荟"

南北湖未来城规划面积为 45 平方千米,区域内有我国唯一融山、海、湖为一体的南北湖 4A 级旅游风景区,拥有丰富的自然资源和人文景观。近年来,海盐县在南北湖规划建设未来城,以"未来科创策源核心区"为发展定位,布局高校科研院所、高能级创新载体、未来科技应用示范场景,着力打造长三角科创领航和产城融合为一体的国际化零碳未来新城。

建议充分发挥南北湖特色生态环境优势,打造绿水青山"诗意栖居"的人才生态品牌,组织开展旅游节、音乐节、登山赛事等人才文体活动,定期邀约海内外高层次人才团体参与活动、研讨交流,让南北湖成为人才文体活动的"金名片",吸引更多高层次人才、科创团体落户聚集。

(六)海宁鹃湖打造"青春潮创荟"

海宁鹃湖国际科技城规划核心区 7.18 平方千米,依托浙江大学国际联合学院,在平台共建、成果转化、战略咨询、人才交流、资源共享、合作办学、区域服务等领域取得积极成果,打造集科技成果转移转化示范区、创新平台集聚区、科技创业孵化区、人才引进培育区、产城融合宜居新区为一体的科技人文生态新城。

建议充分发挥浙大国际联合学院落户以及杭海城际贯通的优势,针对生物医药、泛半导体、人工智能等海宁主导产业,面向全球优秀青年人才每年定期开展大学生潮创大赛、青春潮玩创意赛、青年人才观潮节等"潮创在潮城"系列活动,并配套出台针对在读大学生、应届大学生和留海宁大学生的支持计划,建设海宁鹃湖"潮玩潮创"园区或俱乐部,着力形成敢于弄潮搏浪的青年人才生态。

(七)桐乡凤凰湖打造"总部领英荟"

凤凰湖湿地占地约2500亩,地处桐乡主城区东部,周边公共服务配套完善,商业和住宅楼宇林立,巨石、桐昆等世界级龙头企业总部云集,是全市最繁华的核心区。近年来,正全力打造凤凰湖科技城,突出"前沿电子材料、数字创意、科技服务"三大产业招才引智,与清华大学材料学院、浙江清华长三角研究院合作共建重大战略科创平台乌镇实验室,以大师手笔设计建设丰子恺艺术中心,科技、时尚、文化、生态在此交融,逐步成为创新发展的战略新高地。

建议充分发挥较为成熟的总部经济优势和世界最大羊毛衫集散地优势,吸引产业链配套企业集聚,鼓励企业与高校、科研机构共建研发中心,组建总部经济协会、产业联盟等区域合作平台,发起和推动行业标准制定。同时,定期组织邀请企业家代表、顶尖人才代表、金融、法律等高端服务机构代表举办"创始人论坛""CEO讲堂""HR分享会"等体现总部经济特色的活动,激活人才创新创业的内生动力,吸引更多企业总部集聚,进一步擦亮总部经济品牌。

课题组组长:盛杰非
课题组副组长:张敏
课题组成员:楼斌、全剑峰、周英俊、马群宇、晏振飞